《跨学科视野下的警学研究》

编委会名单

《政法学刊》学术文库

张连举　主编

KUAXUEKESHIYEXIADEJINGXUEYANJIU

跨学科视野下的警学研究

暨南大学出版社
JINAN UNIVERSITY PRESS

中国·广州

图书在版编目（CIP）数据

跨学科视野下的警学研究/张连举主编. —广州：暨南大学出版社，2014.10

ISBN 978 -7 -5668 -1139 -4

Ⅰ. ①跨…　Ⅱ. ①张…　Ⅲ. ①警察学—研究　Ⅳ. ①D035.3

中国版本图书馆 CIP 数据核字（2014）第 197422 号

出版发行：暨南大学出版社

地　址：中国广州暨南大学
电　话：总编室（8620）85221601
　　　　营销部（8620）85225284　85228291　85228292（邮购）
传　真：（8620）85221583（办公室）　85223774（营销部）
邮　编：510630
网　址：http://www.jnupress.com　http://press.jnu.edu.cn

排　版：广州良弓广告有限公司
印　刷：佛山市浩文彩色印刷有限公司

开　本：787mm×960mm　1/16
印　张：14.75
字　数：250 千
版　次：2014 年 10 月第 1 版
印　次：2014 年 10 月第 1 次

定　价：36.00 元

前　言

人类社会发展到今天，安全问题一直存在着。因为人类既时时需要安全，又无时无刻不面对安全受到侵害的问题。对社会安全的侵害，自然灾害是一个重要方面，人类自身的行为则是更为重要的方面。战争、动乱、犯罪等都是人类自身侵害社会安全的行为。公安，即社会公共安全，是战争、动乱、犯罪的反面，是通过遏制战争、动乱、犯罪，以维护人类社会的安全、稳定和秩序。遏制国际战争需要通过国际政治、军事、外交等方面的努力，遏制国内战争则通过国内的政治、军事手段。遏制动乱和犯罪则需要通过政治、法制的种种努力。近代以来，警察力量在遏制动乱和犯罪方面发挥着重要作用，是保障社会安全的重要因素。

警学是关于如何守护人类社会安全的学问，重点是对实现人类社会安全的途径展开研究。防控违法犯罪，是警学要重视的研究内容。警学研究内容涉及文化学、管理学、社会学、行政学、领导学、教育学、心理学、语言学、情报学、信息学、统计学、体育学、经济学、政治学、伦理学、行为学、法学等各种学科。这就使警学研究出现了跨学科的特点。在跨学科视野下开展警学研究，不是取消警学的独立性，而是在多学科维度下更能发现警学与其他相关学科的联系，在具体的研究中互相依托，达到互相促进、共同发展的目的。同时，将社会公共安全的新现象、新问题纳入警学研究的视野，也能更好地拓宽警学研究的深度和广度。

《政法学刊》一直关注警学研究，从1993年起就设置“警学论坛”栏目，近几年又将它作为特色栏目加强建设。该栏目刊发了一系列颇具影响力的警学研究成果，在某种程度上体现了警学研究的时代性和独特性，尤其体现了警学研究过程中跨学科的特点。为了更好地认识警学研究中跨学科的特点，《政法学刊》编辑部将“警学论坛”刊发的论文结集成《跨学科视野下的警学研究》一书，并列入广东警官学院“《政法学刊》学术文库”中。《跨学科视野下的警学研究》共分为六个部分，包括：警学理论的阐释与辨析、犯罪学理论与研究方法、公安科技与文化、侦查指挥与机制、证据的搜集与定位和群体性事件的防控。《跨学科视野下的警学研究》从内容上看，一是坚持以辩证唯物主义和历史唯物主义为指导思想，突出其科学性；二是紧密结合我国的警察工作实际，突出其实践性；三是力求符合国内外理论研究发展进程，突出其时代性。总之，该书体现了融合多学科开展警学研究的深刻意义。

《跨学科视野下的警学研究》是"《政法学刊》学术文库"《变革中的现代警务研究》的逻辑延伸，也是中国近三十年来警学研究的深入。我们希望通过"《政法学刊》学术文库"系列图书的出版实现这样的目标：在改革开放、社会转型和全球一体化背景下，反映广大警学研究人员在中国公安实践中发现的问题，结合中国的文化语境，以多维理论和鲜明的问题意识对其进行观照，并运用实证分析研究和理论阐释相结合的方法，努力推进中国警学研究的进程。同时，也探索警学作为一门学科不断成熟的演进过程。

"《政法学刊》学术文库"的结集出版是广东警官学院科研处近几年规划的科研工作之一，由科研处《政法学刊》编辑部具体组织实施。广东警官学院科研处陈普宪处长对文库的出版进行了规划与指导，《政法学刊》主编张连举负责整套"《政法学刊》学术文库"的策划和内容编选，《政法学刊》编辑部林衍负责全书的统稿及编校工作，韩静、马睿也分别编校了本书的文稿。

本书的出版得到暨南大学出版社的大力支持。暨南大学出版社的潘雅琴女士对书稿的编校提出了很多建议，保证了本书的出版质量。在此一并致谢。

广东警官学院《政法学刊》编辑部

2014 年 4 月

目　录

侦查指挥与机制

证据的搜集与定位

群体性事件的防控

警学理论的阐释与辨析

对公安理论研究滞后的思考

黎献国

公安理论研究滞后这一论断，不是个别人的主观臆断，而是客观现实。公安部部长陶驷驹同志在第十八次全国公安会议的报告中指出："各级领导干部都要重视理性思维和理论研究，并亲自倡导和参与，以尽快改变公安理论研究滞后的状况。"对此，公安系统近年来采取了一系列重要措施。公安部在 1992 年《全国公安工作要点》中，明确要求各级公安机关"要把公安理论工作摆上议事日程"，接着在 1992 年 11 月 10 日，又进一步向全国公安机关发出《关于加强公安科学理论研究工作的通知》。在如此短的时间内，接二连三地发出指示，可见公安部对这一问题重视程度之高，行动决心之大。本文拟就这一问题作些探讨。

一、公安理论研究滞后的表现

党的十一届三中全会以来，在实事求是思想路线的指引下，公安理论研究工作得到恢复和发展，收获了一批研究成果。中国警察学会的成立，标志着我国公安理论研究工作首次建立了组织协调中心。公安部发出加强公安科学理论研究工作的通知，无疑是思想认识上的一次飞跃。但是，我们在充分肯定公安理论工作已取得较大成就的同时，还应当正视这样的现实：同当前改革开放向纵深发展的新形势和社会科学各学科的发展进程相比，公安理论研究滞后的问题仍然十分突出。

（一）公安理论研究落后于公安实践

辩证唯物主义认识论认为，理论与实践是辩证关系。公安理论应当来源于公安实践，并回到实践中接受检验，同时能够指导公安实践。然而，过去我们公安理论研究与公安实践的结合不够紧密，在许多方面明显落后于实践：首先，对长期公安工作实践中积累下来的丰富经验和一些值得吸取的教训，还有不少未进行科学的总结和理论的概括。比如，我国人民民主专政的理论和实践是在什么历史条件下建立和发展起来的，有什么经验和教训，现阶段如何坚持这个制度等。我们就缺乏从公安工作的实践以及我们所担负的保护人民民主专政的任务的角度出发，去进行理论上的研究和探讨。其次，对在新历史条件下出现的许多新情况、新问题，特别是遇到的重大课题，尚未能及时、准确、全面地从理论上加以认识、分析和论证，为正确和妥善解决这些问题寻求理论指导。比如肩负为经济建设保驾护航重任的公安机关，在面对当前社会主义市场经济迅速发展的情况下出现的大量治安案件（群众因房地买卖、股票买卖中不公平现象导致的打架斗殴、聚众闹事等）、刑事犯罪案件（以侵犯财产所有权为客体，以集团化、暴力化、智能化为手段的犯罪等），以及探寻这些问题产生的原因并预测其发展趋势等方面，虽然已经做了一些研究，但是缺乏理论深度，对策性、针对性不强，对实际工作指导意义不大。

（二）公安理论研究在社会科学各学科中处于落后水平

学科是指科学的某一领域或分支。公安科学被当作社会科学中的一门学科进行研究是近十年的事情，其科学性质和地位一直未得到明确，在科学界和学术界存在较大的分歧。如果从科学史上考察，严格地讲，公安科学实际是从属于法学而存在和发展的。因此，在我国，公安学至今未能被列入国家一级学科序列。从公安理论研究的情况来看，公安基础理论是整个公安学的理论基础，关系到公安学学科地位。它揭示的是公安学的基本理论和一般规律，阐述的概念、原理、规律应包括不同社会制度、不同国家的“警察”现象。其内容范围层次为：一般的警察基础理论、剥削阶级社会的警察基础理论、社会主义社会的警察基础理论、我国社会主义公安学基础理论。可是，我国目前从事这方面研究的人寥寥无几，至今还未有像《中国公安史》、《世界警察史》这样的学术专著出版。至于公安学应用理论，根据专业分工划分成若干学科，除原有的刑事侦查学、法医学、指纹学起步较早、较为成型外，其余学科有的需要重建，如犯罪学、治安管理学等，有的正在创建之中，如公安管理学、公安领导科学、警察法学等。还有公安应用技术学科，由于长期借助其他技术学科的力量，发展较好、比较实用，但随着新科技的突飞猛进，也面临着技术更新、重新组合的问题。由此，我们应当承认，公安理论不仅落后于公安实践，而且也落后于其他许多学科。

（三）公安理论研究的方法落后

任何一门学科的创建和发展，都同其采用的研究方法有密切关系。毋庸讳言，我们以往的公安理论研究方法比较陈旧、单一，还没有从封闭时期产品经济的思维模式中摆脱出来，还是习惯于在已经定论的范围内兜圈子，或者沿用老眼光、旧观念对新生事物作考据论证，很大程度上还处于经验层面，对许多问题的研究不能上升到一定的理论高度，这也是研究工作长期滞后的重要因素之一。当前，公安学仍然采用积累突破规律的研究方法，即由经验积累、储存到递进、突破的链式发展过程。随着相对论、系统论、耗散结构论等新方法的出现，公安理论已经可以运用多学科的知识进行多角度研究，原来的研究方法已经落后了。比如公安管理学作为公安学的一门分支学科，是最近几年发展起来的，对它的探讨就普遍采用了系统论、控制论、信息论、运筹学等研究方法，正是这些新方法的运用，使公安管理学的理论研究走向更深层次。

（四）公安理论研究不适应公安法制建设的需要

公安机关既是行政机关，又是执法机关，既要按党和国家政策办事，又要依法办事。要把公安工作纳入法治轨道，必须加强公安法制建设。长期以来，由于受“左”的影响，在一些干警中存在轻视法律、轻视理论的错误倾向，对公安工作的内在规律和公安工作的新情况、新问题，以及公安法规建设的新需要缺乏理论研究，不能为公安立法提供科学理论依据，造成公安立法不完备。如我国公安主体法——人民警察法至今仍未出台，其他一些基本法或专业法规，如治安管理法、警察执行职务法、治安紧急状态处理法等，也迟迟未能制定出来。同时，公安执法任务艰巨复杂，牵涉方方面面，关系到每个公民权利和义务的实现，政策性很强。过去，我们在这些方面虽然做了一些研究，但大多处在零星分散、浅层次的水平上，这种状况与公安法制建设发展很不适应。

二、公安理论研究滞后的原因

公安理论研究滞后的原因比较复杂，是内外和主客观方面以及社会历史等诸多因素相互作用的综合反映，主要包括以下几点。

（一）受党内“左”的指导思想影响，是公安理论研究滞后的客观原因

我国公安工作实践及其理论研究始于新民主主义革命时期，至今已有悠久的历史。其伴随着革命斗争和建设的伟大进程不断发展。但是，由于历史上党内出现“左”倾错误，使公安工作受到波及，公安理论研究工作也经历了艰难曲折的发展过程。在中华人民共和国成立前后到1956年这一时期内，公安工作主要是学习和借鉴苏联的理论和经验，在毛主席亲自领导、罗瑞卿同志具体主持下，公安理论工作受到了较高的重视，收获了一些研究成果，为人民民主专政国家的建立和人民公安工作的发展奠定了理论基础。1957年至1966年这十年中，我国公安工作摆脱了苏联的模式，公安部在第九次全国公安会议上发表《关于大搞公安理论研究工作的十点建议》，使得公安理论研究气氛活跃起来。可是，后来因受党内指导方针失误以及反右斗争扩大化的影响，理论研究领域里出现种种禁区。接着，年复一年的政治运动，使公安理论研究步伐不但没有加快，反而变得步履维艰。1966年，“文化大革命”开始，在十年动乱中，林彪、江青反革命集团推行一套反革命极“左”路线，大搞法西斯专政，公检法被“彻底砸烂”了，公安工作遭受空前的大灾难，公安理论研究工作基本上被取消了。从那时起，公安理论研究便时断时续，时进时退，使研究工作长时间滞留在研究表层微观问题较多，研究客观战略问题较少；工作研讨较多，学术性研讨较少；探讨公安专政打击职能较多，探讨公安管理防范较少；反映个性东西较多，总结规律性东西较少；提出短期对策较多，提出中长期对策较少的落后水平上。这种落后局面，一直到十一届三中全会召开以后，才得以逐步改变。

（二）思想上缺乏理论意识，是公安理论研究滞后的主观原因

意识，是人们对社会存在的反映。它是主观的东西，属于认识范畴，是第二性的。所谓理论意识，就是指人们感觉和认识理论与实践的辩证关系，重视理论对实践的指导作用，从而自觉树立学习理论、研究理论，并正确运用理论指导社会实践和工作实践的观念。在很长一段时期里，受“左”的思想影响，公安队伍的理论意识非常淡薄，对理论问题存在种种糊涂认识，理论研究工作不被人们重视。具体表现在：第一，对公安理论研究的范畴界定不清，把一般的公安工作研讨等同于公安理论研究，不懂得公安理论研究同其他科学理论研究一样，是由一个不同层次、不同门类

学科理论组成的综合整体。也有些人错误地认为，公安学是实用科学，无所谓基础理论和应用理论之分。第二，忽视理论、轻视理论的倾向不同程度地存在着，认为理论是软任务，业务才是硬任务，公安理论研究是上级领导机关的事，基层机关只要做好业务工作就行了。甚至有些领导机关也存在“说起来重要，做起来次要，忙起来不要”的现象，未能普遍地、一贯地重视公安理论研究工作。第三，理论研究工作未能进入决策机制，部分领导同志在思想上没有摆正权力、地位与理论的位置，不懂得权力和地位并不是智慧，只有理论才是真正智慧的道理，不能自觉地将公安理论研究成果迅速转化为公安战斗力。因此，公安理论意识不强是公安理论研究滞后的主观原因。

（三）公安教育事业发展缓慢，队伍整体素质偏低，是公安理论研究滞后的基本原因

公安教育的根本任务是培养公安应用型人才，而人才的培养与公安理论研究又是密切联系、相互依赖的。公安理论研究工作离不开广大公安干警、教师和研究人员的努力，同时，公安理论研究又是培养人才的重要手段和不可缺少的环节。因此，公安教育水平、队伍整体素质，是直接影响公安理论研究发展的基本条件。在我国，公安正规教育起步晚、基础差。“文化大革命”以前，全国没有一所正规公安高等院校，每年依靠其他文科院校为公安系统培养的大专毕业生仅一二百人。近十年来，虽然经过各方面的共同努力，全国公安高校已发展到27所，其中本科4所、专科12所、管理学院11所，先后培养大学本科毕业生5 500名，大专毕业生近1万名，但是，仍然难以满足公安工作和队伍建设日益发展的实际需要，同其他类型的专业教育相比，差距就更大了。同时，由于公安教育事业发展缓慢，长期以来公安系统干警大多数只能从其他系统和军队转业干部中选调配备，或者从社会上招收。在吸收时，往往重视政治思想素质，忽视文化素质，造成公安队伍文化水平低于全国干部队伍整体水平的现状。1991年底的统计数字显示：在全国公安干警总数中，具有大专以上文化程度的只占14%，高中文化程度的占52%，初中及以下文化程度的占34%。而在县级以上领导层中，大学文化程度所占比例更低，如全国县局级领导干部达到大学本科文化程度的只占3.93%。面对这样的现实，我们必须加快公安教育事业的发展，不断提高公安队伍整体素质，这样才能把公安理论研究搞上去。

（四）公安科研运行机制不完备，研究队伍力量薄弱，是公安理论研究滞后的组织原因

公安理论研究工作，是学术性研究活动。它与一般的行政工作不同，有其自身的规律和特点。如果单靠业务机构去组织，采用行政模式的办法去推动是难以奏效的。长期以来，一方面，由于我们公安系统内部大多数地区和单位没有建立起统一规划协调和指挥的专门科研机构，没有配备专职人员，往往把理论研究工作，临时指派办公室或调研室等行政机构去兼管，而这些行政机构工作任务重、人员少，只能被动应付，无法把各个方面的研究力量组织起来，发挥他们的积极性，从而导致公安理论研究工作陷于分散游离状态之中。目前，中国警察学会虽已成立，然而，各省、市的警察学会还处在组织酝酿阶段，要充分发挥这个组织的作用还需时日。另一方面，我们公安理论研究队伍力量还很薄弱：一是全国性公安研究所只有 8 个，加上部分省、市公安机关和高校自办的研究所（会），也不足 20 个。专职研究人员只有 150 余人，兼职研究员也不多。而且，许多人知识结构单一，单科人才多，交叉学科或软科学人才严重不足。二是全国公安刊物虽已发展到 130 多个，然而其中宣传普及、业务指导性的居多，学术性刊物不足 1/3，理论研究尚嫌不足。三是全国公安理论研究工作缺乏整体科学规划，基本上还是各自为战，有些省、市以下单位甚至连一个年度研究计划都没有。公安理论研究工作仍未摆脱盲目和被动的局面。

三、公安高校学报应为改变公安科学理论研究滞后做贡献

这一提法并非标新立异，它同公安高校学报要为公安教育、科研服务的宗旨没有矛盾，相反，恰恰正是学报实现服务根本任务在现阶段的具体化。那么，我们公安高校学报应如何为改变公安科学理论研究滞后做贡献呢？

（一）要更新理论研究的观念

公安部在《关于加强公安科学理论研究工作的通知》中指出："要强调解放思想，实事求是，勇于创新，切实搞好公安科学理论研究工作。"其精神实质，就是要求我们的思想认识符合客观实际，在党的"一个中心，两个基本点"的基本路线的指导下，解放思想，冲破落后的传统观念和主观偏见的束缚，改变因循守旧、不接受新事物的精神状态，在公安学

界开展一场新的思想解放运动。当务之急，是要清除“以阶级斗争为纲”这一思想的干扰，树立“以社会主义经济建设为中心”的观点，摆脱处于封闭时期产品经济的思维模式，建立适应社会主义市场经济发展的公安观。与此同时，还要摒弃“唯书唯上”、“轻视借鉴”、“神秘主义”等陈腐观念，克服封闭保守倾向，发扬学术民主，提倡百家争鸣。只有这样才能把人们的思想从长期禁锢中解放出来，开阔视野，打开思路，团结和调动各方面的积极因素，投身到理论研究工作中来。公安高校学报是公安理论研究的阵地，理应把这一思想贯彻在办刊工作的始终。

（二）要把学报办成以应用理论研究为重点的学术性期刊

当前，公安刊物大体可分为学术性、业务指导性、宣传普及性、应用技术性和文艺性五种不同性质。作为学报，受公安高等院校性质和其所担负的任务所决定，理所当然是属于学术性期刊。至于各个学报如何选择自己的突出重点，则视各学报对客观形势的认识和自身的条件而定。广东警官学院学报选择以公安应用理论研究为重点，主要基于以下三方面的考虑：其一，为了适应广东警官学院增设广东省高等公安专科学校的转变，满足和服务于培养公安应用型人才的教育目标需要。其二，改革开放以来，我国政治、经济、文化发生深刻变化，公安工作面临的新情况、新问题层出不穷，迫切要求从理论上作出回答，为领导者决策提供科学依据，为公安现实斗争提供切合实际的理论指导。其三，现有的公安基础理论基本上是20世纪80年代以前公安实践经验的抽象，用以指导今天的公安建设存在不少问题。因此我们需要从现实公安应用理论研究中，抽象出新的规律，进行充实和完善，使之提高到一个新的水平，用以更好地指导今天的公安实践。我们主张学报突出应用理论研究，但并不排斥基础理论研究。须知，它们二者互相渗透、相辅相成，共同构成公安理论研究的整体。它们二者的发展是交替进行的。所以，学报在大量组织、发表应用理论研究成果的同时，对那些有创见的基础理论研究论文，也应予以重视。

（三）注意发挥公安高校学报在公安科学理论研究中的桥梁和纽带作用

尽快改变公安科学理论研究滞后的状况是一个综合的系统工程，要充分发挥公安业务部门、公安科研机构、公安高校以及社会研究力量等各个方面的积极作用，单靠哪一方面的力量都是难以实现的。公安高校一方面属公安系统领导，担负着为各级公安业务部门培养人才的重任，必须同实战部门保持密切联系，要经常了解和掌握公安现实斗争的情况。另一方面，公安高校集中了一大批各专业的知识型人才，具有较完善的技术设备、图书情报资料等条件，科研力量较强。公安高校这些优势，可以弥补业务部门和科研机构的不足。因此，公安高校学报能够成为展示公安科学理论研究成果和反映公安科学理论研究动态的“橱窗”，成为反映公安科学理论研究中不同学术观点争鸣的“园地”，成为沟通科研、教学和业务部门之间公安科学理论研究信息交流的“渠道”，并及时对公安实践、科研和教学中亟须解决的新情况、新问题进行研究论证，作出理论上的阐释，促进理论超前研究，发挥其桥梁和纽带作用。

（四）公安高校学报既要立足本校，又要面向社会，实行开放式办报

学报作为公安科学研究信息的载体、传播媒介之一，应当摆脱封闭式经营的现状，实行“走出去，请进来”的对策，走开放型研究的发展道路。这里所说的“走出去”，包含两层意思：其一，就是要通过学报把本校公安学科研成果推向社会，将其转化为战斗力；其二，要鼓励和组织本校作者，走出校门，投身到社会实践、公安斗争第一线去，从实践中吸取提高教学、科研水平的养分和素材。这里所说的“请进来”，也包含两层意思：其一，学报要积极主动、大胆开拓，把社会中亟待研究的课题，如当前关于建设社会主义市场经济中的治安问题、公安立法问题和公安体制改革问题等，引进校内，作为本校的研究课题，组织力量开展科研攻关，以推动本校科研活动的开展，提高本校科研水平；其二，学报要向公安业务部门和兄弟院校开放，把他们的研究成果和科研信息引进学校，在自己的刊物上发表，以促进本校科研发展，扩大刊物在社会中的影响，条件成熟时，还可以与业务部门联合进行课题研究，甚至实行联合办刊。

（本文原载于《政法学刊》1993 年第 1 期）

国家—社会关系视角下的社会主义警学理论研究

吴兴民

"国家与社会"是西方社会学的核心问题之一，但真正进入中国学者的研究视野并被广泛应用始于20世纪90年代初。虽然赞赏与疑虑同在，接纳与拒斥并存，但并没有妨碍它迅速成为中国研究的理论热点和主流语式。在理论层面，它引发了诸多关于市民社会与国家的关系在语境上、应用上的讨论与争鸣，而在实践运用中，也越来越多地被当作一种即定模式用于解释和分析中国社会变迁与现代化进程，成为当代中国研究的流行框架。实际上，这的确是一个非常重要的理论模式，不但为我们更清晰地分析和解释中国社会提供了重要的理论工具，而且其本身也是我们现实中需要认真解决的重要问题。本文试图通过对"国家与社会"这一问题的关注来强调社会主义警学理论研究中的重大方向性问题。

一、"国家—社会"的关系在社会主义和谐社会建设中的重要意义

国家作为一种政治组织，来源于社会，管理着社会，却又与社会不同。国家作为社会的管理者，会在其各种社会控制措施中体现统治阶级的愿望，不论是在政策、法律、纪律中，还是在信仰、道德、风俗中。国家正是通过这些社会控制措施来维护社会秩序的。

但毫无疑问，这些社会控制措施并不一定在基层社会当中获得认可。不同的基层社会有不同的、独特的文化与行动的非正式规则，并由此达成自己的社会秩序。而这种基层社会当中的非正式社会规则（格尔茨将其称为"地方性知识"）在很大程度上影响着国家的政策和法律的最终实现。在社会学界和法学界，学者们早已关注到这样的问题。例如，从早在新中

国成立前美国社会学家杜赞奇对于中国华北农村的研究《文化、权力与国家：1900—1942 年的华北农村》到当代学者唐士其的《国家与社会的关系——社会主义国家的理论与实践比较研究》、朱晓阳的《罪过与惩罚——小村故事：1931—1997》等研究都涉及并深入探讨了这一问题。

总而言之，国家提倡的法律未必受社会的欢迎，社会中的道德准则也未必是国家所喜欢的。国家的规则想在社会中得到完美实现，而社会自身的规则却会不断地对它进行适合于自身状况的改造。这种改造在政府看来，完全是反秩序的行为。

这样会造成国家与社会之间冲突与紧张的关系。夏立安先生在《论发展中国家的司法改革——一种国家与社会关系视角下的比较研究》一文中对国家与社会之间的这种紧张关系做了重要的概括。他指出，国家与社会的紧张关系主要体现在三个方面：革命、隐遁与忠诚。“革命”在历史上多以“官逼民反”的形式表现出来，多发生于经济资源极度贫乏、民不聊生的传统社会中，而在经济繁盛、衣食无忧的现代社会则十分少见。“隐遁”是权威主义制度下的产物，是民众在被压制下所表现出的消极与冷漠。“忠诚”这个词很好听，不过它是严厉的压制体制下的产物。一般说来，“忠诚并不伴随社会对国家采取其他积极行动”，“人们证明自己的忠诚，推动国家采取表面上看来符合国家统治者利益的政策，从而试图在长远意义上违背统治者的利益而达到完全不同的其他目标”。因此，在这样的忠诚状态下，统治者所获取的来自社会的信息是虚假的、失真的，基于这些信息所形成的决策一旦付诸实践，就难免失灵或失败。有些统治表面看起来十分牢固，但它也可能在某一天突然崩溃，这是“忠诚”所可能导致的最糟糕的结果。

这三种国家与社会之间的紧张关系是社会发展的不正常结果。国家的管理对于一个社会来说当然是非常必要的，正如“宪法之父”麦迪逊所说：“如果人都是天使，就不需要任何政府了。”但是，基层社会也有基层社会的规则与呼声，可这未必会得到政府的关注，因此麦迪逊继续说：“如果天使统治人，就不需要对政府有任何外来的和内在的控制了。在组织一个人统治人的政府时，最大的困难在于必须首先使政府管理被统治者，然后再使政府管理自身。”因此，如何正确地处理好国家与社会之间的关系以消除这些紧张状态，是我们必须去关注的重要问题。

在当前构建社会主义和谐社会的历史进程中，处理好国家与社会的关系问题，使社会成员的意见与建议顺利地向上表达，并充分地理解与掌握基层社会的非正式规则，同时能够使国家所制定的政策、法律以及国家所提倡的道德顺利地为社会所接受并拥护，从而达到国家与社会之间的和谐共处并成为一个和谐的统一体是十分重要的。

二、警察在国家与社会之间的纽带作用

在处理好国家与社会的关系这个问题上，关键是处理好国家与社会之间相互沟通与联系的纽带与中介问题。什么人或组织能够成为国家与社会之间的纽带？如何能够充分发挥他们的重要作用？

这种纽带或中介的作用在于内聚社会的公共利益并将其组织化，通过社会参与活动将这些多元利益传达到决策过程中去。缺乏这样的中介机构，基层社会的意见难以上达，国家难以对存在的问题及时作出反应，会造成部分社会成员为寻求自己的利益而使用非法手段。同时，中介机构还可以承担一些国家无法承担的社会责任，从而控制国家从社会退出后的松散状态，起到社会整合的重要作用。在组织结构已经变得规模宏大、因素众多、异质性强的社会中，这些纽带及中介的存在成为社会共同体整合的适当形式。

在社会学界，对这种国家与社会间中介机构的研究已经有很多。例如对于传统中国的社会结构，许多社会学家都有精辟的论述，大致的结论是相仿的。首先是在多元的经济基础与高度集权的国家政权之间既相矛盾又相适应的基础之上所形成的“公”、“私”两个部分，相当于我们现在所说的国家与社会两个部分。而在“公”、“私”两者之间起中介作用的则是乡族的势力，即绅士阶层。这一阶层是基层社会的直接控制者，也是传统文化的直接承递者。他们一方面代表国家完成许多社会责任，另一方面也作为基层社会的代表与国家打交道，成为基层社会利益请求上达的中介。国家与社会常常不是直接互动的关系，而是通过这个中间阶层进行互动。改革开放以来，出现了许多能够充当这种中介的组织、机构以及阶层，例如非营利组织、基层社会的自治机构等。但它们大多依附性较强，功能定位不明确，不能充分发挥中介组织的作用。

以往人们总是认为警察是代表国家的，是国家进行政治统治和社会管理的工具，从性质上决定了它无法作为国家与社会间的纽带。但随着社区警务的推广、警务模式的转型，我们已经逐渐看到了警察社会角色的转变。

以社区警务为例，它是一种在复杂多变的社会环境中产生的新型警务

理念，也是警务改革的一种探索模式。其大致的方式是社区民警在社区工作，依靠社区党组织和社区居民委员会，利用社区资源，通过广泛发动群众，开展管理与防范的警务活动。社区警务中警察的主要职责有：

（1）人口管理。对社区内的人口以居住地址信息为基础，开展经常性的管理，掌握基本人口情况，发现线索，预防犯罪。

（2）安全防范。通过组织动员群众，依靠社区居民委员会，依靠有关单位、部门，建立健全群防群治组织，落实各项防范措施，减少可防性案件和治安灾害事故的发生。

（3）信息收集。通过密切警民联系，获取有关政治稳定、敌社情等方面的动态信息。

（4）为民服务。通过为群众排忧解难，救助危难，做好事、办实事，热情为群众服务，建立良好的警民关系。

严格来说，社区警务并不是一种方法、一种警务方式，而是一种理念，或者说是一种警察哲学。它以回归传统（相对于警察现代化装备而言）、更好地解决社会治安问题、预防与遏制犯罪的产生为目标，以主动参与社区建设、加强警民互动与合作、强化警民关系为手段。在更高的层次上，它改变了警察传统的管理型模式，并向服务型模式转变。社区警务的这种转变蕴含着强化警察公共性质的意义。警察不再是居高临下的政府管理者，而是紧贴社会、服务社会、与社会民众同仇敌忾的违法犯罪治理者、社会秩序维护者。

警察作为社会公共管理者参与社会事务的广泛性以及这种从管理型向服务型转变的特征，使其完全能够成为国家与社会间沟通与联系的纽带。通过社区警务模式，他们广泛地参与到社区的社会活动当中，能够充分地了解基层社会中的“非正式社会秩序”，从而成为将国家的政策、法律与当地社会中的“地方性知识”相协调并顺利实施的重要渠道。更重要的是，他们身负预防与打击犯罪、维护社会秩序的重要使命。服务型警务的最终目的是为了融合国家与社会，从而最大限度地激发群众的积极性，共同维护国家与社会的长治久安。这使得他们并不能仅仅作为国家的代表，而在某种程度上也必须作为基层社会的代表向上反映情况。因此，他们一方面代表国家，推行国家的政策与法律，培养基层社会良好的民主法制理念乃至移风易俗；另一方面，他们又在一定程度上代表社会，表达社会内部对国家的政策与法律的意见。这样的社区警务就从根本上为构建和谐社会奠定了坚实的基础。

三、以处理“国家—社会”关系为导向的警学理论研究

毫无疑问，警察代表着国家。但在建设社会主义和谐社会的框架下，国家与社会的融合是十分重要的，因此，在行使国家权力的同时，警察必须要担当起保障民生、沟通国家与社会之间关系的重任。在这种视角下，我们必须对警学理论研究的方向进行再认识。

一般来讲，从认识论角度，可以把警学理论研究分为两大类：基础警学研究和应用警学研究。所谓基础警学研究是指关于警察现象的一般规律的研究，主要包括警察史学、警察哲学、比较警察学、警察学基础理论、警察管理学、警察社会学等学科。所谓应用警学研究，是指面向违法犯罪等现象，解决“治安”问题的研究，例如治安学、侦查学、刑事技术等。这些研究也被称为警学分支学科。

在基础警学研究当中，首先应当本着警察如何处理好国家与社会的关系，充分整合国家与社会资源，以达到维护国家安全、保障社会治安秩序、保护公民合法权益的目的。重点对公安机关警政建设的职能、性质、路线、方针、政策以及警察管理体制，人财物的配置，警务的改革、保障与监督等方面进行深入研究。

特别重要的是，还应当就如何加强警察处理国家与社会间关系的能力问题开展广泛的研究。这里我们必须注意，警察的这种处理国家与社会之间关系的能力（或者说警察作为国家与社会间的纽带或中介的地位）与传统的处理警民关系的能力并不相同。警民关系仅仅是其中的一个方面，它注重的是作为管理者的警察与作为被管理者的民众间关系的改善。而警察作为国家与社会关系的纽带和中介则意味着它不但要致力于改善关系，更重要的是对基层社会的“融入”。在这方面，应当重视警察社会学、警察文化学、警察教育学、警察公共关系学的研究。这些学科一般被认定为警学理论体系中的边缘学科，目前并未引起足够的重视。但是，对于加强公安机关处理国家与社会之间关系的能力而言，它们的影响是深远而重大的。

在应用警学研究当中，目前主要是贯彻“打防结合，以防为主”的原则。“打防结合，以防为主”的方针不但是公安实际工作的基本原则，也同样是应用警学研究中的最重要原则。

公安机关在打击违法犯罪方面要毫不手软，有必要加强研究侦查学、

治安学中有关打击违法犯罪的内容。警察的这一社会职能是非常重要的。但我们也必须看到，和谐社会的总体要求不仅仅是打击犯罪。实际上尽可能不让犯罪发生，使民众安居乐业、具有安全感，才是和谐的最重要因素。因此，预防犯罪才是重中之重。如果以犯罪为例，并将犯罪发生过程分为犯罪前、犯罪中、犯罪后三个阶段来进行分析，我们可以充分认识目前警学理论研究的不足之处。对于犯罪中的问题，侦查学的研究以及治安学的相关研究已经比较成熟并在持续深入，对于犯罪后的处置问题，则主要是法学范畴的，而对于犯罪前的研究相对而言要薄弱得多。虽然治安学的相关研究已经持续多年，但治安学仍主要是从管理的角度对预防违法犯罪问题进行研究，缺乏更为广阔的视野。相对来讲，犯罪学又是在警学理论体系中被忽略了的学科，这可能与我国长期以来对犯罪学的学科定位存在争议有关。

然而事实上，我们所应当重点关注的，正是犯罪前的应对措施，即防范问题。我们前面已经论述过，“防”的关键是处理好国家与社会的关系。事实上，无论是打还是防，无论是侦查业务还是治安业务，都必须深入民众，考虑基层社会的非正式规则。它不但能使国家的法律得以顺利实施，也使基层社会中导致犯罪的消极因素得以缓解和消除，还能充分动员广大群众积极参与社会治安，这样才能达到长治久安的目的。处在国家与社会纽带地位上的警察面临着的是一个艰巨的任务，一方面要注意贯彻国家的政策与法律，一方面又要注重体会社会的要求与呼声。对于社会主义社会建设而言，和谐社会的目标要求给民众以更多自由民主的权利，国家不能过分地干预社会，但同时又必须防止无限制自由的产生以及由此带来的违法犯罪问题。因此，在警学理论研究当中，我们应该引入社会学、犯罪学、心理学等基本理念、方法与成果，加强社区警务、社会治安综合治理等具有协调国家与社会关系的警务模式方面的研究，在传统的以“打防并举”为核心而构建的警学理论体系的基础上，开始考虑建立以警察与社会的关系、警察的职能转变等为核心的警学理论体系。

【参考文献】

［1］夏立安．论发展中国家的司法改革——一种国家与社会关系视角下的比较研究［J］．浙江社会科学，2004（3）．

［2］唐士其．国家与社会的关系——社会主义国家的理论与实践比较

研究［M］. 北京：北京大学出版社，1998.

［3］赵文词. 五代美国社会学者对中国国家与社会关系的研究［A］. 涂肇庆，林益民. 改革开放与中国社会［C］. 香港：牛津大学出版社，1999.

［4］朱晓阳. 罪过与惩罚——小村故事：1931—1997［M］. 天津：天津古籍出版社，2003.

［5］杜赞奇. 文化、权力与国家：1900—1942 年的华北农村［M］. 王福明译. 南京：江苏人民出版社，2003.

［6］张小也. 官、民与法：明清国家与基层社会［M］. 北京：中华书局，2007.

（本文原载于《政法学刊》2010 年第 1 期）

法治公安：社会主义法治原则在公安工作中的新发展

王　鹰

一、法治公安是警察执法的新精神

法治是“法律的统治”（the rule of law），作为一种思想主张和社会实践，在西方资本主义国家的发展历程中，其基本原则和制度大体一致，主要是：社会与政府分立，不能以政府的意志代替市民社会的意志；法律大于行政，任何人和团体不得凌驾于法律特别是宪法之上；由拥有一定代表性和定期选举产生的立法机构制定法律、监督行政；司法独立，拥有崇高地位和权威，并且实行防止随意违宪的司法审查制度；政府各权力机构间实行平衡制约。从对其主要特征的概括中可以看出法治与人治的区别，同时也能超越一般意义上的法制。法治的精髓是平等。法律应当平等地对待所有人，任何个人或团体都不能特别地挑出一部分可以优待自己的条款。法律的适用不应当溯及以往。法治的根本目标是维护社会公平和正义，包括社会制度分配权利和福利的结果公正，即实质正义，也包括对法律和制度的公正一致的管理，即形式正义。

法治的社会主义属性，强调了法治的体制基础具有自己的内涵，这就是民主的体制基础。中国社会主义民主的基本内容也已经建立：政权更迭的良性机制，人民或者代表立法，政策体现大多数民众的利益，公民自由地表示同意，公理的表达及其对于精英的制约等。这些共同构成了一个实在的共和制国家，离中国历史上曾经反复出现过的专制统治甚至暴政，已经相去甚远。从这种基本判断出发，对中国社会主义法治的真实性，已经完全不必怀疑。

以社会主义法治来统领公安工作，就是法治公安，这是实施法治的重要方式和途径。法治公安理论的基本要求是：公安工作的运行体现法律的统治；以法治的精神理解和执行条文法；平等地对待所有人；把公平正义的理念贯彻在管理和执法的个案之中；在解决纠纷与冲突时最大限度地尊重公民的自主性；合理地减少强制力量的使用，尤其禁止滥用强制；着力防范和打击严重犯罪和非法的地下强势力量对民众和公共利益的伤害和侵犯；除明显会损害公民权利和公共利益外，公安工作应该以最方便和通畅的方式公开进行，以权利保障来理解并严格执行程序。

二、把握公民权利与警察权力的均衡

法治在公安工作中的实施，首先需要均衡地把握公民权利与政府权力的界限。权利是公民的自由、财产和其他利益，权力是国家机关推行政务的力量。权利是根本和基础，因权利的集合与让渡而形成了国家的权力。权力一旦形成，为了保护公民的权利特别是公共利益，就有必要合法地克减另一些公民的权利。均衡的实质就是给警察权力设定界限。“所谓警察职能的恰当限度的问题，也就是要问，为防止犯罪或事故可以侵犯自由到什么程度而不失为合法。无疑，政府的不容争辩的职能之一是采取步骤以防止犯罪于未发之前，正如它要侦查和惩罚犯罪于既成之后。但是，这种预防性职能比惩罚性职能远远更易妄被滥用以致伤及自由，因为人们行动的合法自由几乎没有任何一处不容被表述为而且被公平地表述为增加了这样或那样过失的便利条件。”[1]104

法律对于公民和对于警察具有不同的功能作用。对于公民，法律是权利保障法；对于警察，法律是权力控制法。因此对于公民来说，只要法律没有禁止，都是允许的；对于警察来说，只有法律授权的，才是允许的。博登海默简洁地表述了法律对于行政的功能作用主要在于制约：法律对于司法是路标，对于行政则是栅栏。现代国家权力来源于人民的权利，是人民通过立法所赋予的。这是权力合法性的根据。所以，当权力和权利发生冲突时，应作出有利于权利的推定。

在警察权力与公民权利之间，动态地把握恰当的界限，这也是法治公安的起点。第一，公民权利即界限，“权力止于权利”。警察执法，不能伤害到公民的权利，也不能损害社会利益。第二，对公民权利的限制必须有明确的法律授权。在防范、制止和查处违法犯罪的时候，为了保护公民的权利和社会公共利益，有必要限制另一部分公民的某些权利，但这必须具有法律对警察查处该种违法犯罪行为的规定，即法律授权警察作出行使职权的行为。第三，限制公民权利应该是必需的和相称的。当公民的违法犯罪行为应该受到查处追究时，警察作出限制其权力的行为在法理上是必需的，而且警察施行的强制性行为与公民的违法犯罪行为是相称的。第四，在绝对必要的时候才能使用杀伤性武力并且将伤害性保持在最小限度之内。联合国《执法人员行为准则》（1989）明确表明，执法人员只有在绝对必要时才能使用武力。联合国《执法人员使用武力和火器的基本原则》（1990）再次表明，执法人员在执勤时应尽可能采用非暴力手段，最后不得已方可求助于武力或火器。这里所说的“绝对必要”和“不得已”可以看成是警察使用武器这样高强度强制力量的最后原则，这与国内法的相关规定在精神上是完全一致的。

前面所列逐层递进的界限，可以用一个宪法和行政法原则——比例原则加以归纳和阐释。该原则强调，警察行使权力时，目的与手段应该相当，要用最温和或最小侵害的方式，即在多种处置方法中，选择“最少不良作用”的方式或手段，特别需要注意平衡一种行政措施对个人造成的损害与社会获得的利益之间的关系。

三、警察执法需要事实性理由陈述

经济学诺贝尔奖获得者阿玛迪亚·辛所理解的民主本质不是多数决定的选举机制而是“Public Reason”，即公开理由，也可以把它叫作公共理性，或者公共辩论。公开是一个非常重要的民主原则和法治原则。没有公开就没有正当性，因为公开具有诉诸公理的意义和作用。“任何治理都在保护每个人的自主和以共同利益的名义施行的强制之间找到平衡。一旦共同利益不再紧迫或显而易见，所追求的目标就暗淡不清了，一旦达到这些目标的手段不透明，以共同利益名义施行的强制措施就失去了正当性，每个人都将设法摆脱。”[2]191

在公安工作中，仅仅公开程序是不够的，仅仅公开结果也是不够的，最重要的是公开理由。孙斯坦特别强调了“无理由即无规则”：“法律领域中，给出判决理由受到高度推崇，这也是应该的。没有判决理由，就无法保证判决不具任意性或不公平性，人们也就无法计划自己的事情了。”[3]164 理由就是解释。当一件事情能够被解释的时候，对这件事情的处理，才具有了真正的公平，正如卢曼说的：“因为理由作为复杂的法律判决的担保是难以取代的，所以，对律师来说，似乎是理由决定了判决的正当，而不是判决决定了理由的正当。”[4]163

事实构成了理由。理由的主要内容不是法律条文而是全部的事实，至少是大部分事实。弗里德曼说过，“给予法律制度生命和真实性的是外面的社会世界”[5]17。无数的具体事实，构成了“外面的社会世界”。在执行法律的时候，关注事实，比关注条文更加重要。挂在嘴上和写在书上的都是以事实为根据、以法律为准绳，但是我们对二者之间的关系可能缺乏深入思考。当然，事实和法律之间需要坚实的证据作为桥梁，但是，证据是事实的载体，证据以表达事实的原貌为全部的使命，虽然事实已经时过境迁，不能完全再现，但事实的这种基础作用，始终是法律和证据得以存在的终极真理，尽管我们常常不能到达。

机械地理解和执行法律，在波斯纳那里叫作“概念主义”。“要对付这种概念主义，解毒剂就是实用主义。实用主义戳穿了这种概念主义所谓成功构建了一条通向真理的专线的所有这类不实之词；这种实用主义的理论（或反理论）与其孪生姊妹后现代主义一起，共同支持了（因此，这也就例证了，所谓反基础也还要有基础）女权主义法学、批判法学和批判种族理论，对法律展开了激烈的批判。”[6]2波斯纳进一步解释说：“我说的这种实用主义态度是能动主义的（渐进的、‘能办事的’），它既否定保守主义的‘现有一切都最好’的说法，也反对命定论的‘一切后果均非人所意图’的观点。这种实用主义相信进步，但又不自称能够界定进步；它相信深思熟虑的人类活动能够影响进步。这些信念都与实用主义的工具特点相联系。它是一种强调行动和改进的哲学。”“除了强调可行、向前看和后果外，实用主义者，或至少是我说的那种实用主义者（因为我们会看到一种以反经验、反科学形式出现的实用主义），都重视经验。这种实用主义对‘事实’很感兴趣，并因此想很好地了解不同活动进程如何操作、特征如何以及可能有什么结果。与此同时，它又怀疑这样的声称：我们能够获得有充分根据的确信，我们能够达到某种事物的终极真理。”[6]195实用主义对于经验特别是对于事实的偏爱，以致特别强调和重申这一点，并不以法学理论的更替而消解。忠于事实就是忠于法律，完全不需要在忠于事实之后再强调忠于法律。对法律并不清楚的人，在判断了事实真相之后，可以成为案件判决者，尽管他们不叫法官，叫陪审团。任何人都无法否定陪审团所作裁决的实质意义，除非第二审陪审团的裁决相反。难道法律不重要了吗？不是，是机械地理解法律条文不再重要了。“我们再也不要张口闭口就拿法律条文做挡箭牌了；我们应当参加公众的公开讨论，以便了解公众在经过信息交流或讨论之后认为哪些是应当交给法庭审理的犯罪行为，哪些是采取这样或那样的方法就可以防止和纠正的行为。今后，一项措施或一个办法之是否可行，将愈来愈由公众舆论而不是由政府机关的官员来决定了。”[6]195

四、增加警察执法个案化的可商谈性

警务实践贯彻的是具体的正义，即个案中的正义。抽象的、理论化了的正义总是太有争议而不能达成共识。于是，孙斯坦提出，“未完全理论化的协议非常适合于一种社会——尤其是法治社会——因为它能容纳人们在各种大是大非问题上的不同意见。根据定义，这种一致意见的优点就在于，它允许那些无法在一般性原则上取得一致意见的人们把注意力集中于特定的结果”[4]44。当我们一时不能在原则问题上达成一致理解，那么最好的出路是在个案中寻求结果的正义。“规则经常出错，因为他们往往偏离使它们合法化的理由，从而导致无意义的结果。当法律体制拒绝制定规则，是因为人们知道任何规则都有太多的失败。最大的教训并不会因为古老而重要性有所降低：如果人类的脆弱和制度上的需要被置于一边，那么基于各个案件的实质性特点的具体化判决将代表着公正的最高形式。”[4]163

个案正义的达成需要比较充分的商谈、沟通、交流，不论是在需要解决冲突的公民之间、公民与公共代表之间，还是公共代表主持下的民众之间。说商谈已经成为世界性的时代主题并不过分。“主体、交流和团结，是三个不可分开的主题，同民主政治处于共和制阶段时的自由、平等和博爱是三个不可分开的主题是一样的。这三个主题的相互依存，是社会的和政治的中介赖以存在的基础。有了这基础，才能重新建立工具世界和象征世界之间的联系，从而避免把公民社会降为一个市场或一个自我封闭的社群。”[4]417

商谈中达成的合作——这是人们共同生活在一起所必需的，是最好的秩序，因为它是自愿而不是强制的。充分的商谈可以减少法律，同时也减少了社会生活的成本，因为法律成为一个越来越昂贵的体系。解决纠纷和保证秩序，有时候不一定需要法律，即使需要也尽量用较少的法律。于是，商谈越多、秩序越多而法律更少、强制更少的良性体系就可能形成。“法律制定者如果对那些促进非正式合作的社会条件缺乏眼力，他们就可能造就一个法律更多但秩序更少的世界。”[8]354

商谈并没有降低法律和国家的权威。相反，法律和国家如果不能很好地解决纠纷从而形成秩序，才会削弱权威。商谈就需要相互间的妥协和让步，而妥协和让步一定离不开权利的调整和相互减让，这可能会被批评为交易。权利本质上是公民自己的事情，自己把握自己的权利是公民主体性增强的表现，这正好是民主和法治所需要的，当然也是成熟、良性的市场经济体制所需要的。也许，这就是一些国家实行辩诉交易的理论基础，是我国各类司法机关正在扩大调解范围的理论基础。

【参考文献】

[1] 约翰·密尔. 论自由［M］. 北京：商务印书馆，1982.

[2] 皮埃尔·卡蓝默. 破碎的民主——试论治理的革命［M］. 高凌瀚译. 北京：生活·读书·新知三联书店，2005.

[3] 凯斯·R. 孙斯坦. 法律推理与政治冲突［M］. 金朝武等译. 北京：法律出版社，2004.

[4] 哈贝马斯. 在事实与规范之间——关于法律和民主法治国的商谈理论［M］. 童世骏译. 北京：生活·读书·新知三联书店，2003.

[5] 弗里德曼. 法律制度［M］. 李琼英等译. 北京：中国政法大学出版社，1994.

[6] 理查德·A. 波斯纳. 超越法律［M］. 苏力译. 北京：中国政法大学出版社，2001.

[7] 阿兰·图海纳. 我们能否共同生存？——既彼此平等又互有差异［M］. 狄玉明等译. 北京：商务印书馆，2003.

[8] 罗伯特·C. 埃里克森. 无需法律的秩序——邻人如何解决纠纷［M］. 苏力译. 北京：中国政法大学出版社，2003.

（本文原载于《政法学刊》2009 年第 6 期）

“警察”、“公安”与“治安”概念辨析

张兆端

“警察”、“公安”与“治安”是我们比较熟悉、经常使用的三个概念。我国有“警察学”、“公安学”和“治安管理学”等不同的学科称谓。应当说，在警学理论研究中，有许多分歧和争论恰恰是由这些基本概念所引起的。因此，有必要对这些基本概念加以辨析。

一、“警察”与“公安”

（一）“警察”与“公安”概念考略

中国自古就有警察行为。“警”、“察”二字以及与“警察”相关的词语在我国先秦典籍和后来的史书中反复出现。不过，古代“警察”多为动词，未发现以“警察”命名的治安机关。在古代汉语中，“警”主要是告诫、警告，戒备紧急的情况或消息，敏锐、敏感等含义；“察”主要是观察、仔细看、考察，考察后予以推荐、选举等含义。总之，作为动词，预先诫之以言，谓之警；事后查明原委，谓之察。即“警之于先，察之于后”。中国古代与“警察”相关的动词有三个：一是先秦典籍《周礼》中有“法警”一词（“正岁则法警戒群吏”）；二是唐代学者颜师古为《汉书》作注使用“警察”一词（“密使警察不予宣露”）；三是《宋史·蔡挺传》中使用“察警”一词（“河北多盗，精择诸郡守，以挺知博州。申饬属县严保伍，得居停奸盗者数人，驰其宿负，补为吏，使之察警，盗每发辄得”）。

中国古代使用与“警察”有关的名词命名治安机关，始见于辽代的“警巡院”。建国于公元907年的辽代，于始建年号的公元916年在京师创立“警巡院”，设警巡使、副使、判官等职，他们身着特定服饰，掌平理狱讼及警巡检稽之事。金、元两代承而袭之。我国正式以“警察”命名治

安机关始于清朝末年。1840年鸦片战争爆发后，帝国主义列强瓜分中国，在沿海通商口岸设立租界，租界内的行政、工商、税务、治安等由殖民主义国家把持。中国人把帝国主义在租界内建立的维持社会治安的力量称为“巡捕”。1900年中国对八国联军的战争失败后，清政府于1905年建立“巡警部”。辛亥革命后，民国政府正式效法日本建立以“警察”命名的治安机关。在现代汉语中，“警察”系指“国家维持社会秩序和治安的武装力量。也指参加这种武装力量的成员”。

在西方，“警察”一词英语为Police，法语为LaPoLice，德语为DiePoLizei，大多源于希腊文的ΙΙολ[Τεα和拉丁文的Politia。在中世纪以前，这个词是针对国家政务而言的，包括政治、宗教等广泛的内容，意为有组织的管理、民政管理等。到了中世纪，政治与宗教分离，故Politia一词专指政治而排除了宗教，但当时的政治概念将军事、司法包含在内。17世纪以后，警察与军事、司法逐渐分离，专指“内务行政”，但与后来的“警察”仍有一定区别。近代西方语言中的“警察”一词仅指内务行政中的特定部分而不是全部。现在按其最广泛的概念，可释为英文的“the process of policing”，即维持社会治安的过程，指政府对于公民行为的控制、约束及规范的过程。在牛津英语字典中，Police Organization（警察机关）有两个定义：①警察机关是负责维持社会治安与安全的政府执法部门，在不同的国度和不同的时期，其职权范围极不相同。②警察机关是维持社会治安，执行防止和惩治违法行为及侦查犯罪行为的行政力量；也指警察部门的所有成员，或某一地区的全部警察或保安力量。

中国古代没有警察或治安意义上的“公安”概念，仅有县名（即湖北省公安县）和明末的文学流派名（即以当时湖北省公安县人袁宗道三兄弟为首的文学流派——公安派）两解。在《现代汉语词典》中，“公安”指：“社会整体（包括社会秩序、公共财产、公民权利等）的治安：~局丨~人员。”从字面上看，“公安”主要指“公共安全”、“公共安宁”。在《现代汉语词典》中，“公共”指“属于社会的；公有公用的”。“安宁”指“秩序正常，没有骚扰；（心情）安定，宁静”。“安全”指“没有危险；不受威胁；不出事故”。总的来说，社会秩序正常运转，国家安全、公共财产、公民权利（包括公民的人身安全、人身自由和合法财产等）不受威胁和侵害的稳定发展状态，就是“公安”。但是，由于我们党自革命战争年代起，特别是新中国成立以来，统一以“公安”命名警察机关和治安保卫工作，因此，在社会上和警察机关内部又赋予了以“公安”指代“警察”或

"治安"的惯用含义。

在西方语言中，没有直接与中国现代人民警察意义上的"公安（人员、队伍、机关、工作）"相对应的词语。据《法国警察》的英译本，法国历史上的所谓"公安委员会"，其原文为 General Safety。General 为一般的、总的，Safety 为安全、免于危险。两个词合并为"总体安全"、"总体平安"。这与中国习惯在警察意义上使用的"公安"一词既有联系，又有区别。至于英国独有的 Constable，有学者认为可译为"公共安全"，同时，由于 Constable 是英国基层警察的意思，应译为"公安员"。但查阅我国出版的大多数英汉词典，一般都将 Constable（=Policeman）译为"警察、警官、巡警"。我国的"公安"一词在译成英文时统一为 Public Security，即公共安全。现代西方语言中的 General Safety Officer（即"公安员"）主要指从事环保工作的人员。为避免在对外交流中发生误解，我国警察意义上的"公安"一词对外一般直接翻译为英文的"Police（警察）"。例如，我国公安民警 89 式制服臂章中"公安"一词的英文标志为"POLICE"。99 式警察制服则干脆将臂章中的汉文"公安"一词改为"警察"，使其英汉标志更加规范统一。实际上，早在 1950 年，中国大陆开始建立统一的公安机关时，经周恩来总理核准，即将公安人员统一命名为"中国人民警察"，简称"民警"。此后，我国公安机关亦称"人民警察机关"。1957 年我国颁布了《中华人民共和国人民警察条例》。1992 年成立了"中国警察学会"。1992 年、1995 年全国人大常委会先后通过并颁布了《中华人民共和国人民警察警衔条例》和《中华人民共和国人民警察法》等法律法规。

（二）"警察"与"公安"概念的联系与区别

上述考察表明，"警察"与"公安"两个概念之间，既有联系，又有区别。其联系点或共同点在于，我国在警察意义上惯用的"公安（人员、队伍、机关、工作）"一词与"警察"一样，均指代国家管理和维护社会治安的专门机构、人员力量及其行动实践等。其区别主要表现在两个方面：

1. 词义区别

纵观古今中外的"警察"概念，既可以作名词用，又可以作动词用。作为名词，"警察"是指国家或政府建立的专门负责社会治安行政管理和刑事执法职能的专门机构及人员力量等。作为动词，"警察"则指国家或政府中负责社会治安行政管理和刑事执法职能的专门机构及人员力量的职务行为或实践活动过程。而“公安”概念则仅仅是一个状态名词，指“公共安全”或“公共安宁”，表示社会秩序安宁的状态，在这种意义上与“治安”相通。“公安”不仅不能作动词用，而且作名词时如果不加“人员”、“队伍”、“机关”、“工作”等主语词，就很难说是指“警察”。也就是说，“警察”在任何国家、任何场所都可以作为一个独立而明确的概念使用，而“公安”一词只有与“人员”、“队伍”、“机关”、“工作”等构成相应的词组时，才可以指代“警察”。实际上，在我国公安机关，我们把公安人员统称为“公安民警”比“公安干警”要科学得多。长期以来在我国公安机关的文件和领导人讲话中习惯使用的“公安干警”一词，其用义为“公安机关的干部和（普通）民警”。仔细追究起来，这个习惯用语存在两个明显的弊病：其一，公安机关编制内的干部其职业身份首先是民警；公安机关编制内的（普通）民警，在政治身份上也都习惯性地称为国家干部。其二，人为地把整个公安民警队伍划分为干部和（普通）民警两个等级，容易导致广大（普通）民警产生心理不平衡感。因此，应当停止使用“公安干警”一词。

2. 使用范围区别

“警察”是古今中外多个历史时代和多数国家普遍使用的概念。而“公安（人员、队伍、机关、工作）”则仅有以中国、日本等为代表的少数国家使用。也就是说，“警察”是对世界上多数国家（包括不同历史时期的中国）治安专门机构、人员力量及其行动实践的称谓。而“公安（人员、队伍、机关、工作）”在我国则仅仅指社会主义制度在大陆范围内建立以来所组建的现代人民警察机关、人民警察队伍及其职能工作等。因此，“警察”与“公安（人员、队伍、机关、工作）”之间是一种整体与部分的关系，现代中国的“公安（人员、队伍、机关、工作）”是世界“警察”的一部分，是世界“警察”的一种特殊形态。

二、关于“治安”概念

（一）“治安”概念考略

在古代汉语中，“治”常指管理、统治的方略及状态，一般与“乱”相对。中国历史上向来有“治、乱、盛、衰”的社会历史观。《易·系辞》曰：“黄帝尧舜垂衣裳而天下治。”在先秦典籍中，思想家们又由“治”引发出“治化”（治理国家，教化人民）、“治平”（治国平天下）、“治世”、

"治国安民"等政治学说。"安"则指安定、安全，与"危"相对。《易·系辞》曰："是故君子安而不忘危。"先秦时期的思想家们由此引发出"安人"、"安民"（安抚人民）、"安泰"（家国安宁、太平）、"安国"（治国安邦）、"安众"（安定人心）、"安宁"（安定、太平）等学说。"治安"作为一个概念使用，始见于先秦时期韩非的著作中。他在《说疑》一文中有"民治而国安"的提法。在《显学》篇中他把"治"与"安"联结成一个词，对统治者如何实现国家治理与安定的途径阐述了个人见解。西汉初期，贾谊在《陈政事疏》里向汉文帝上谏"治安之策"，陈述时弊及使国家长治久安的方略。至汉武帝时，司马迁在《史记》中写道："古者殷周有国，治安皆千余岁。"可见，古代的"治安"是指国家治理有序、政治清明、社会安定的状况。其内容比较宽泛，既指政治统治的秩序，又包括社会层面上的秩序。

近代，自职业警察制度形成以来，"治安"一词的含义较之古代逐步变窄，仅指社会层面上的秩序。在《现代汉语词典》中，"治安"指"社会的安宁秩序：维持～"。在这种意义上与"公安"相通。学术界目前有两种代表性观点：①现代意义上的社会治安，是指国家通过法律和行政管理所建立起来的一种社会秩序。②治安是指符合统治阶级意志和利益并通过国家法律、法规和行政管理所规范、建立起来的社会公共安全秩序，以及以警察力量为主体所实施的管理与维护社会公共安全秩序的行政活动。

总之，"治安"一词原指"政治清明，国家安定。……后称社会秩序安宁"。"治安""谓使政治修明。《汉书·贾谊传》：'因陈治安之策。'今多指社会的安宁秩序。"

（二）现代"治安"概念的含义辨析

纵观中国历代的"治安"思想与实践，"治安"概念经历了一个由宽到窄、由广义到狭义的演变。从现代社会治安实践与理论发展的趋势和要求看，我们也必须在广义和狭义两个层面上使用"治安"概念。

1. 广义"治安"，亦可称为"大治安"

它是指整个国家的有效治理和整体社会秩序的安宁。这是对我国古代"治安"概念的现代转化和运用。任何一个时代和国家的社会治安问题，从根本上讲都是各种社会矛盾的综合反映。只要存在社会矛盾，就必然产生治安问题。一个国家整体社会治安状况的好坏，实际上是该国经济发展状况、民主政治和法治发展状况、文化教育发展状况、治安行政管理水平等诸多方面的综合反映。

2. 狭义“治安”，亦可称为“小治安”

它是指一个国家以警察力量为主体所实施的管理与维护社会公共安全秩序的行政活动，即警察部门依法所实施的治安管理。在我国，对公安警察部门所实施的“治安”职能活动的理解也包含两个层面：其一，指公安机关依法维护社会治安秩序的全部职能活动，既包括其所担负的治安行政管理职能活动，也包括预防、侦查和打击犯罪行为的刑事执法职能活动；其二，专指我国公安机关的治安部门为了维护社会治安秩序、保障社会生活正常运行而依法实施的行政管理活动，是我国公安工作的一项重要业务。后一种理解就是我国公安机关和公安院校的习惯用法。

对于“治安”概念，作上述不同层面的辨析十分重要。因为我国现代社会盛行的一直是“小治安”观念，许多部门、领导和老百姓都认为维护社会治安仅仅是警察部门的责任，从而放弃了自身在维护社会治安方面应尽的义务和责任，所以至今在不少地方社会治安综合治理的措施仍难以落实，结果这些地方的社会治安综合治理仍然是警察“独家治理”。因此，首先在理论上明确社会“治安”概念的广义和狭义两个层面，并注意在社会治安实践中广泛宣传，这样既有利于全社会普遍确立起“大治安”观念，增强社会各部门、组织、团体和公民个人积极参与社会治安综合治理的自觉性和责任感，又有利于促使公安司法机关在社会治安综合治理过程中更加充分地发挥自身的专门职能作用，以“小治安”促进“大治安”。当然，对“警察”、“公安”与“治安”等基本概念加以科学辨析和规范，更是明确警学范畴和构建警学理论体系的迫切需要。

【参考文献】

[1] 王仲方. 中国社会治安综合治理的理论与实践 [M]. 北京：群众出版社，1989.

[2] 谭永红. 治安管理基础理论教程 [M]. 北京：群众出版社，2000.

（本文原载于《政法学刊》2001 年第 4 期）

犯罪学理论与研究方法

剥离重叠的犯罪行为与其他行为的侦查价值

王大中　马文元

侦查学是研究犯罪行为与侦查行为的矛盾现象、规律及侦查对策的一门科学。[1] 侦查行为与犯罪行为是侦查学研究的重要对象之一。犯罪行为是犯罪案件的核心要素，又是侦查工作研究的起点及内容。不研究犯罪行为，也就使侦查行为失去了存在的价值。世界上的事情往往是复杂且千变万化的，犯罪现场作为刑事案件一个独特的系统，有着自身的特征。在犯罪现场系统内各构成要素都是彼此间相互联系、相互作用甚至是相互依赖地发挥着作用。犯罪现场是存在犯罪行为的地点，这是从本质上讲犯罪现场的特征，即在犯罪现场上存储着犯罪行为。[2] 但在犯罪现场上还存储着与犯罪行为相关的其他行为，这才是问题的复杂之处。如在现实案件中，熟人在正常交往中突发犯罪。有的行为人本来是到某民宅帮忙做某件事情，或者找人走错了人家等，突然发生了特殊状况，有了特定的情境，出现了情境犯罪。在其实施犯罪前，有着正常的交往，有着非犯罪行为的存在。只是在特定的情况下，有了犯罪的动机，并在其特殊心态的支配下(当然还有其他许多原因)，发生了犯罪。于是在犯罪现场既存储了犯罪行为，也存储了其他非犯罪行为，这也是客观存在的。但侦查过程中，进行现场勘查时，侦查人员往往依照传统和惯性的做法，将精力集中在犯罪行为上，而忽略了其他非犯罪行为的存在，由此造成这些非犯罪行为在现场勘查中的作用也就被忽略了。而在许多情况下，如对犯罪行为难以认识时，或其难以为侦查提供有价值的线索时，非犯罪行为可能对侦查有着更具价值的补充作用，甚至起到犯罪行为难以起到的作用。同时，现场也是宝贵的“资源”。对侦查而言，获取现场可能隐含的信息也是非常重要的。它可能提供线索，甚而提供证据。因而，认识非犯罪行为，并将其从犯罪现场上剥离，对开拓侦查破案思路有着极大的意义。

一、犯罪行为与非犯罪行为在犯罪现场共存

侦查部门接到报案后，火速赶往现场，依法对现场进行审查后，认为确有犯罪案件发生，确属自身管辖，对这些犯罪事实需要追究刑事责任的，即立案侦查。就侦查人员而言，会想尽一切办法，应用一切手段和方法，依犯罪行为的过程、顺序，寻找可疑犯罪痕迹及遗留物，以获取线索及证据，发现犯罪嫌疑人及证实犯罪嫌疑人的人或事。侦查人员将其全部精力及智力用于应对犯罪行为当然不错，但犯罪这一特殊的社会现象是非常复杂的，犯罪行为人在犯罪现场上的活动也是非常复杂的一个过程，如果对此不进行多视角的分析、多视角的观察，可能会将犯罪现场上对侦查有价值的甚至是破案关键的痕迹遗漏。这不仅仅是遗憾，更是一种失误，可能造成原本可以侦破的案件被搁浅，甚至久侦不破。

上述所谓案件的特殊性，是因为案件的发生具有令人难以想象的现象存在。并非所有犯罪行为人的犯罪活动都是有预备的，到现场就是准备实施犯罪活动的。一些案件中，有的行为人到现场并非具有犯罪动机、犯罪目的，也不存在犯罪预备。有的是遇到了特殊情况而实施犯罪，有的是因口角冲突等所造成的届时犯罪，还有的可能是因其他不可逃避的现实铤而走险。如前所述，有的案件的形成带有突然性、偶然性或特殊性。因此，分析个案时，要“因案制宜”，具体案件具体情况具体分析，不可千篇一律，要打破仅凭经验办案的模式，灵活机动地实施侦查行为，这才是客观所需。

在犯罪现场上存在哪些非犯罪行为，犯罪行为与非犯罪行为共存的犯罪现场有哪些特征，这是应首先明确的问题。

（一）犯罪行为人与被害人相识的犯罪现场上的两种行为的共存

无论侦查什么样的案件，侦查人员往往将侦查思路、侦查活动集中在犯罪行为上。这是在抓本质，并没有错，却忽略了犯罪行为人与被害人二者可能具有的特定关系。在侦查过程中，如果找不到犯罪行为遗留下的痕迹、物品，找不到其他什么线索，会不会因此就将案件搁置，导致侦查“短路”。岂不知，如果事主与犯罪行为人认识，后者可能利用这一特定的关系将被害人杀害，劫财而走。在实施犯罪行为之前，他们可能有所接触，有共同活动。特别是犯罪行为人来时并非为作案而来，实施犯罪行为

前，有正常的共同交往的行为过程。如果犯罪行为人来此犯罪是有备而来则另当别论。但犯罪行为人的到来并非为实施犯罪而来，一切如常，被害人当然意无防备。但在他们交流时，有的被害人无意间透露了财产状况，无意间伤害了对方的自尊，或拒绝了来者的求助，引起了来者的心理变化，令来者愤而报复，乘其不备时将其杀害，劫其财物，构成犯罪。这也是个案中常见的。如，二人在谈话、进餐或在共同从事某项工作，犯罪行为人乘被害人不备将其杀害，而后又可能继续犯罪行为如移尸等。犯罪之前的共同行为与犯罪行为共存于犯罪现场。这种共同行为，有时并非在勘查犯罪现场过程中能够发现。这类案件与生人作案有很大的差异。现场上除了存储着犯罪行为之外，还存储着非犯罪行为。

有的案件是特殊的生人作案。来者也非因犯罪而来，也是在特定的情境下作案的。如，有的是如约修理某种电器或家庭用品等，发现事主家中仅有一老或一弱、一病、一残者，或仅有一年轻女子等，遂临时起了歹意，将其杀害或掐昏或进行其他犯罪行为，如抢劫、强奸等。这样就在犯罪现场上遗留、存储了两种行为，即犯罪行为与非犯罪行为。

这里需要说明的是，当前我国犯罪出现的新动向，是流动人口中的犯罪现象。在我国现代化进程中，需要完成四大任务：第一，完成人口转移；第二，完成工业化进程；第三，社会公平、公正成为社会发展的主旋律；第四，环境保护及生态平衡为可持续发展创造条件。四大任务相互依存、相互作用、相互联系。其中，人口转移主要指大多数的农民成为城市居民。当前我国出现的流动人口正是在这样的过程中出现的新生事物。可见，流动人口的大量产生是实现现代化的必然途径及过程，是一个积极的事物。无论流动人员自身还是社会都负有特殊的历史使命，都应用积极的态度对待。但在当前的特定社会背景下，流动人口是一个极特殊的社会群体，已成为政府及社会关注的一大社会问题。他们中的不少人进入城市后处于社会的底层，这些人没有固定职业，居无定所，身无分文。尽管政府采取各种措施关心这些无业者，但由于我国人口众多，尚不能为他们参与社会的经济及政治事务提供充分的条件，也不能将福利保障机制完全覆盖到他们。他们中有些人正处于犯罪边缘，有些人已经陷入犯罪泥潭，成为犯罪人口。虽然这是流动人口中的负面问题，但属于正常的社会现象。也有一些人，虽然属于非犯罪人口，但在生计没有着落的情况下，四处寻觅维持生存之处，倘若遇到一定的犯罪时机与条件，便会陷入犯罪中。也有的人，在他们无处藏身时，会寻找临时寄居之地；不能果腹时，无论什么样的情况他们都会去试探。如，找到已建好但未装修，主人暂未入住的房屋时，也可能是已入住或非常住的民宅，就设法进入这样的空间作为暂栖之地。主人发现后，极易将他们视为犯罪分子对待，呼叫并驱赶。有的人在万般无奈时，担心造成恶果便起而对抗，就产生了特殊的犯罪。有时，他们在饥不择食时，也极易被当作罪犯对待而酿成恶果。同时，他们也极易被现实的许多非法及犯罪行为所诱惑、利用，只要给予生存的基本条件，就会寻机犯罪，如被雇佣犯罪等，他们以合法的身份出现，以此为掩盖，进而实施犯罪。

在另外一些流动人口中，有的人有着较为稳定的就业单位，但目前他们被拖欠工资的现象十分严重。在多次向雇主索要工资无果时，有的采取了犯罪行为以达到目的。这些人与被害人的接触都是在非犯罪行为的情况下进行的。一旦产生犯罪，人们往往忽略了非犯罪行为的存在，特别是侦查人员勘查现场时，只注重犯罪行为而不重视非犯罪行为的存在，这对侦查是极其不利的。对于这样的案件，如何有效地利用非犯罪行为就成为工作的重点。

（二）两种行为重叠的特征

在犯罪现场，非犯罪行为的存在，一般不被侦查人员所重视。这并非意识到位而不重视，而是尚未认识到它的存在。因为凡发生了犯罪案件之后，人们所有的意识都集中在犯罪案件上，以侦破案件为主。但案件的复杂性并不以侦查人员的意志为转移。复杂的人际关系，就包括犯罪行为人与被害人在犯罪之前发生的各种关系。因而就会有其自身的特征，这主要表现在：

1. 被害人处在没有防备的状态下被害

被害人与犯罪行为人熟悉，他们在交谈时，在共同进餐时，在闲聊时，在共同休息时，犯罪行为人可能用现场的各种现有工具包括枪支、斧头等致被害人死亡。但他们所处的位置一般都属于在生活的常态下，如在床上、沙发上、座椅上等，被害人被杀后又往往从原有位置上滑脱下来。他们的伤口一般都是在要害部位，且一般很少有抵抗伤。如，犯罪行为人一般不会在被害人与其面对面且有准备的情况下将其杀害。他们利用熟人的信任感去寻找各种时机、条件，乘其不备，加害他人。这些被害人死的神态也较安详，无痛苦状，也没有太多的附加伤痕。除非是那种带有强烈的复仇心理的犯罪行为人。特别是那些杀人抢劫案，他们只要将人杀死并抢劫财物就达到目的。但是，前面所述的是他们二者一般都有在犯罪行为发生前的一些共同活动。在这种共同活动中，犯罪行为人在接触那些共同活动的物品时一般会留下痕迹，如餐具上留下指纹，也有的会在修理其他器具时留下痕迹。

2. 非犯罪行为与犯罪行为的重叠干扰着对犯罪行为的捕捉，即干扰着侦查人员的视线

在现场上，非犯罪行为与犯罪行为并非泾渭分明。事实上，二者的重叠特征是二者混淆在一起，因而很难辨别哪一个属非犯罪行为，哪一个是犯罪行为。这种干扰易使侦查人员误认为两者都是犯罪行为。因为现场状态难以解释，现场现象难以区分。特别是一家人，经常在一起，留下的指纹、足迹等也难以认定为谁所害。如是外来者，没有撬门锁等痕迹，一家几口既有青壮年，也有老人，然而都被害。有的是仅有年轻女子在家被害，并无性侵害，却使用避孕工具并留有精液，又非家人所留。有的来者还与被害人共同进餐，或在此休息，现场勘查却难以发现其他痕迹。有的被害人给人留下的印象似乎是自杀，又似乎是熟人作案，但其作案行为又难以破解。

3. 现场多留有“心理痕迹”

所谓心理痕迹，是指一种特殊动机，一种特殊的因果关系。这种心理痕迹是以潜在的形态遗留在现场的现象。如明明将人杀害，却又在死者身上或身边留有一种人性化的物品。如在实案中，犯罪行为人以很残忍的方式将被害人杀害，但又在被害人额上放置一把锁。在调查中，侦查人员了解到这是当地习俗，即当出现非正常死亡者，为祝其死后平安或家人免灾，在其额上置一锁，以锁定今后非平安事的发生。有的在死者身下放一坐垫，并在其身上覆盖衣服，看起来就像是为防其感冒。这反映了一种特殊状态下的人性化的遗留，即将人杀害后，又有些感情的遗存。所有这些都有特定的目的及动机，这些都是一种特殊的心理遗留，反映着特殊的信息。这些特征需要侦查人员对现场作很仔细的过滤才能够发现。也有些是生人作案，发现人已倒地，遂在其身上加盖衣被，这反映了犯罪行为人可能并无杀人动机。

4. 两种行为的重叠是犯罪行为人无意识情况下遗留的

犯罪行为人对其行为的重叠并非是有意识的遗留，哪些是非犯罪行为，哪些是犯罪行为；哪些是应该遗留的物或痕迹，哪些是不应该遗留的；哪些应在前，哪些应在后；哪些应留在现场，哪些不应留下……在许

多情况下，都不是有意识的行为。那也意味着，犯罪行为人对自己的犯罪行为，并非都是事前设计好的。当然，对犯罪行为有所设计，但对两种行为都作圆满设计又是不可能的。因为，有些人到现场来并无作案动机。他们可能有其他的动机，有其他的目的，因而对其在现场上的所有行为本无任何设想。非犯罪行为的存在或遗留是在毫无准备的情况下随意生成的。即便是有准备的犯罪，对非犯罪行为也难以设计得那样周全。即便是熟人作案，他也要在现场寻找机会。即使事前有设计，被害人也不可能随意听任他的摆布，不可能按照他的愿望行事。因而两种行为重叠并很难将其剥离。

二、剥离犯罪行为与非犯罪行为

两种行为共存于一个犯罪现场，这也是侦查常遇到的。认为只要认真勘查犯罪行为就行，这仅是侦查人员的良好愿望，在许多情况下这是难以做到的，原因就是二者的重叠、二者的混淆。必须认真将二者剥离，将其分离才能找到与犯罪行为有关的证据及线索。

（一）两种行为的交织中，犯罪行为始终占据核心位置

无论犯罪现场多么复杂，现场有多少其他活动曾经存在和发生，犯罪行为始终是现场的核心要素，这一定位不能变。其他行为及活动只能从属于犯罪行为，无论什么样的案件都要把握这一点。为此，是将犯罪行为先剥离出来还是先剥离非犯罪行为或在过程中逐渐剥离，都应立足于犯罪行为这一核心。确定哪些是犯罪行为，哪些不是犯罪行为但又与犯罪行为有关联是分析案件的重点。如，犯罪行为是杀人、抢劫，还是其他行为内容。将此确定之后，再去确定难以解释的其他现象、其他问题，这是关键所在。如是命案，有人被杀，断定是熟人所为时，那么，就要在犯罪行为的过程中寻找其作案过程的全部内容。因犯罪行为人与被害人关系特殊，是熟人，就会乘被害人不备实施犯罪行为。这一过程有其特定性，有较充分的时间作案。对每个细节都不能放过，都要反复研究，反复思考，反复实验。侦查人员正是在种种行为细节中寻找蛛丝马迹。这种痕迹可能是多元的，有可能是指纹，有可能是足迹，有可能是工具痕迹，也有可能是对话的声音。这虽然不可能都是证据，但有的却是线索。而线索对于破案也是十分珍贵的，因为线索恰是联结案情与证据的关键。

（二）利用现场布局的状况剥离犯罪行为与非犯罪行为

现场布局是现场格局的分布状态，也是现场各种物品及人体的组合状态，也是犯罪行为与非犯罪行为结合或整合而成的现场状态，也是两种行为作用于现场的结果。它们或以单独方式作用于客体而形成某种状态，或是二者共同作用于客体而形成。利用再现格局，可以将两种行为分离。因为两种行为，尽管是交织在一起，但绝不可能完全同步进行，总有分离之时，只不过侦查人员很难做到即刻就将二者分开。如在某省破获的杀人案件中，侦查人员断定犯罪行为人爬树上了某住宅楼三楼阳台从而入室。尽管该房屋已装修，但阳台未封。该楼其他住室都已装修，阳台也都封闭。从现场布局看，现场三室两厅、一洗手间（分内外两室：内有便池、浴池，外为更衣室）、一厨房。厅内有大沙发一件，单人沙发两件，其上有另配的坐垫。尸体卧于外室，身下垫着一个大沙发坐垫，身上盖有一条毛毯，衣着完整。尸体下坐垫边缘留有一根阴毛，还有一小块干枯的精斑。死者系被重击头部而窒息死亡。内洗手间的浴池内有不属于主人的劣质的脏衣服。池壁上有半池高的厚层污秽，地上有一双很湿的脏袜。三间住室中两间空空无物，仅有一间即洗手间相对的那间有几个箱包。其中一个装有一些平日所不穿的衣服，另一个包里有些黄色光碟和避孕套。客厅内留有穿袜的湿脚印。在另外一空室内有两只避孕套，内均有精液，后经检验为同一人所留。经事主介绍，他们已购置上下两层结构同样的三室两厅的住宅。家中共有四人，父、母、儿、媳。死者系儿媳。经调查，除儿媳外，其余三人都在本市从商。儿媳正在走读大学，每日中午回来自做午餐，晚间全家共进晚餐。还了解到其儿媳在婚前曾当过“三陪”。婚事原遭家人反对，但其孩子坚持，父母勉强同意。四人都住二楼。正式完婚后，再搬入三楼。但要求其媳必须上学，以提高素质。儿媳每日中午一人回家吃午餐。从调查情况及现场格局看，特别是遗留在现场的特殊遗留物——内有精液的避孕套，侦查人员认为此案是因儿媳之前嫌引起，因而将工作的重点放在与其儿媳过去有来往的特殊人群中。案件久侦不破。后侦查人员重新研究现场，从现场情况里发现破绽：其一，“三陪女”不可能与这样生活低层的人来往；其二，如果与这样的人有性关系，不可能使用避孕工具；其三，如果是性侵犯，被害人不可能衣着完整；其四，如果是相识者，不可能冒险爬楼潜入室内，显然是生人作案；其五，来者可能生活无着落，且由浴盆内的污秽衣着来看，来者并不是能够与“三陪者”

有来往的人。故此推测：来者之动机可能是为寻找栖息之处，并在此过夜寻找食物，却发现有衣物、黄色光盘等。来者又可能是性饥渴者，因而在黄色光盘诱惑下，情不自禁用工具自慰，而后洗澡，响声被楼下中午回家用餐的被害人听到。被害人上楼查看，发现了生人。来者为防其报警，将其打昏，又发现被打昏者系年轻女子，欲奸，因其昏厥未能实施而又一次自慰，此后将使用过的避孕工具扔到另一空室。自慰是在外人看不到的地方。在整个过程中，有两种行为重叠。犯罪行为是一种，在此休息、洗澡、自慰及其他行为又是一种，后者为非犯罪行为。而在非犯罪行为中，留下了可作DNA检测的遗留物，又留下了指纹。经查指纹卡发现了有前科者李某。李某被捕后供认不讳。此案现场犯罪嫌疑人遗留有两种行为，侦查人员是通过现场情况剥离两种行为进而发现可疑犯罪痕迹，直至破案。因而，在分析或透视两种行为重叠的现场时，应立足于现场，而不是被害人的过去。特别是现场情况与被害人之过去毫无关系时，更应慎下结论。

（三）从软件要素上下功夫

犯罪现场的构成要素既有硬件要素，也有软件要素。人们往往注重硬件要素，而忽视软件要素。其实二者对于分析现场有着不同的作用。有时，软件要素起着硬件要素不可替代的作用。在现场遗留的痕迹即硬件要素，包括指纹、血迹等，但有时其并非犯罪行为人所遗留，因为被害人来往关系人较多，也可能因为生活作风不检点，其他不曾来往者也因此想“贴进”（即人们常说的占便宜），因而从侦查角度看，仍应立足现场，从现场真实情况的软件要素中找侦查思路，如作案的时间等。有可能多人来往于被害人处，在其被害前后都有人往来，这些来往的人可能不是犯罪行为人，却留下了痕迹或其他遗留物。因而结合现场的整体格局，可以从软件要素如时间等打开侦查思路。软件及硬件要素与犯罪行为有着不同的联系。有时，软件要素是实现硬件要素的中介、条件、基础，如时间要素、主观状态要素（在刑事案件中，在故意犯罪的案件中，其主观状态所表现的即为动机与目的）等。这里所强调的是动机与目的，即犯罪行为人为什么来，是如何进入现场的。因为，犯罪行为人与其他人进入现场的方式不同，表明心态不同，目的不同，其与被害人的关系不同。一般来讲，熟人作案大多不采取潜入的方式，而生人作案不同。当然也有生人来此并非是为着作案而来的，也可能以正常方式进入现场，这另当别论。犯罪行为人与非犯罪行为人都来过现场，将不同的行为遗留在现场，他们的行为可能重叠在一起，使得侦查人员误认为这些都是犯罪行为人所留。但硬件要素被排除后，侦查人员就会从其他要素即软件要素中找到侦查缺口。

（四）从“心理痕迹”上剥离犯罪行为与非犯罪行为

前文已阐述了软件要素的问题。这里所论述的“心理痕迹”，虽然也是软件要素，却是一种特殊的软件要素。所谓心理痕迹是指犯罪行为人作案时或作案后的心理遗留。这种心理遗留往往是以非犯罪行为的方式存在于犯罪现场的。它与犯罪行为紧紧相连，因为它是支配实施犯罪行为的内在起因。这种痕迹以其特殊形态遗留：其一，它不以物质形态显现，却依存于物质，或者说它以信息状态存储于其他载体上。这种载体有可能是一件物品，也可能是人体，也有可能存储于被害人或知情人的记忆中。其二，它反映的是一种心理动机，一种特殊的因果关系。其三，这种心理痕迹反映的是一种信息，因而它具有信息的特征，即多以潜在的形态出现，并在犯罪现场通过各种行为表现出来。存在于犯罪现场上的犯罪行为与非犯罪行为都会将不同的信息反映出来，实际上，对信息的认识、分析、透视是一种解密。在犯罪现场上，两种行为的产生出于不同的动机，这是其根本区别。其不同的表现主要是：其一，犯罪行为反映的是如何达到犯罪的目的，如何在其动机驱使下去实现这种目的。如前案，犯罪行为人将被害人杀死，其动机并非出于通过杀人去达到个人恩仇的释放，只是为了不因其喊叫而惊动他人，是为排除一种被他人发现的障碍，而且并非要置被害人于死地。因而，就会有被认为是多余的不可理解的行为及表现。如在被害人身下放一坐垫，在其身上盖一条毛毯。又担心其醒后报案，还捆绑其腿脚。而其他的非犯罪行为，也是在特定的情况下所为。这些行为，有的是犯罪行为的延续，有的不是，而是一些独立的行为，与犯罪行为不相干。如其第一次自慰，完全与犯罪无关，而是因其年轻，又是在性饥渴的状态下，受了其他物品的刺激，才有了某种冲动。其正是在这样无意识的情况下留下了指纹痕迹，才为侦查留下了线索。其二，有的心理痕迹是一种犯罪行为的延续，但并不属于犯罪行为，而是犯罪行为人自身的某种情感遗留。特别是因情感而犯罪的犯罪现场，犯罪行为人将被害人杀害后，又遗留某些情感行为。如将人杀害后，在尸体上加盖其他物品。如在女性裸尸的敏感部位盖一物，以遮其丑。被害人尸体上加盖的衣被我们认为是无关的物品是案件中常见的现象，这些行为与杀人行为并不相干，但案件现场中，这些物品自身或放置的位置有可能传递着极其特殊的信息，也就是犯罪行为人的特殊心理即情感遗留，这同样是一种极其特殊的个体反映。这种状况，有的在实施犯罪行为前，有的在实施犯罪行为后，尤其在其后的遗留最为常见。这是因为情感是行为人心灵中最为深刻的印迹，当这种情感对犯罪行为人心理冲撞最为严重之时，造成某种特殊的伤害时，被伤害者就会对其产生一种相应的“回报”，最大的“回报”即杀人。实现之后，犯罪行为人又会有所顾念，即对被害人产生恋意，但此时已经无法弥补这种恋意之憾，于是可能会使用特殊的行为去实现，即使用特定的物品，并将其置于一定的位置上，用以寄托。此种类型的表现都是犯罪行为人心理的不同反映，也是人性的不同表现。这些与犯罪行为有差异的反映，对侦查而言，都是分析犯罪行为人心理的极为重要的依据。可将其从犯罪现场中剥离出来，从中判断犯罪行为人与被害人的特定关系，从与被害人相识的人群中，查找有着特殊来往的人。

同时，还要特别注意在这些特定的遗留物中查找可疑痕迹或附着的其他遗留物。在实施非犯罪行为时，犯罪行为人会在这些行为过程中，留下可疑的犯罪痕迹，如指纹、足迹、工具痕迹等。有的还可能通过对遗留物来源的查找进而找到工具的持有人，发现犯罪嫌疑人。可见，利用心理痕迹剥离犯罪行为与非犯罪行为，是分析两种行为的很重要的一环。

综上所述，犯罪现场是一种特殊的行为所在地。它是犯罪行为的信息存储地，但也存储着其他非犯罪行为。二者共存于犯罪现场，尽管非犯罪行为并不反映犯罪现场的本质，但对侦查人员认识犯罪现场有着特殊功能及价值。因而在分析犯罪现场时，将二者作为犯罪现场系统中共存的现象，将其从混杂的现场上分离，开拓新的侦查思路，为侦查破案提供新的思维方式是十分重要的。犯罪现场是一个复杂的犯罪信息的载体及遗址，从不同的角度透视犯罪现场会大有收获。

【参考文献】

［1］张新枫. 刑事侦查教材［M］. 北京：警官教育出版社，1999.

［2］王大中. 犯罪现场新概念及再现［M］. 北京：中国人民公安大学出版社，2003.

（本文原载于《政法学刊》2004 年第 2 期）

传统犯罪学“三段论”体系的生态学观

——犯罪生态学的新视角

肖剑鸣　吴　晖

每门独立的学科都有自己独特的研究对象。犯罪生态学作为一门新兴学科，其研究对象与传统犯罪学和传统法学有相同之处。此外，社会生态运行应作为其重点研究对象。

综合中外涉及犯罪生态学的理论，可以认为犯罪生态学是运用生态学（含社会生态学、人类生态学）、社会学、犯罪学和法学等学科的理论和方法来研究人类犯罪现象，揭示犯罪各构成要件之间、构成要件与犯罪场和犯罪区以及构成要件与社会生态环境系统的互动作用和生态关联，展现犯罪群落（各犯罪群体组织及其生存环境）和犯罪生态圈（犯罪的生态区域及其生存状态）的形态演化及其与社会生态系统中各要素结构的生态关系，并据此提出犯罪生态圈与犯罪群及其具体形态演化的社会防控和综合治理措施的学科。

一、犯罪学中生态学观的产生、形成和发展

虽然现代犯罪学只有一百多年的历史，但是，犯罪学思想早在古希腊、古罗马时代就已经产生了。古希腊、古罗马的思想家、哲学家就曾对犯罪与刑罚问题做过研究和论述，他们朴素的思想和观点中就包含着生态学的某些思想。其中，古希腊哲学家柏拉图在其著作《理想国》中把人的灵魂分为善和恶两部分，每个人到底是善的部分战胜恶的部分还是恶的部分战胜善的部分取决于他所受到的社会教育。如果一个人受过良好的社会教育，那么他灵魂中善的部分就会控制住恶，他也就成了一个受人赞扬的人；反之，他就成了受人责备甚至惩罚的人。另一位古希腊哲学家亚里士多德根据犯罪原因的不同将犯罪划分为三种类型：因贫穷而犯罪，因寻欢

作乐而犯罪和因追求无限权威而犯罪。并针对这三种犯罪提出了相应的解决方法。他认为，对第一种应给予适当的财产和职业来消除其贫困，对第二种应培育其自制的本能，对第三种应实施道德教育。可见古希腊的犯罪学思想很注意犯罪同社会环境的关系，阐述了犯罪同社会环境的相互作用，特别是阐述了犯罪人的内在动因和外在条件互动过程的根源，同时还提出改善社会环境以利于对犯罪进行防控和调适以及教育与改造潜在犯罪人的精神和思想的观点。这种着眼于社会环境和社会化手段去调控犯罪的思想已成为犯罪生态学的思想中不可或缺的一部分。

与古希腊相似，作为诞生过以私有制为基础的法律的最完备形式的古罗马，在犯罪学思想上更加倾向于以法律制度来控制犯罪，特别是古罗马著名政治活动家西塞罗在《法律篇》中认定人应当是有“理性”的，犯罪是个人的心理原因造成的一种理应受到良心的折磨和刑罚的制裁的行为。而古罗马最伟大的诗人维吉尔则从经济条件与犯罪的关系的角度着重论述了经济条件是引起犯罪的重要原因。古罗马犯罪学思想不仅全面阐述了犯罪产生的社会经济条件，而且系统地论述了法律作为遏制犯罪、维护人类社会生态的法则，能够对人的精神世界进行调控和规范，并对人的精神生态进行分类和调适，强化社会化，崇尚并强调法律的威慑作用。

而自犯罪学产生以来，西方国家许多重要犯罪学文献对犯罪乃至犯罪学概念的定义就歧义丛生。这本身反映了犯罪学作为一门新兴学科，特别是犯罪作为一种科学文化视角的生态多样性。犯罪学概念、定义上的差异和各国、各地的历史地理状况、人文制度都有较大的关系，特别是和各国、各地的犯罪学理论思想渊源密切相关。犯罪学思想总是基于一个国家、地区的社会制度、宗教制度、社会道德习俗、自然资源、经济技术状况等综合因素的影响而形成。自然、社会、人文等环境因素的差异导致了各地“同类异形”犯罪现象的产生，也使得各地的犯罪学思想出现不同的特点。工业革命后，世界各国先后进入社会转型期。社会的巨大变迁、结构的剧烈分化导致原有社会的政治、经济、文化、道德和习俗的规范失去了运行的基础。而法律本身存在的滞后性弱点，使其在社会突变的无序性状态下，显得更加软弱无力。社会发展与法律制度的不协调产生的错综复杂的矛盾，必然导致社会犯罪现象的恶化。除了犯罪率的猛增外，其中一部分更是由传统犯罪向现代犯罪演化，其明显表现是高智能、高科技手段增加了。社会的变迁与新型的犯罪现象使人们认识到，社会是一个有机联系的生态系统，只有通过社会的良性运行所产生的自我调控机制，才能抑制和消除犯罪现象，整体性地提高社会生态系统的犯罪免疫力，从而形成一种强调用生态关联和生态调适的功能原理来分析社会犯罪现象的生态学观。

全球化进程不断加快，在推进世界经济以前所未有的速度发展的同时，也把世界各国联系得更加紧密。现代时空距离使整个地球犹如一个村庄，因此犯罪问题和环境问题一样成为世界各国面临的普遍性问题，也成了全球共同关注的难题。由于全球性的环境污染严重、自然生态失衡、物种消亡迅速、森林大量减少、资源日益衰竭，从而使加强环境保护、保持生态平衡和物种的多样性、走可持续发展道路成为人们的共识。在社会生态领域存在着的突出的全球性共同社会问题则是犯罪，如全球性的毒品走私、军火走私、跨国卖淫、网络黑客、官员腐败、邪教和恐怖活动等一系列社会犯罪现象日益突出。从宏观的、历史性的考察目光与跨国、跨地区多维度的综合透视角度来看，当今时代不断恶化的犯罪活动的产生形态与发生机制与如下全球问题无不息息相关：世界范围的主流文化与各种亚文化的交融，强势文化与弱势文化的冲突；价值观念体系性的宗教矛盾；发达国家与发展中国家的发展差距；以不平等贸易为基础的新殖民体系存在以及发达国家在人权问题上的双重标准；各国之间以及各国国内的民族矛盾、领土纷争和军事冲突。社会犯罪现象的世界共同性和全球危害性以及人类对社会安宁和持续发展的渴望都为犯罪生态学的理论创新提供了契机。社会犯罪现象的复杂性、类型的多样性以及整体的有机联系性也要求把犯罪现象放到全球这个大系统中来研究，只有这样，才能在宏观层次上更好地理解犯罪生态的地域性特征以及犯罪类型、形态的演化，特别是它们之间的联系。

二、“现象—原因—预防”：传统犯罪学“三段论”体系的生态学观

（一）犯罪现象的生态学视角

犯罪作为一种危害社会的行为，是一定历史时期人类社会新陈代谢的排泄物，并且与一定时期人类社会的发展相伴相随、相互影响并相互作用。犯罪现象总是在人类社会的发展中演化，同时犯罪也是目前国际社会一种普遍存在的病态现象，一种无法回避的客观现实。虽然由于世界各国历史文化、地理环境、社会制度、社会群体和人口特征的差异，对犯罪概

念的界定不尽相同，但总的来说，各国都是从自己国家利益出发，根据本国的法律制度和国情来确定和表述的。犯罪的概念也由此具有了鲜明的社会制度性特征和社会地域生态性特征。我国《刑法》第十三条对犯罪作出了明确规定，认为其是指行为者的行为严重危害社会，触犯刑事法律并依法应当受到刑罚处罚。[1]81-92《刑法》的这一规定，不仅说明了犯罪的法律属性——触犯刑法应受刑罚处罚，也说明了犯罪是刑事责任的前提，刑罚是实现刑事责任的最主要、最基本的手段。这一规定还揭示了犯罪这种现象的社会属性——相当严重的社会危害性，说明了犯罪行为者在与社会的互动过程中，给社会造成既定的危害。可见我国《刑法》对犯罪的定义是从犯罪的阶级实质和法律形式的统一上考虑的。不过，正如任何定义都不可能天衣无缝一样，该定义不仅表述不精练，并且随着社会变迁、犯罪类型的发展和犯罪形态的演化已渐失其完整性。因而许多刑法学者往往根据这一定义所表述的基本特征，结合自己的研究，给犯罪作了其他的定义。由于专业研究的差异和理解的不同，刑法界对犯罪的基本特征也存在争论，所以，刑法学界对犯罪所下的定义也颇不一致，但都认为犯罪是一种极端的社会越轨行为，具有严重的社会危害性、刑事违法性以及应受刑罚处罚性。犯罪生态学研究视角的重点在于从犯罪本身的社会危害性的角度来研究犯罪。因此，犯罪生态学所侧重的是：确认犯罪是行为主体在社会生态循环运行中破坏社会生态运行的规则和规律的现象。

犯罪现象作为某个国家或地区在一定时期内一切犯罪活动的总览，既有数的规模，也有质的态势。从犯罪生态学角度来看，犯罪现象既是犯罪原因的客观反映，又是犯罪原因导致的必然结果，犯罪现象包含着社会生态运行不协调或紊乱的现象，可据此为调控犯罪找到各种现实策略依据。

犯罪现象不是单个的、具体的犯罪行为的简单积累和叠加，而是一定量化程度下的犯罪行为的集合。它是通过犯罪的状况、特征、结构、趋势和后果等方面展现出来的整合演化形态，是在社会层面展示出来的一种具有特殊性质的社会法律现象。根据马克思主义的观点，犯罪现象是人类发展到一定历史阶段而出现的社会现象，是阶级社会所特有的社会法律现象。因此，犯罪现象具有历史性、客观性、法律性、相对性、因果性和社会性等一系列动态特征，就其本质而言，是人类社会生态运行的不协调现象的体现。犯罪现象研究要特别关注犯罪现状、犯罪特点和犯罪规律。

犯罪现状是指犯罪的数量、类型、危害程度以及犯罪的时间、地点、犯罪主体的构成情况和相关当事人的个人情况等，它是犯罪现象的浅层，也是基本的事实和基本的研究素材，它反映了一定时期的社会治安状况，从一个侧面暴露出该历史时期的政治、经济、文化和法制等方面存在的问题。[2]164可见，犯罪现状是对社会生态运行中所出现的偏差的具体反映。研究犯罪现状对于分析、判断犯罪现象的走势，提出防控对策具有重要的现实意义。

犯罪特点是犯罪现象所表现出来的形态特性，即犯罪现象在某一时期内的共性。其通过犯罪数量的增减，犯罪严重程度，犯罪的性质、种类、手段、危害以及犯罪成员结构的变化等表现出来。[3]8-10它是对犯罪状况的概括、分析、归纳和总结，是犯罪现象在更深层次上的体现，是社会生态运行的不协调现象的总体体现。

犯罪规律则是在一定条件下，犯罪的升降涨落、动态变化的一般趋势或必然倾向，即犯罪的流势、流量、流向的一体化运动过程。犯罪规律决定犯罪现状和犯罪特点并据此来表征和显现。犯罪生态学重在研究人类犯罪的社会生态规律，从而根据其规律在社会生态运行中可能出现紊乱或不协调的场所和环节，有针对性地进行防范。

研究犯罪现象还应研究犯罪结构、犯罪分类和犯罪人。犯罪结构是按照一定法律标准进行分类的各种类型犯罪的有机结合以及组合比例关系。犯罪类型的组合形成了一定时期的犯罪结构体系。它是了解某一时期各类犯罪的消长关系及其相应的社会危害程度，并据此对治安形势作出正确评价与科学分析的重要指标。犯罪结构反映社会生态运行中不同层次、不同环节所出现的紊乱或不协调现象的程度。社会生态运行的调适状况，特别是其犯罪免疫力和控制力的高低必然反映在犯罪结构上。犯罪分类是根据刑法的有关规定，按照一定标准将各种具体的犯罪行为归并为不同类型。犯罪分类是基于社会生态运行过程中的不同层次和环节中的犯罪现象进行的归类，是表征犯罪现象中犯罪结构的基础，是认识犯罪的特点和规律的重要方法。犯罪人指的是犯罪的自然人和单位。[2]8犯罪的自然人和单位及其与周围社会环境的相关关系是犯罪生态学研究的重要对象，包括研究犯罪自然人、犯罪团伙和犯罪单位等犯罪组织的心理、生理特征和社会生活背景以及他们的社会生态类型、状况等，还包括犯罪人在社会生态运行中所处的不同位置以及犯罪人自身的精神状况，这些研究有利于为犯罪的社会生态防控对策提供依据。

(二) 犯罪原因的生态学视角

犯罪原因是导致犯罪现象的诸多因素及其相互作用。[3]10 犯罪原因是对社会生态运行中出现的紊乱或不协调的一种概述与解释。它是犯罪生态学研究对象的重要组成部分。研究犯罪现象是为了进一步探明犯罪原因，进而运用社会生态自我调适和自我控制的方法从根本上减少或消除犯罪产生的条件，增强社会生态运行的协调性，使社会生态系统在良性循环运行中提高自身对犯罪的社会免疫力和控制力。科学地、客观地探明和阐释犯罪原因，并准确地描述犯罪现象和犯罪原因之间的内在关系和变化规律，从而有针对性地制定防控对策，这既是整个犯罪学研究的重要内容，又是犯罪学研究的总体目标之所在。同时，根据即发的犯罪和产生的犯罪现象回溯以揭示潜在的犯罪原因，通过社会生态分析，准确地描述和推断两者的因果联系及其范围，是全部犯罪学研究的基本思维过程。犯罪生态学把犯罪原因作为研究对象，更侧重于用社会生态运行原理和生态关联规律等进行分析，试图揭示犯罪原因内在的、本质的东西。

犯罪原因要素是一个多质、多元、多层次、多变量的错综复杂的动态系统，其中既有社会因素、文化因素、经济因素和政治因素，又有环境因素、心理因素、生理因素和行为因素；既有犯罪主体的主观因素，又有社会环境的客观因素；既有直接因素，又有间接因素。总之，犯罪的各种因素总是在一定条件下按照某种既成的方式交结在一起发挥作用的。诸因素作用的大小、强弱、方式、途径、过程等，都受制于一定历史条件下社会运动发展的总规模和总态势，这使得犯罪原因的作用具有了更为广阔的活动背景和更为隐蔽复杂的内部机制。必须指出，引发犯罪的主要因素是社会条件，在形成和促进犯罪的各种因素中，某些气象学、地理学和生物学因素对犯罪也有一定的影响，但它们的作用必须以与社会因素的相互作用为前提。[2]164 犯罪原因的复杂性和相关联的多向性正是社会生态系统结构功能多层次性及彼此关联复合性的体现。犯罪总是由一定的原因引起，而犯罪原因概而言之，则是社会生态运行的局部偏差或总体趋向所引起犯罪现象产生的各种不良社会因素综合效应的结果。

由于犯罪原因的多样性以及诸因素彼此之间相互作用的复杂性和多向性，在对犯罪原因进行分类时，应采取多元的分层分类方法，同时要注意分类方法的联系性和互补性，以及区分具体犯罪行为的原因和社会整体犯罪现象的原因。无论分析哪种犯罪原因都应采取主客观分析相结合的方法，既要注重分析犯罪的社会因素，包括政治因素、经济因素、文化因素、法制因素和意识形态、价值观念等宏观社会因素，又要注重分析家庭、学校、社区等个体直接接触的微观社会因素；既要注重犯罪主体的意识、心理、人格、生理、教育水平和成长经历等个性因素的分析，又要注重现实中促使和诱发犯罪的共性因素的分析。这些传统的罪因分析方法与犯罪生态学的有机结合正是在分析犯罪原因时所要探求的一个目标，据此而阐明犯罪因素间的社会生态联系，并从社会生态功能自我调适的角度，采取有效的措施加以控制。

（三）犯罪预防的生态学视角

犯罪预防是指在犯罪发生之前，为了清除犯罪产生的原因和条件，防止、减少、阻遏犯罪发生而采取的政治、经济、教育、行政和法律等社会性和专门性的综合防治措施。犯罪预防中的犯罪生态学研究有别于传统犯罪预防，除将其视为包括犯罪预测、犯罪防范和犯罪控制，从而在社会治安防控方面采取治安综合治理的方针以外，还认为犯罪防控重在防御，即实行社会预防、刑法预防、心理预防和治安预防等联动性防范对策，以构成整体化的犯罪预防体系。犯罪生态学还包括实行社会运行的生态控制和防范，协调社会运行系统的生态稳定性和发展和谐性，维系和缩小既定犯罪生态圈，消除新犯罪生态圈的滋生、蔓延，从根本上实施犯罪调控策略与方针。

【参考文献】

［1］黄娜，高智华，于泓．法学概论［M］．北京：工商出版社，2002.

［2］肖剑鸣，皮艺军．罪之鉴——世纪之交中国犯罪学基础理论研究［M］．北京：群众出版社，2000.

［3］薛凤清，李建辉．犯罪学概论［M］．北京：群众出版社，2003.

（本文原载于《政法学刊》2006年第3期）

我国犯罪学研究方法及其方法研究

王仲兴　李　波

一、研究方法的基础性地位

方法，学者一般认为源于古希腊文，在古希腊语中，它由“遵循”和“道路”两部分组合而成，意为遵循某一道路，即为实现一定的目的，必须按一定的步骤进行。关于方法问题的专门研究肇始于亚里士多德的《后分析篇》。《后分析篇》是研究“科学的方法”，构建一种“科学的逻辑”，从“研究一切推理的共同形式，进而研究科学的推理，它具有不同于辩证的推理或日常推理的特点”[1]230-240。关于方法的定义，一般认为方法是关于解决思想、说法、行动等问题的门路、程序等。

从人类文明史和学术史上看，理论和方法是同时产生的，并且从来就是相互联系的。就学术理论而言，“方法并不是外在的形式，而是内容的灵魂和概念”[2]427。在人类学术史的长河中，理论与方法同生共长、与时俱进、互相作用，如果说理论旨在揭开客观世界朦胧的面纱，认识其客观演进的路径和规律，方法则为人类这一活动指出一条可能和可行的路。[3]9伯尔曼甚至断言：“如果没有由12世纪法学家首先发展出来科学方法，无论是17世纪的科学还是19世纪的科学都是不可能产生的。”[4]188方法始终是一个与各学科的理论生存相关联的元问题，无论是自然科学，还是社会科学，研究方法都显得非常重要。方法是每门学科首要的基本问题，它不仅是一门学科成熟与否的标志，而且是一门学科是否得以顺利发展的基本前提和必要条件。正因为如此，国外学者都非常重视对方法论的探讨，有的人甚至认为：一切理论探讨最终都可以归结为研究方法论的探讨；一切理论变革又首先依赖于对其研究方法论的变革，只有方法论上的科学更新，才能带来科学上的重大突破。

法学作为社会科学的一个分支学科，研究方法亦显得十分重要。正如拉伦茨所言："法学之成为科学，在于其能发展及应用其固有之方法。""我们不能轻率地接受法官的裁判，特别是当它们含有价值判断时，我们必须审查他们与其他裁判以及一般承认的原则是否相符，它们在事理上是否恰当。然而，这些要求全都无法完成，假使我们不尊重一定的方法论的话。"[5]21 法学之研究，探其根本，必然发生方法论的问题；亦可谓法学的研究，至其终结，必须就方法论的问题加以探讨。[6]22 目前在研究方法的专门著作中，有德国拉伦茨的《法学方法论》，我国台湾地区杨寿仁的《法学方法论》，大陆有陈金钊、谢晖主编的《法律方法》。不可否认，长期以来我国是一个漠视方法的国家，这种现象虽在近年有所改观，但在总体上还是先天不足，后天的培养也不够。在当今中国的法学研究中，学者们似乎都急功近利地急于解决社会存在的法律问题，对研究方法、法律概念等本体问题嗤之以鼻，这是缺乏深厚学术积淀的中国法学的一大悲哀。我国的犯罪学研究亦未摆脱这个窠臼，对研究方法的培养和使用十分不重视，为此笔者不揣冒昧，从研究方法的基本问题说起，分析我国犯罪学研究方法中存在的问题，剖析其原因，进而提出如何建构和使用犯罪学的研究方法，以期对繁荣犯罪学有所帮助。

二、我国犯罪学研究现状及研究方法缺陷

犯罪学作为一门独立的学科始于加罗法洛的《犯罪学》，算起来犯罪学作为独立的学科在国外已经有 100 多年的历史了，其研究已呈欣欣向荣之势。而在我国作为一门独立的学科还不到 20 年的时间。长期以来，我国的犯罪学依附于刑法学，在刑法学研究框架下的犯罪学，囿于规范刑法的研究范式，先天发育不良，因为："刑法学与犯罪学虽然都以犯罪这一社会现象作为自己的研究对象，但两者研究的角度不同，刑法学主要侧重于依据实定法规定对犯罪现象进行评价。由于它以实定法为评价的标准，因此，它当然压迫凭借由立法者规定下来的犯罪类型与犯罪构成要件。简言之，刑法学是一种规范评价（学）。犯罪学则不同，它是一门涉及人类学、生物学、医学、心理学、社会学、法学等各门学科的综合性科学。它必须从各种角度，通过多种层次，运用各种方法来观察犯罪事实，收集犯罪案例，作出自己的评价，以发现包含在各类犯罪现象中的根本规律，从这一点来讲，犯罪学是一种事实评价，是一门经验（试验）科学。"[7]31-35 从建国到 20 世纪 80 年代，我国的犯罪学研究一直处于刑法的襁褓下，根本无

法施展，更别谈提出系统的理论和创造先进的研究方法了。

1979年中共中央下发了《关于提请全党重视解决青少年违法犯罪问题的报告》后，以青少年犯罪研究为切入点的我国犯罪学研究逐渐得到了重视，许多高校开设了犯罪学课程，学者们纷纷著书立说，学术专著如雨后春笋，一时间我国的犯罪学研究呈现出势如破竹之态。1982年我国成立了青少年犯罪研究协会，后更名为犯罪学研究协会，这标志着我国开始独立地开展犯罪学研究。20年来，经过学者们的不懈努力，犯罪学逐渐成为一门显学，尤其是在社会转型时期我国出现了大量犯罪案件，学者们纷纷涉足犯罪学，试图在犯罪学领域淘一桶金，使犯罪学的研究蔚然壮观，取得了累累硕果。著名的犯罪学家康树华教授、储怀值教授、王牧教授、周密教授和周路教授以及新生代的吴宗宪研究员和皮艺军教授、郭建安教授等人，纷纷扛起犯罪学的研究大旗，身先士卒，出版有《犯罪学》、《犯罪心理学》、《青少年犯罪学》、《犯罪学纲要》、《西方犯罪学史》等大量研究成果，促进了犯罪学的发展。同时又产生了"本能异化学说"、"犯罪市场学说"、"犯罪场学说"、"犯罪标签学说"等理论，这些理论的提出，对于犯罪学的繁荣有十分重要的影响。"尤其需要强调的是犯罪学的发展对于丰富刑法的内容所产生的影响。而对犯罪学经过长期研究所得到的结果，法学家仅仅付之一笑的时代已经过去，犯罪学的成果已是有目共睹，人们再也不可能拒绝承认其对法律的影响。"[8]55-56

中国犯罪学走过了极不寻常的道路，因为它几乎是从零起步的，目前犯罪学研究似乎有些值得自豪，但是认真思考之后，会发现其呈现出的是一种近乎虚假的繁荣。[9]虽然犯罪学吸引了大批的研究者，但是这些人大部分都不是朝圣者，他们都是企图在这个领域淘到金，研究目的多少带有功利性，研究态度势必急功近利，研究成果难免有失水准。"在犯罪学研究中，产生了许多理论和学说，如犯罪人类学、犯罪生物学、犯罪心理学、犯罪社会学等理论。这些理论，都曾经把自己的学说视为犯罪学的完整理论体系。在犯罪产生的具体原因上，更是理论学说林立，不计其数。这种情况使犯罪学理论出现了非常杂乱的局面，纷繁复杂的各种理论、学说并存，对犯罪见仁见智。具体看来，它们似乎无可挑剔。但是，却因此使人们对犯罪学缺乏正确而深刻的共识，并失去了理论的说服力和魅力。"[10]可以说，对当前中国的犯罪学现实学术水平不应该估计过高，它正徘徊于历史的十字路口。而致力于中国犯罪学研究的学者们也必然要在这个历史时刻承受孤寂和冷落，以基础理论铺就道路，不让紧邻刑事法学的兴隆喧闹撩拨起难以按捺的功利心。[11]23 而当我们反思为何会出现这样的现状时，就会发现研究方法的缺失是一个最主要的原因。笔者认为目前我国的犯罪学研究方法主要存在如下几个方面的问题：

（一）实证研究匮乏

实证主义产生于19世纪上半期，其创始人是法国的孔德。实证主义认为，经验现象和经验事实是最实在的，科学知识是对经验现象的记录或描述，科学命题是可以由经验证实的命题。哲学或一切科学，都应当是实证性的科学，要把一切不能由经验证实的知识、命题都从科学和哲学中排斥出去。但是，实证主义只重视经验知识和具体事实，否定科学抽象和普遍知识，陷入了经验主义的片面性，这当然是错误的。实证主义宣称：唯物主义和唯心主义既然都以感觉经验以外的东西为研究对象，那就都是“不确实的”，都是不科学的，都是“形而上学”。“作为一种对文明、社会规律、阶段和类型感兴趣的社会理论，实证主义基本忽视了对个人的研究。实证主义强调研究‘怎么样’（how）而不是‘为什么’（why），认为对原因的研究是达不到的，强调对现象的稳定规律的研究，取代对他们所谓直接原因或主要原因的研究。”[12]10-11 美国犯罪学家昆尼认为：“在某种意义上可以讲，所有的现代犯罪学在方法基本阐述上都是实证主义的。而且19世纪的犯罪社会学也像龙勃罗梭的生物犯罪学一样是实证主义的，就是说，大部分犯罪学者在某种意义上都是实证主义者。”[13]25

从目前的情况看，中国犯罪学界研究方法的不足很大程度上就在于没有能够很好地处理思辨与实证方法的关系。其表现是：要么过分重视实证研究，缺乏运用逻辑推导而进行的纯理论、纯概念的思考，即缺乏思辨研究方法的运用；要么过分重视思辨研究方法，而缺乏实证方法的应用。前者的主要危害是导致犯罪学缺乏必要的概念和范畴；后者的主要危害是不能提出切实有效的犯罪预测手段和防治措施。[9] 其中后者的问题甚为严重，我们许多学者习惯于躲在书斋中坐而论道、闭门造车，生产出一堆堆让人头晕目眩、虚无缥缈的概念和理论。目前在我国以思辨与论证为主要研究方法的专著一统天下，如针对犯罪原因，充斥着“阶级论”和“残余论”。事实上，这样的思辨原因论，根本不能科学、有效地说明为什么会犯罪；又如对于犯罪预防，我国学者习惯根据自己的想法就直截了当地得出如何预防犯罪的结论，而根本不进行实证调查研究。

犯罪学不是书斋里的学问，也不是法院哲学，它是活生生的、有生命力的科学。国内目前也有一些学者致力于实证研究，如对20世纪90年代以来天津市犯罪发展变化规律进行研究，通过每三年（1990、1993、1996、1999年）一次的大型调查，建立了“天津市犯罪调查科研数据库”，并依据该数据库，对犯罪成员、犯罪类型、犯罪时空和犯罪手段四大规律进行了研究分析；还有中国人民公安大学1998年校级研究项目“刑事案件统计相关分析方法研究”，这样的实证研究在国内的研究中是凤毛麟角的。由于缺乏专业研究方法的涵养及培养，即使是一些致力于从事实证研究的学者，也在实证研究过程中出现了很多的问题。主要表现在：首先，在很大程度上，实证研究变成了庸俗的统计调查，实证研究的方法单一。事实上，实证研究的具体方法有很多，比如观察、实验、调查、比较等方法，而目前我国学者提及实证研究就以为是调查研究，只做了一些调查就开始夸夸其谈、随意下结论。其次，实证研究材料的真实可靠性问题。在我国研究犯罪问题，犯罪数据成了一个非常大的阻碍，我国许多犯罪学研究者在研究中国犯罪问题时，所利用的实证资料竟是美国的实证资料[14]，真是中国犯罪学莫大的悲哀。这是由于我国的犯罪数据属于国家秘密，一般都不向外公布。如我国每年的死刑数据，这是高度的国家秘密，根本不对外公布。也就是说，研究死刑问题的学者基本都是空对空，对于死刑数量都是一个大概的估计，这样的研究是非常不科学、不严谨的。即使是学者所掌握的中国本身的实证材料，大部分都是以公安机关的立案数量为准，而公安机关的立案数量本身也存在犯罪暗数的问题，所以研究的基础就是存在问题的，那么所得结论的科学性就更是让人怀疑了。

（二）定性分析与定量分析分离

定性分析和定量分析的方法始于化学，定性分析在化学中的功能在于鉴别物质中含有哪些成分，但并不确定其含量；定量分析则是在化学中专门测定物质中的各种成分的含量。在社会科学领域，定性分析是指对事物质的方面的分析和研究，事物的质是一事物为其自身而区别于其他事物的固有属性。定量分析，是对事物量的方面的分析和研究，事物的量是事物存在和发展的规模、速度、程度，是一种可以用数量来表示的属性。[15]117-118定性分析是分析方法的基础，定量分析是定性分析的补充和细化。在犯罪学研究中使用定性分析与定量分析方法也已经有很长的历史了，早在19世纪，比利时著名统计学家阿道夫·凯特勒，就已经开始把定量分析的方法运用于对犯罪的研究中。凯特勒认为，犯罪就其现象来说是不定的，但就其实质来说却有一定的规律存在，这种规律需要对犯罪现象进行量的观察而经验地证实出来。可以说，“在理解社会现象方面，凯特勒是揭示将统计学作为工具的可能性的第一人。他在一本著作中表达了这样的观点，我们可以根据一门科学数量化的难易程度来判定它的完满性。这一点已经成为20世纪新实证主义者的主题曲”[16]。定性分析与定量分析相结合在西方国家的犯罪学研究中被普遍适用。但是在我国目前的犯罪学研究中定量分析的缺失是妨碍学科发展的重大缺陷和障碍。

在定量分析中必须真正地通过量化的数据和指标来确实反应定性的犯罪问题，而我国目前定性分析与定量分析相分离，在研究中主要表现出如下的问题：

（1）数量统计不规范。比如青少年犯罪，下限是14岁，但上限有人以25岁为限，有人以28岁为限，这样就严重影响了统计的准确性和可比性。又如统计发案率，应该按照立案标准的有关规定去统计发案率，但是目前在研究中调查统计都不是按照这样的标准来进行的，这样就影响了统计发案率的准确性。[17]407-408

（2）孤立地使用统计数字。在研究中存在一些研究者片面相信数字，认为数字能够解决一切问题，不结合一定的理论基础进行定性分析，仅凭数字就得出结论的情况。如仅凭近10年内我国14岁以下的未成年人犯罪人数增长了0.7%，就得出“青少年犯罪呈现低龄化趋势”的结论。

（3）选择的统计指标不当。进行量化分析，从不同侧面分析所得出的结论可能是不相同的，正所谓“横看成岭侧成峰，远近高低各不同”，因此在进行统计分析时，必须要有合适的量化指标。如在分析流动人口犯罪问题，进行统计调查时，许多学者往往将家庭收入作为一项重要的指标，得出结论“家庭贫困是造成流动人口犯罪的最重要原因”，这样的量化指标就是存在问题的。

（三）多学科方法欠缺

犯罪现象是一种复杂的社会病态现象，犯罪行为中包含了深刻的社会因素、伦理因素、心理学因素、人类学因素，自意大利犯罪学家切萨雷·龙勃罗梭的著作《犯罪人论》问世以来，世界范围内的犯罪学家们都试图从多个角度和多个学科来分析犯罪现象，探究犯罪原因，寻求犯罪对策。打开吴宗宪先生的《西方犯罪学史》，我们会发现西方在研究犯罪时形成了如犯罪社会学派、犯罪人类学派、犯罪生物学派、犯罪心理学派、犯罪精神学派等多角度、多学科的犯罪分析方法及学派[18]1-18。

我国犯罪学研究中，尤其是在关于犯罪原因论的研究当中，囿于我们的“唯物主义哲学”，很少使用“生物学”、“生理学”、“脑电波学”、“精神病学”、“遗传和基因学”等解释工具，在研究中研究者们都习惯在人与社会的关系上进行阐释，研究的视野非常狭窄，研究领域非常局限，解释能力非常有限，这样就造成了犯罪学的研究缺乏更充分的理论支持和更有力的理论论证。更有甚者，将犯罪社会学与犯罪学等价齐观，认为犯罪社会学是与犯罪学同等地位的学科，他们认为“犯罪学除了属于社会学之外再没有别的归宿，因为犯罪学与犯罪社会学仅仅是一门学科的两个不同名称而已”[19]19。因此有学者批评“在犯罪学的研究中，社会学是主要的研究方法，因此犯罪社会学是犯罪学的主题部分，但是又不能简单地把犯罪学等同于犯罪社会学”。这不仅是一个简单的学科属性的争论，而是涉及犯罪学学科研究方法使用的深层次的问题。之所以有学者将犯罪社会学与犯罪学等价齐观，除了由于我国目前犯罪社会学派的势头蒸蒸日上以外，更多地反映出我国犯罪学的学科理论支持的单调和乏力。

三、犯罪学研究方法之整合

正如有学者指出：“科学是随着研究方法的获得成就而进步的。研究方法每前进一步，我们就会提高一步，其后在我们面前就开拓了一个充满种种新鲜事物的、更辽阔的远景。”[20]49犯罪学欲取得喜人的成绩，必须在研究方法上有所改进，这样才能使得我们的犯罪学有所进步和提升，而改进研究方法主要应该从如下几个方面来进行：

（一）思辨与实证相结合

正如陈兴良教授所倡导的：“我们这个时代是反思的时代，崇尚思辨应该成为这个时代的特征。”[21]但是应该指出的是，“任何一种经验方法都具有其思辨概念和思辨体系，而且任何一种思辨思维，它的概念经过比较仔细的考察之后，都会显露它们所有产生的经验材料。把经验的态度同演绎的态度截然对立起来，那是错误的”[22]585。目前在很大的程度上我们的犯罪学研究是由一些驰骋飞扬的概念和理论组成的一个无序的“大拼盘”，是一个拥有众多色彩斑斓图案的万花筒，一门真正成熟的学科绝对不是理论光环辉映下华丽的装饰品，也不是各式实证包装的“百宝箱”，“拒价值判断于千里之外的实证主义立场的实质，意味着在法学研究中宁要无知也不要偏见；但实际上‘偏见’（即利益、同情、感觉力、兴趣等）具有促进思考的能量，在无视一切价值的场合都根本不可能得到充分发展”[23]356。思辨和实证就如犯罪学的双翅，必须双翅都展开才能自由地翱翔于蓝天，因此我们必须强调实证研究与思辨的结合。我国犯罪学研究首先应当根据犯罪状况进行实证研究，然后在实证研究的基础上进行思辨，再用其理论指导实证研究，使实证研究更准确、更科学。

犯罪学研究的思辨方法与实证方法的结合，也是中国犯罪学理论与实践相结合的表现形式之一。依据这一套研究方法，我们可以对当代中国的犯罪具体现象进行全面的研究，从犯罪现象中提炼出相关的理论，对犯罪原因、犯罪行为、犯罪对策进行提炼。我国现代著名犯罪学家严景耀为我们作出了典范，他为了进行实证分析研究，曾经将自己关在监狱里与犯人接触，用观察法进行犯罪研究，后著有《中国的犯罪问题和社会变迁的关系》。我国知名犯罪学家、天津社会科学院犯罪学研究中心主任周路研究员花费了 14 年的心血撰写了《当代实证犯罪学新编》。周先生从 20 世纪 90 年代初期开始，致力于犯罪学的实证研究，他每隔三年主持一次大型犯罪调查，至今已经完成五次调查。调查对象是天津市经过法院审判后当年投入监狱的全部刑事犯罪人，总计两万余名，调查内容有百余项。他在调查的基础上建立的“天津市犯罪调查科研数据库”，具有很高的科学价值，成为该专著的研究基础。正如他所指出的：“实证犯罪学是中国犯罪学中的一个新学派，我希望他们坚持自己的治学方向，继续努力，日臻完善，使它和其他学派一样长期共存，切磋交流，相得益彰，使我国的犯罪学走向成熟。”[24]

（二）定性与定量相结合

“由于定量分析难以深入到事物内部作考察，因而弄得不好，那些普查、抽样调查、问卷调查等，得到的结论只能在数量上给人一个表面形象，甚至是一种虚像。因此，为了正确把握事物的数量，我们在作定量分析之前应当先做好定性分析，然后再通过量的表现来进一步加深我们对性质的了解。”[25]19 同时，“犯罪学有关社会环境及人们在此环境中的各种反应的科学，它既没有物理学研究中那种观察的准确性，也没有其结论的确定性。人类自由这种所谓的‘随心所欲’，向一切决定论提出了挑战，也使所有的方程和参数都成为谬误”[9]。“科学，实实在在寓于现象的诸规律之中；事实本身不管它是如何真实、众多，也只为科学提供必不可少的材料。然而，通过考察这些规律的恒常功用，我们可以毫不夸张地说：真正的科学，远非单凭观察而成，它总是趋向于尽可能避免直接探索，而代之以合理的预测，后者从各方面来说都是构成实证精神的主要特征，正如整个天文学研究将会令我们清楚地感受到的那样这样的预测，是不断发现现象之间的关系的必然结果，它绝不会把真正的科学与虚妄的博学混淆起来，后者机械地堆砌事实，却不想对此加以演绎推断。我们全部健康思辨的这一重大属性，对于思辨的自身尊严及其实际效用都一样重要；因为对已出现的现象的直接探索如果并不引导我们进行适当预测的话，是不足以令我们改变其实现的。因此，真正的实证精神主要在于为了预测而观察，根据自然规律不变的普遍信条，研究现状以便推断未来。”[26]12 因此，中国犯罪学界还应积极探索思辨与实证研究方法，将定性分析与定量分析更好地结合，以使中国犯罪学研究方法有新的进步，更有力地推动中国犯罪学研究的发展。在定性分析与定量分析结合时应该注意如下几个方面：

（1）规范使用统计方法。正如菲利所说的：“因为道德和社会现象不同于自然和生物学现象，很难甚至一般不可能进行试验，所以在这一领域所进行的观察最有助于科学研究。统计学就是这类观察中最有效的一种手段。”[27]40 在犯罪学研究中必须规范地使用统计方法，这样才能保证统计结果的真实性和科学性。

（2）正确使用数学模型（Mathematical Model）。随着科学技术的迅速发展，数学模型这个词汇越来越多地出现在现代人的生产、工作和社会活动中。对于广大的社会科学和应用数学工作者来说，数学模型是沟通面前的实际问题与他们掌握的数学工具之间的一座必不可少的桥梁。在犯罪统计中也不例外，数学模型能够对所研究的现实对象提供分析、预报、决策、控制等方面的定量结果，尤其在犯罪预测中必须充分利用数学模型，如应用犯罪系统仿真模型就是一个很好的例证。

（3）科学利用现代软件。目前在国外比较普及的统计软件首先是 SPSS 软件。SPSS 是“社会科学统计软件包”（Statistical Package for the Social Science）的缩写，是一种集成化的计算机数据处理应用软件，目前被广泛应用于通信、医疗、银行、证券、保险、制造、商业、市场研究、科研、教育等多个领域和行业。国外的犯罪统计也主要是使用这种软件。其次是 SAS 软件（Statistical Analysis System）。SAS 软件是目前世界公认的数据处理和统计领域的国际标准软件，是世界领先的数据分析和信息系统，广泛应用于通信、金融、保险、制造、证券和公共事业等领域。由于SAS是为专业统计分析人员设计的，具有功能强大、灵活多样的特点，为专业人士所喜爱。而SPSS是为广大非专业人士设计的，它操作简便、好学易懂、简单实用，因而很受非专业人士的青睐。再次是MATLAB软件（Matrix Laboratory）。MATLAB软件具有高度的集成性及应用的方便性，在高校中深受欢迎。在犯罪统计中，我们应该充分利用这些统计工具，将统计过程程序化，将统计程序简单化，将统计结果科学化。

（三）学科与学科相结合

正如前文所论述的，我国犯罪学与其他学科方法的结合存在很大的问题，我们不太注重从其他学科中寻找能够为我们所用的研究方法。正如培根所言，我们要善于使用新工具、提出新方法。

“无怪乎人们常常说，随着研究法所作出的成就，便推动科学向前迈进。研究法每前进一步，我们便仿佛升高一级，因此，也就为我们开拓了更广阔的眼界，使我们能看到从前看不见的对象。”[20]20 从龙勃罗梭引入人类学（生物学）的研究方法形成犯罪人类学，到菲利引入社会学的研究方法形成犯罪社会学，最后到加罗法洛引入心理学的研究方法形成犯罪心理学，犯罪学始终处于法律学科和其他人文学科的边缘。这种边缘性使犯罪学具有跨学科的特点，因而在整合犯罪学的时候，又使犯罪学具有综合性的特点。法医和精神病学家对犯罪学的发展作出了贡献，以至于出现“犯罪学史无非是精神病学史中的一章”[28]870 的说法。

我们应该广泛地采用如生物学的研究方法。自20世纪80年代以来，基因科技的发展，特别是人类基因组计划的实施，使行为遗传学再次吸引了众多学者的目光。作为行为遗传学重要议题之一的“犯罪遗传”也又一次成为犯罪学界和遗传学界关注的焦点。犯罪遗传学的复活可以说是有其特殊背景的。因为20世纪50年代以来，一方面是盛行的犯罪社会学的观点虽能解释宏观的犯罪现象，但无法解释微观的个人犯罪机制；一方面是分子遗传学的新进展成为客观阐明问题的新手段，使犯罪是否遗传这一问题开始以观察和实验的方式实质性地进行。美国的犯罪学研究者采用了另一种更直接的办法，即受害人调查方法。采用随机抽查的方式以及匿名问卷的方法，调查普通公民是否遭遇过犯罪侵害及何种侵害。调查的结果令人大吃一惊，即犯罪案发的数量远远大于美国警察局统计的数量。没有报案的原因有很多：个人隐私、家庭暴力、小额失窃、对于警察侦查能力丧失信心等。此种调查方法叫作田野调查法（也叫田野工作法，Field Work)，最初应用于人类学研究，法律人类学家马林诺夫斯基首先全面提出并倡导在社会科学中应引入这种研究方法。“因为在其田野考察过程中，既不可能也不会把自己的观察局限在具体的事实和详细的资料上。应能从一些关键的问题中得到启发，去解决一些他自身面临的基本难题，以及许多被普遍认为是悬而未决的疑点。”我们应该广泛借鉴并敢于使用其他学科的研究方法，为犯罪学的研究寻找理论支撑。当代犯罪学的多元化，在很大程度上不仅反映了犯罪研究者的理论背景和现实背景的差别，而且反映了他们研究犯罪的直接、具体目的的差别。犯罪学主题的选择、理论观点的发展和独特研究方法的确定，取决于犯罪研究者对某个研究对象的目的。所以，犯罪学的研究就像盲人摸象一样，各有所好地去看“大象”，以各自的方法摸到“大象”的不同部分。为此，美国学者把犯罪学构想为一门由一系列与犯罪有关的研究领域构成的学科。这些领域可以容纳多元化的理论观点或构成一个综合性的理论体系。[29]80

法国著名学者迪尔凯姆在阐述社会学研究方法时，就曾以犯罪为例加以说明。迪尔凯姆认为，社会现象是存在于人们身体以外的行为方式、思维方式和感觉方式，同时通过一种强制力，施予每个人。这些现象不同于有机体的现象，后者是通过某些形态和动作表现而存在的。它们也不同于心理的现象，心理现象只存在于个人意识之中并通过个人意识表现出来。总而言之，这些现象具有一种新的性质，只有用“社会的”一词可以表明这种性质和它的含义。[30]5

四、结语

通过对犯罪学研究方法的探究，我们不难发现：研究方法的缺失是我国犯罪学研究起色不大的重要原因之一。如果我们期望改变犯罪学的研究状况，则必须在研究方法上有所突破，尤其在实证研究上必须上一个新台阶，这样才能使犯罪学研究达到“海纳百川，有容乃大”的学术境界。而在这个过程中我们必须清醒地认识到：实证研究的提升不能仅凭学者的一己之力。正如前文所揭露的：我国许多犯罪学研究者在研究中国犯罪问题时，所利用的实证材料竟是美国的实证资料。这不能完全归结为学者的原因，这在很大程度上与我国犯罪数据不公开有非常大的关系，学者得不到犯罪数据。就只能借鉴其他国家的数据，于是就出现了这样难堪的局面。

因此，我们呼吁应该尽量公布犯罪数据，可以通过以白皮书的形式来公布我国的相关犯罪数据，目前正在进行的“中国刑事犯罪数据库”就是一个很好的尝试。同时，官方统计犯罪数据时不能“只反映警察部门活动的方法和活动的改变”[25]121，应该更多地、真实地、准确地反映犯罪情况，这样既是政务信息公开的基本要求，也是我们犯罪学实证研究的一个基础。我们期待并相信通过学者的努力，加上各个部门的配合，犯罪学的研究一定能够上一个新的台阶。

【参考文献】

［1］亚里士多德．工具论［M］．余纪元等译．北京：中国人民大学出版社，2003．

［2］黑格尔．小逻辑［M］．贺麟译．北京：商务印书馆，1980．

［3］王泽鉴．民法学说与判例研究［M］．北京：中国政法大学出版社，1998．

［4］伯尔曼．法律与革命——西方法律传统的形成［M］．贺卫方等译．北京：中国大百科全书出版社，1993．

［5］拉伦茨．法学方法论［M］．陈爱娥译．北京：商务印书馆，2003．

［6］普列汉诺夫．马克思主义的基本问题［M］．张仲实译．北京：人民出版社，1957．

［7］宫泽浩一．被害者学的基础理论［M］．东京：世界书院，1966．

［8］斯特法尼．法国刑法总论精义［M］．罗结珍译．北京：中国政法大学出版社，1998．

［9］康树华．中国犯罪学研究现状及发展趋势［J］．上海市政法管理干部学院学报，2002（4）．

［10］王牧．学科建设与犯罪学的完善［J］．法学研究，1998（5）．

［11］皮艺军．犯罪学研究论要［M］．北京：中国政法大学出版社，2001．

［12］Hermann Mannheim. *Pioneers in Criminology*［M］. Evanston：Northwestern University，1972．

［13］中国政法大学劳改法教研室．犯罪学概论［M］．北京：中国政法大学出版社，1985．

[14] 康树华. 中国犯罪学的未来展望 [J]. 中国刑事法杂志，1999 (5).

[15] 舒远招. 马克思主义哲学概论 [M]. 长沙：中南工业大学出版社，1996.

[16] N. Timasheff, G. Theodorson. *Sociological Theory: Its Nature and Growth* (Fouth Edition) [M]. New York: Random House, 1976.

[17] 肖剑鸣，皮艺军. 犯罪学引论 [M]. 北京：警官教育出版社，1992.

[18] 吴宗宪. 西方犯罪学史 [M]. 北京：警官教育出版社，1997.

[19] 谢勇. 犯罪学研究导论 [M]. 长沙：湖南出版社，1992.

[20] 巴甫洛夫. 巴甫洛夫选集 [M]. 赵璧如等译. 北京：科学出版社，1955.

[21] 陈兴良. 刑法哲学 [M]. 北京：中国政法大学出版社，1992.

[22] 爱因斯坦. 爱因斯坦文集（第一卷）[M]. 许良英，范岱年译. 北京：商务印书馆，1976.

[23] 季卫东. 法治秩序的建构 [M]. 北京：中国政法大学出版社，1999.

[24] 周路. 犯罪学实证研究之我见 [J]. 河南公安高等专科学校学报，1999 (4).

[25] 费孝通. 学术自述与反思：费孝通学术文集 [M]. 北京：生活·读书·新知三联书店，1996.

[26] 奥古斯特·孔德. 论实证精神 [M]. 黄建华译. 北京：商务印书馆，1996.

[27] 恩里科·菲利. 犯罪社会学 [M]. 郭建安译. 北京：中国人民公安大学出版社，1990.

[28] 施奈德. 犯罪学 [M]. 吴鑫涛，马君玉译. 北京：中国人民公安大学出版社，1990.

[29] 昆尼，威尔德曼. 新犯罪学 [M]. 陈兴良等译. 北京：中国国际广播出版社，1988.

[30] 迪尔凯姆. 社会学研究方法论 [M]. 胡伟译. 北京：华夏出版社，1988.

（本文原载于《政法学刊》2006 年第 6 期）

公安科技与文化

试论公安科技

王　彬

现代科技的发展极大地推动了社会的进步，但同时也带来了一系列社会问题，其中包括犯罪和社会安全问题。利用科技进行的犯罪活动，其手段愈趋现代化。为对付以至制服利用现代科技进行犯罪活动的所谓“新型智能犯罪”，消除现代科技给社会安全方面带来的消极因素，增强全社会的安全防范水平，我们有必要对公安科技的社会需要和目的作一研究。

一、公安科技的概念

所谓公安科技，指的是公安保卫机关专业科技人员运用现代科学技术、器材进行公安控制的专门措施和手段。严格说来，科学与技术是有区别的，科学的根本职能是认识客观世界的规律，提供应用的理论，而技术则是为了特定的目的所采用的一种专门手段，它使可能应用的理论变成现实。而现在，人们一般都把科学技术一体化了。公安科技，也正是从这个意义上来说的。但公安科技又并非包括基础自然科学、技术科学和工程技术的广义科技概念，而是指为特定目的而应用的专门技术手段和方法。具体来说，公安科技有以下几方面的特征：

（1）专用性。即以保障国家安全和维护社会秩序为目的，专用于进行公安控制。公安控制是一种特殊的社会控制，以国家安全与社会秩序为其控制目标。公安科技在公安控制中的专用性表现为：一是有效地识别犯罪。如电子扫描显微镜、激光指纹发现器、计算机自动指纹识别系统、声纹鉴别设备、噪音鉴别技术等现代科技，在防范打击各种智能犯罪方面起着重要作用。二是为护卫目标提供安全技术保障。如计算机信息安全技术、各种警报系统、监测监控设备、防止森林火灾的高技术方法及灭火器材等。

（2）专门性。是指为实现公安控制而专门研制或根据特殊需要进行专门改装或直接引用为公安控制服务的仪器、装置、材料等专门技术手段。

（3）专业性。专门的公安科技设备、器材必须由公安保卫机关的专业科技人员掌握使用。这是因为公安科技手段技术性强，必须由专业人才或经过专门培训的人员掌握使用。多数公安科技用于隐蔽斗争，机密性强，确定专门的科技人员，也有利于控制保密范围。

二、公安科技与一般科技的关系

公安科技手段，大都是一般科技的“改造”和“移植”。这说明公安科技与一般科技有着密切关系。

一般科技包括基础自然科学、技术科学和工程技术，是直接为社会生产和国民经济发展服务的科学与技术的总称，是广义的自然科学。一般科技与公安科技是主干与分支、一般与特殊的关系。公安科技是在一般科技的基础上生长出来的。公安科技的形成离不开物理、化学、生物等基础自然科学原理的指导，无论是哪一类公安科技手段，都是这些学科分化与综合的产物。公安科技手段是一般科技性能的“延伸”，有的是利用一般科技本身具有的发现、防卫、认定等方面的性能和威力，有的则为保障一般科技手段自身安全而强化其某方面的性能。科技的进步导致新型犯罪的出现，这又促使对策性技术手段的加强，因此，公安科技是一般科技发展的必然结果。一般科技既为公安科技的生长提供了“土壤”，也提供了作为阳光和养料的社会经济条件，赋予公安科技以巨大的威力和效能。

正因为如此，将现代科技运用于公安控制，是现代世界警察孜孜以求的。公安科技手段的产生和发展形式也总是以一般科学技术加以改造以适应公安控制的特殊需要为特点的。

（1）采用一般的科学技术器材和装置创造出专门用于公安控制的技术方法。如刑事照相技术、刑事化验技术、痕迹检验技术等。

（2）将一般科技领域的仪器、装置进行改装，使之成为适用公安控制的技术装备。如公安计算机系统、现场勘查车、公安通信设备、信号自动系统等。

（3）专门为公安控制生产的专用技术装备。如警报系统，监听、监控系统，指纹检验仪器，安全检查器材等。

由此看出，公安科技不只是被动地依赖或附属于一般科学技术，因其能动的对策性，它的产生和发展对一般科技的推动作用也是不可忽视的。它涉及的科技领域较广泛，所需的科技知识也是多方面的，所以，它的发展对于科学技术综合化无疑起着很大的促进作用。公安科技是直接为社会治安管理及解决有关社会问题服务的，因而公安科技的产生及应用，对于科技社会化，以及软科学、软技术的发展、扩大也将起很大的推动作用。另外，公安科技的运用有较强的政治性、法律规范性和时效性，所以对公安科技手段的技术性、功能性要求往往较高，即要求比一般科技更加精确、灵敏、高效。因此，公安科技实际上体现了我国现代科学技术的发展水平。如计算机技术与公安通讯指挥系统，在一定程度上标志着我国现代化通信的水平。

三、公安科技的主要分类

随着现代科技在公安控制各项业务中的广泛应用，我们初步形成了门类齐全、具有特色的公安科技体系，主要包括：

（1）警务通信指挥技术。这是用于公安控制的专用通信手段和措施。从其技术手段看，主要有：定点警察通信系统，如拨号电话、微波载波电话、紧急直通电话、原件传真等；移动警察通信系统，如警用超短波通信机、警用简易无线通信机等；警用卫星通信系统。警用通信指挥技术在复杂多变的社会治安情况中，在动态公安控制中起着中枢神经的作用，所以要求它畅通、可靠，决策指挥迅速、灵活。

（2）信息安全技术。这是防止利用计算机窃取公安信息，保护信息安全的技术系统。在我国，计算机犯罪虽不普遍和严重，但也时有发生。针对计算机安全的主要威胁，采取计算机屏蔽、信息加密、生物特征鉴别等安全防范技术，加强计算机安全监察，确保公安信息的安全。

（3）秘密侦察技术。这是为适应特殊调查工作而运用的技术手段。如高性能窃听器、窃照器，电子通信截获技术，自动化便携式电信监控设备等。技术装备越来越超微型化，安装越来越巧妙，效能越来越高是它的显著特点和发展趋势。

（4）侦查、物证鉴定技术。这是侦查工作和刑事诉讼活动中，为收集和鉴别有关物证而运用的专门技术手段。主要有：刑事勘验取证技术，如刑事照相、痕迹检验、法医生物检验、文件检验、微量物证分析、指纹自动识别等；刑事鉴定技术，如颅像重合技术鉴定、声纹鉴定、指纹鉴定、足迹鉴定、物品鉴定等；还有警犬气味鉴别技术。

（5）安全防范技术。如果以防范方式划分，安全防范技术主要有：安全报警技术、检验技术、监测技术、保险装置技术等。安全防范技术主要用于防止违法犯罪和治安灾害事故，在防盗、防破坏、防爆及监视、监控方面起着重大作用，具有很大的社会效益。

（6）道路交通管理技术。这是为保证道路交通安全而实施的监控、检测及事故勘查等专门技术手段，如城市交通控制技术、高速公路监控技术、交通安全监测技术等。

（7）消防及灭火技术。这是在消防管理、火场扑救、火灾调查中综合利用现代科技而形成的一种专业技术手段。主要有：消防监控技术、高层建筑防火技术、电气消防管理技术、火场扑救技术、火灾现场勘查技术、火灾痕迹与物证鉴定技术等。

四、公安科技的意义

要有效地解决社会治安新问题，离不开飞速发展的现代科技。在公安控制的实践中，公安科技的应用越来越广泛，它作为一种实力性对策，发挥着越来越大的作用。

（一）促进公安主体的科技化

公安科技的一个根本任务就是增强公安控制能力，而公安控制能力的大小，主要取决于公安主体的功能状况。所以，公安科技的实施目的首先是以现代科技手段强化公安主体，促进公安主体的科技化，或者说是实现科技化公安主体。

1. 强化感官能力

要有效地实行公安控制，公安保卫人员必须对控制对象的本质和规律有正确的认识，而这种认识有一个从感性到理性的过程。感性的最初形式是感觉，是由于外部物质作用于人的感官而产生的。由于人的生理与社会历史因素，感觉是有限的，并非一切物体、现象与过程都能为人的感官所感知。人的感官并不是在任何实践与认识过程中都是极为灵敏与精确的感性反映手段。而有关科技手段则可以大大改善我们的感知条件，从量和质方面扩大和改善我们的感知能力，将人的感官觉察不到的物质运动形式转变成被直接感知的现象与过程。这样不仅简化了我们对周围现实的感性认识过程，而且使人的视、听、嗅、触等感官作用的广度、深度、速度等达到前所未有的程度。这种用现代科技装备武装起来的感官，“就成为一种崭新的，只为人所特有的感觉器官”。

把现代科技武装的特有感官作为公安保卫人员的一种特殊手段用于公安控制，其威力和效能是人的普通感官所无法相比的。例如，对我国这样11亿人口的社会进行治安管理，是一项巨大工程，不要说对全国人口的管理和控制是一件难事，就是在一个几百万人口的城市，要从人口卡片中了解一个人的情况，采用人海战术，就需要组织上千人查找一天，而用计算机，只需几分钟便可准确无误地查找出来。在以高技术为标志的信息时代，公安信息量大大增加，单靠人力处理这些信息是极为困难的，而运用科技手段则极大改善了公安信息的处理量。在对付智能犯罪、获取罪证方面，公安科技手段更具有神奇的威力：一秒钟核对700多枚指纹的计算机自动指纹识别系统，辨别400人声音的语音电脑，区别数千种气味的嗅觉机器人……都是人的感官无法相比的。这些都说明，公安科技是延长和强化公安保卫人员感官能力的特殊手段，只有把公安保卫人员的职业本领、技能与公安科技结合起来，才能发挥公安科技在公安控制中的威力和效力。

2. 强化对抗能力

公安科技延长和增强人的视、听、嗅、触等感官能力，不仅增强了公安保卫人员同罪犯进行较量的智力，也极大地强化了公安保卫人员的体力。在许多方面，公安科技的实施，可以达到人力所不及的地步。超微型发射机可准确测知被跟踪罪犯逃窜的速度和方位，超微型电子收发报机可放置于物体最隐匿的部位，这都是人力难以办到的。被称为“电子警察”的中子束探测装置成为劫机犯和盗车者的克星。至于排爆机器人的应用，高技术灭火器材的使用，更起着公安保卫人员人力所无法替代的作用。防爆装置、防污染装置等安全防范技术的更新，指纹阅读机、视网膜阅读机、噪音辨认等辨认生物特征的防盗系统的出现，报警系统的完善，都加强了公安主体对治安危害的对抗能力，也增强了整个社会的防范保障。

3. 强化协调关系

公安主体是个系统，它的功能的发挥要靠系统各要素之间的联系与协调。科技手段对公安主体各要素间的协调关系的强化，主要是提高其组织、管理的现代化程度。电子计算机和无线电传真、无线电通信、自动监控、自动报警、自动显示装置等现代科技手段的运用，主要是加强主体各要素之间纵向、横向的联系，强化协调机制，进而增强公安主体决策、执行、咨询、信息监督等能力。

（二）公安科技是公安实力优势的重要源泉

公安科技的自身完备也好，强化公安主体也好，其目的都是为了取得克服治安危害的实力优势，这也是公安科技对策性、对抗性的明显特征。公安实力在克服治安危害中的优势，是有效实现公安控制的保障。要始终保持公安实力的这种优势，公安科技则是重要的实力源泉。

1. 公安科技是我国科学技术群中的重要部分

实践证明，公安保障寓于经济建设之中。经济越发展，就越需要安全作保障；科技越进步，也越需要更先进的安全技术。科学技术的迅速发展，推动着社会生活的变革，以软科学发展为标志，以科学技术活动社会化为趋势，科学技术各学科的高度综合化趋势日益明显。犹如计算机提高运算功能一样，一大批为扩大科学社会功能的软科学，为科技、经济、教育、管理、社会的协调发展提供了广阔的前景。战略科学、决策科学、政策科学等软科学以及决策技术、预测技术、咨询技术等软技术应运而生。这些软科学、软技术也越来越广泛地被公安科技所借鉴、吸取、采用，为公安科技的发展注入了新的活力。

可见，现代化经济发展为公安科技提供了基础，现代科技的进步为公安科技综合化的发展提供了可能。公安科技已成为我国科学技术群中的重要部分。也正是由于我国经济建设的发展和科学技术的进步为其奠定了深厚的物质技术基础，开辟了广阔的发展前景，它才能成为公安实力优势的一个重要源泉。

2. 公安科技具有对策性的优势

科学技术的进步与发展，给人类社会带来广泛的影响，也给社会治安带来巨大冲击。公安工作将面临犯罪活动日益智能化、治安危害日趋现代化的挑战。公安科技正是为迎接这种挑战而形成的一种对策。有人认为“罪犯和警察在利用科学技术方面机会均等”，其实不然。因为公安科技对策有着克服和战胜科技性治安危害与智能犯罪的实力优势。在与智能犯罪及科技性治安危害的对抗中，公安科技有优胜于对方的经济实力与社会条件，只要犯罪问题及治安危害对社会的威胁没有消除，社会就将为强化公安科技提供实力保障。与智能犯罪、科技性治安危害的对抗越激烈，公安科技的实力保障就越会得到补充和加强。另外，公安科技虽然带有被动性、后发性，但却具有更强的反作用力。当犯罪分子利用某些先进技术手段进行破坏活动时，我们则采用针对性强、技术性更高的科技装备对其进行防范和打击，变被动为主动，变后发为先发。再则，智能犯罪是一种反社会行为，往往只能利用某些的单一功能，而且难免留下漏洞和痕迹；而公安科技作为一种对策则可充分发挥多方面的综合功能。如有的罪犯利用不遗留指纹的技术，公安科技对策则可以发挥辨认其他生物特征的新技术的破案功能。罪犯掌握了某种窃取信息的手段，我们则可以采取多种信息机密的安全技术。公安科技大大加强了公安主体克服和战胜治安危害的实力。公安实力向公安科技要优势，这是社会经济和现代科技发展中的必然趋势。

（三）公安科技是现代化公安战斗力的重要部分

在新的形势下，公安人员与犯罪分子之间体力、智力的较量越来越多地转化为科技性的对抗与较量。所以，公安战斗力必须朝着科技化的方向发展。科技化是公安战斗力现代化的重要标志。可以这么说，现代化的公安战斗力就是以高科技武装起来的高素质的公安人员。

高素质人员离不开高科技手段。因为人体本身受许多条件的限制，不可能直接观察、认识事物的许多现象和过程，只能借助高科技的“望远镜”来“延长”自己的感知能力。在与智能犯罪、科技性治安危害的对抗过程中，在不少对抗场合，也不是警察个人的体力能够胜任的，也要靠高科技的实力优势。一个公安人员即使政治素质、业务素质都很好，在对抗性斗争中，如果没有科技手段，就犹如一个训练有素的战士手中没有武器一样。因此，只有高素质的公安人员加上高科技手段的武装，才能发挥出神奇的威力。

同样，高科技手段需要高素质人员去研制、掌握和运用。智能犯罪和科技性治安危害日益严重，实际也是现代科技对公安人员的挑战，是对公安人员掌握、运用科技手段的能力的挑战。公安人员不仅要有良好的政治、业务、身体素质，还要有掌握现代科技的本领，这也是高素质的一项内容。

高科技与高素质人员是在同高智能犯罪、高科技性治安危害的对抗中，在“公安科研—公安科技手段—公安实践”的转化过程中相结合，相统一的。在反复的对抗中，高科技与高素质人员结合，才能形成具有对抗优势的现代化公安战斗力。

【参考文献】

格拉莫维奇. 刑侦技术基础［M］. 严克勤译. 北京：法律出版社，1987.

（本文原载于《政法学刊》1993年第2期）

试论技术预防的概念和作用

何　潜　陆伟生

随着改革开放的深入开展，商品经济的日益发达，社会上出现了人、财、物的大流动，从而使一些违法犯罪分子，尤其是盗窃、抢劫分子有了可乘之机。加上广东毗邻港、澳，流窜犯罪和境外人员入境犯罪的案件不断增多，案犯作案时间短，逃离现场快，给广东的社会治安和刑侦工作带来了不少困难。如何有效地控制和减少刑事案件，特别是盗窃、抢劫案件的发生，及时抓获和打击现行犯罪分子，是当前刑侦部门亟待研究和解决的问题。本文就技术预防的概念及其在刑侦工作中的作用作些探讨。

一、技术预防的概念

技术预防，即公安保卫部门运用现代科学技术手段预防犯罪。具体地说，就是公安保卫部门在一些重要保卫目标处安装和使用专用的安全防范器材，预防和控制犯罪案件的发生，从而达到预防犯罪、发现犯罪、惩戒犯罪和减少犯罪的目的。从上述概念看，技术预防应由以下几个要素组成：

（1）技术预防的主体是公安保卫机关。根据公安部《关于使用现代化科学技术预防刑事犯罪的试行规定》的要求，技术预防装置由公安机关的刑事技术部门管理，包括做好技术预防装置的研究、设计、试制、鉴定过程中的组织工作，检查技术预防装置是否安全可靠，配合内保部门和有关单位有计划地普及、推广，还要对用户进行技术指导。

（2）技术预防的对象是技术预防工作所指向的重点部位和重点物品。根据有关规定，目前我国技术预防的主要对象有：①枪支弹药库；②存放国家机密资料、档案的保密室、档案柜；③银行金库、陈列重要历史文物和珍宝的场所；④存放易燃易爆、剧毒、菌种、放射性物质等危险品的仓库；⑤工交、财贸系统的重要物资仓库；⑥基层商店、银行储蓄所、粮管所等财物集中、容易发生盗窃案件的地点；⑦机场、海关、港口、重要车站、外事机构及国家机关的要害部位；⑧公安机关认为应该安装使用技术防范器材的单位和地点。

（3）技术预防的手段，是指用于技术预防的器材及其技术方法。当前，我国公安机关进行技术预防所使用的器材和方法主要有以下几种：①安装使用报警器监测重点部位和重点物体。一旦案犯进入该部位或触动该物体，就会马上发出警报。这是我国现阶段最主要的技术预防手段。②安装使用闭路电视监控系统，对某些重要场所或部位进行监视。一旦有犯罪分子进入现场作案，就能为公安机关抓获罪犯提供信息和依据。③在要害部位和贵重物体上安装防盗锁或控制装置，使犯罪分子在行窃及行劫时难以得逞。④在重要物件上设置应急用的化学试剂或光电设施，用以阻止犯罪分子实施犯罪。

（4）技术预防的结果，即通过技术预防达到加强防范能力，威慑犯罪分子和抓获现行犯罪分子等实际效果。多年来技术预防工作的结果表明，技术预防有助于搞好社会治安，减少刑事案件的发生，有助于侦查破案工作的顺利进行，有效地保障了国家、集体和公民生命财产的安全。

二、技术预防的作用

1. 当场抓获现行犯罪分子

通过技术预防与值班警卫、伏击守候相结合，可以当场抓获现行犯罪分子。首先是技防工作与日常的值班警卫制度相结合，一旦发案报警，值班警卫人员即可迅速堵截、搜捕作案分子。例如，1987 年深秋的一个午夜，一案犯潜入广州某公司办公大楼作案，先撬开了行政科、技安科的门锁和办公桌抽屉，窃得少量现金和一串钥匙。随后，案犯用这串钥匙企图开启保险柜时，值班室警铃响起，五名值班人员迅速赶到现场，先控制所有的通道，然后进行严密的搜查，结果在直属总支办公室抓获了躲在办公桌底下的盗窃分子。其次，技术预防与守候伏击相结合，可以主动向犯罪分子进攻，抓获现行犯罪分子。当某一地区或某一类目标接连发生同类案件（如入室盗窃案）时，可在分析判断的基础上，对犯罪分子可能侵袭的部位安装技术预防装置进行监控，并组织力量伏击。倘若案犯在这些部位作案，技防装置能准确地反映出案犯活动的位置，伏击力量就可及时迅速地包围、截击并抓获犯罪分子。

2. 监视并记录

通过技术预防，可以监视并纪录罪犯在现场的活动情况和其他现场实况。其作用主要有两点：第一，有助于揭露案犯的犯罪行为，为认定犯罪事实提供证据。例如，深圳市某商场，在贵重服装展销大厅装有闭路电视监控装置。1985 年秋，一个混在顾客中的不法分子将一件价值五百多元的大衣装入其提包内，当他走出商场时，即被保安人员抓获。第二，有利于澄清事实、分清是非，为处理某些争端提供客观依据。例如，1987 年春的一天，在广州某大酒店营业大厅，一位比利时旅客向该店管理人员报称，他的皮箱在大厅被窃了，内有巨额现钞和证券等贵重物品。保安人员当即把营业大厅的监控录像资料播放出来，录像显示是报案人自己将皮箱带走的，从而揭穿了这个比利时旅客谎报案情的骗局。

3. 吓退作案分子

通过技术预防，可以吓退作案分子，使财物免遭盗窃，有时还会使案犯丢下遗留物，给侦查破案提供线索和证据。例如，1980 年 8 月的一天深夜，广州某公司财务室被案犯撬门潜入。当案犯撬保险柜时，报警器响了，值班人员迅速赶到现场，案犯仓皇跳窗而逃，现场遗留有钳子、螺丝刀、鞋子和衣服等物，从衣服内搜出了一个通讯录，据此查明，案犯是北京一个农场的职工。

4. 震慑不法之徒

通过技术预防，可以震慑图谋作案的不法之徒，减少刑事案件的发生。公安保卫机关广泛开展技术预防工作后，大大加强了社会的安全防范能力，使违法犯罪分子难以得逞。特别是运用技防装置当场抓获现行犯罪分子后，有力地震慑了其他企图作案的不法之徒，使他们不敢轻举妄动。例如，华南农业大学 1981 年针对管钱管物的部位频频发生盗窃案件的情况，在校内 36 个重点部位安装了 17 台电子报警器，加强了这些部位的安全防范，此后数年来，一直再未发生过盗窃案。

5. 提高公安机关反应能力

技术预防有助于公安干警快速赶赴现场查处案件和追捕犯罪分子。公安保卫部门逐步建立和健全技术预防的监测和警报网点，将大大提高公安机关的快速反应能力，实现以快制快、有力打击各种暴力犯罪的目的。例如，近年来抢劫出租车和摩托车的案件不断增多，如果在一个城市或一个区域建立一个无线电报警系统，在各车辆上安装无线电报警器，当车辆被劫持时，司机按一下报警器的按钮，报警中心的监测仪器就会显示出报警车辆所在的位置，公安机关就可以迅速派出警力赶到出事现场处理和堵截犯罪分子。

6. 发现不安全因素

通过技术预防，可以检测或发现警戒部位的不安全因素，促使保安人员及时堵塞漏洞、消除隐患，做到防患于未然。发现不安全因素主要有两种情形：一是通过技术预防仪器直接检测发现漏洞；二是由于警报器在发案时报警，吓跑案犯。这样，一方面可以促使保安人员检查值班工作中存在的问题；另一方面也提醒他们认真检查其他安全防范设施是否牢靠，采取相应的措施加强值班警卫力量并加固防范设施，及时堵塞漏洞。

三、技术预防工作中的几个问题

从广东近几年技术预防工作的实践情况来看，要使技术预防工作深入持久地开展下去，充分发挥其应有的作用，笔者认为必须做好如下几项工作：

1. 宣传发动

做好宣传发动工作，提高有关人员对技术预防工作的认识。技术预防是运用现代科学技术手段同刑事犯罪作斗争的重要工作。购置、安装和使用技术预防装备需要大量的人力、物力和财力，只有取得各级行政领导的了解、重视与支持，技术预防工作的深入开展才有根本的保证。只有使各级技术预防工作人员特别是基层的保卫人员明确和懂得技术预防工作的作用，技术预防工作才有坚实的基础。而要实现上述两点，就必须做好宣传发动工作。既要运用行政手段，通过政府部门颁发正式文件来宣传技术预防工作的重要性，又要运用其他手段进行深入细致的宣传普及，特别要运用本地区成功的案例进行宣传。宣传形式也要多样化，不但要有文字语言材料，还要有录像等直观形象的材料，使有关人员感受到技术预防工作的明显效果并认识到技术预防工作的重要性。

2. 专人负责

技术预防工作必须有专门机构和专职人员负责。在当今社会，运用现代科技手段预防和控制刑事犯罪已不是权宜之计，而是一项长期的战略措施。必须有相应的机构和专职人员负责此项工作的组织实施和管理。回顾20 世纪 80 年代初期广东技术预防工作之花一度盛开又急剧凋谢的历史，究其原因，很重要的一条就是没有专门的机构负责此项工作，以致一哄而起又一哄而散。近年来，广东的技术预防工作有了新的发展，一些刑侦及内保部门设立了专门机构。然而，就全省来说并未形成技术预防工作的统一管理体系，技术预防工作在全省大部分地区仍处于自由松散的状态，致使某些工作衔接不上。因此，笔者认为，应当根据广东的实际需要和公安部的有关规定，尽快建立专门机构将技术预防工作的规划实施、仪器研制、安装管理、检测维修等统管起来，才能使广东的技术预防工作在正确的轨道上逐步向现代化迈进。

3. 统一规划，全面部署

技术预防工作必须统一规划，全面部署，逐步向系列化、系统化过渡。运用现代科学技术手段预防犯罪是一项巨大的系统工程，因此要有长远的规划，做到统一设计，配套成龙，使技术预防设施从点到线、由线到面逐步发展并连成网络，再通过控制中心实现全面监测。例如，某市公安局在全市范围内统一筹建的无线电报警系统遍及全市任何一个固定点或流动点，这一系统的单机既可以安装在固定点，如银行、仓库、商场、文物机要部门以及居民住户点，也可以安装在流动点，如出租车、运载贵重物品的车辆等。案发时，按一下无线电报警器按钮或通过其他自动装置启动无线电报警器，公安局报警中心就能在两秒钟内显示出报警点的单位、所在地址和报警类别。如果是车辆报警，报警中心的监测仪还可以显示出车辆的运行轨迹和所在位置。

4. 建立研发基地

技术防预部门必须与有关科研机构、生产厂家紧密合作，建立研制、生产和维修技术防预器材的基地。要运用现代科学技术手段预防犯罪，必须有大量的科技人才和设备，而目前公安机关从事技术预防的技术力量还很有限，单靠公安机关自身的科技力量，无论从量或质来说，都不可能满足日益发展的技术预防事业的需要。因此，只有利用社会上有关科技部门和专业厂家的技术力量，由公安技术防预部门组织联合当地有关科研机构、生产厂家为技术防预工作服务，才能有效地保障本地区的技术防预工作稳定、持久地发展下去。广州、深圳两市的公安技术防预工作之所以较有成效，原因之一，就是他们都重视同当地有关科研机构和生产厂家建立密切的联系，把这些科研单位、厂家作为技术防预装备的研制、生产和维修的基地。

5. 加强指导和检查

技术预防部门要加强对内部单位技术防预工作的指导和检查。当前，技术防预工作的对象大部分是内部单位，要使技术防预工作发挥应有的作用并取得较好的社会效益，技术防预部门就应当首先在内部单位大力开展和普及技术预防，为他们推荐适用、安全、高质量的技术防预器材，并传授安装、使用、维修技术防预器材的技术方法。必要时，为他们举办专门的讲习班，培养技术防预工作的专门人才。部门还要经常派出技术人员深入内部单位进行指导、检查，同时，要协同内保部门督促内部单位加强相应的值班警卫制度，使内保单位的技术防预工作与值班警卫制度紧密结合起来，并使之保持常备不懈的状态。

实践证明，技术预防对于加强全社会的安全防范能力，减少刑事案件的发生，降低发案率，辅助破案以及抓获现行犯罪分子，打击犯罪活动，保障国家、集体和公民的生命财产安全，是一项行之有效的措施，是整个防范体系中不可缺少的一环。随着我国经济的腾飞，技术预防必将在公安工作中发挥越来越大的作用。

（本文原载于《政法学刊》1988 年第 4 期）

新形势下刑事追踪技术新探

景　畅　王炳成

一、追踪在新形势下面临挑战

追踪是根据犯罪行为人遗留在现场和来去路线上的足迹的特征和自然环境物质变化的迹象来追击和缉获犯罪分子的一项专门的侦察技术手段。通过追踪，可以分析判断罪犯的去向和活动情况，为侦查破案提供线索、划定范围、指出方向、抓捕作案者。

在侦缉破案中应用追踪技术简单而有效，各国警察机关都已沿用多年。追踪技术在我国刑事技术界曾受到高度重视。新中国成立初期，各基层公安机关就应用初步的追踪技术破获过案子，又学习了苏联的足迹形态检验技术和应用警犬追踪技术。此后公安部又在内蒙古民间追踪技术的基础上总结了步法追踪技术，使得追踪技术体系更完整、实用性更强且具有中国公安自己的特色，在侦破案件、抓获罪犯的过程中屡屡起到不容小觑的作用。

近年来，我国社会发生了很大变化，如社会交流增多，社会成员流动频繁，交通状况得到改善，城市及城镇的经济活动日益繁荣等。与此同时，犯罪的特点和形式也有很大改变。如重大案件在城市中的比例上升，经济犯罪增加，智能和技术犯罪出现并增长较快等。而且，此类案件现场保护困难，案犯逃逸容易，结果是破案难，抓获案犯更难。而追踪技术的应用又有诸多限制，如一般应在发案后不久、作案人的足迹尚较好保留，作案人逃离不远或赃物还没有被转移的条件下，而对不具备条件的往往无能为力。因此许多案件无法采用足迹分析和追踪方法，侦察中追踪的使用也越来越少。

在许多新的犯罪对策应运而生并取得一定成效的同时，追踪技术是否仍然能够发挥其重要作用呢？答案是肯定的。只是由于犯罪的新特点，追踪技术应适应新的范围并增添新的内容。笔者愿谈一点粗浅看法与同行共同探索。

二、新形势下追踪的应用

每一种侦察技术都有两个方面：一方面用特有的方法揭示事物发展的规律，解释事物发生、发展、归宿的必然性，用特有的手段解决矛盾，实现目的；另一方面受到条件和时机的限制，许多情况下难以适用。追踪技术也是这样。这就要求我们在侦察破案中针对具体案件采取相应的措施。考虑新形势下追踪应用问题，以下面几种案件为例作简要分析：

（1）持枪犯罪：指涉及枪支弹药的犯罪案件，包括抢劫、盗窃枪支弹药及持枪杀人、抢劫、强奸案等。近几年发案率急剧上升，危害较大。

（2）反动武装或土匪武装：除 xx 街那样公开组织武装与公安机关对抗的个别现象外，也有在偏僻山林中建一处“营盘”的，平时公开作恶，遇公安机关打击就逃窜到“营盘”中藏身避风。

（3）绑票索财：手段是将被害人强行禁闭作为人质，以达到勒索钱财的目的。较典型的有绑票少年儿童并勒索其家长，其中许多是熟人作案。

（4）拐卖人口：被拐卖者多为妇女、儿童，犯罪分子采用劫持、蒙骗手段将其卖到买主手中以牟取大额钱财。

（5）贩毒：不法分子与境外毒枭勾结，进行毒品的运输中转，满足吸毒者需求，不惜一切代价牟取暴利，造成了严重的社会危害。

（6）逃犯或暴狱犯：现在押的犯罪分子因监管人员看守不力或贿赂监管人员而逃跑；或在狱中有组织地举行暴乱，杀害监管人员，毁坏警戒设施并成批逃跑。

从以上列举的六种犯罪情况中可以总结出以下特点：

（1）多是大、要案性质。上文所列举的六种犯罪行为对人民生命财产破坏性大，对社会主义政权威胁严重，在国内外舆论界和群众中影响大，后果严重，因而必须彻底铲除。

（2）作案分子多连续作案，因此必须尽快破案、结案。持枪抢劫犯、毒贩、土匪武装及暴狱逃犯在遭通缉或流窜逃亡过程中为生存需要可能会继续盗窃、抢劫，因害怕暴露身份而抢劫交通工具、杀人的做法较为多见。如持枪杀人案犯连续搭乘出租车逃窜，在到达时必将出租车司机杀害以防留下线索；绑票索财犯罪分子因索财目的或数额不易实现又担心日后被被害人指认，残忍地“撕票”的做法也较多见；拐卖人口案中常有强奸、伤害后果和被害人家属精神、财物大量损失的后果。为了避免新的损失发生，必须加紧缉获犯罪分子。

（3）可留下特点较强的足迹。案犯多是亡命之徒，作案后仓皇逃窜，疲于奔命，临时起意，不计后果，主观上很少有意识、客观上很少有时机伪装或掩盖足迹。

（4）可在行走路线上留下反映较好的足迹。犯罪分子在逃避打击的心理驱使下，多会选择逃向人烟稀少且易于藏身之处。如持枪作案犯罪分子有持枪特点；暴狱逃犯有特种服装、发型，有的重犯械具还未除下，为防止被人发现，他们多跑向山林隐匿藏身，窥测动向；土匪“营盘”都建在守法百姓不去的荒僻之处；绑票案中关押人质或“撕票”后抛尸也要在人迹罕至的幽静处；贩毒分子害怕被查获也多从山路或无路处绕行。这些地点的足迹反映清晰、连续，不易迷乱或被覆盖。

从特点（1）、（2）可以看出，对上述形式的犯罪采用追踪方法是必要的，追踪以其方便快捷的特点能够较好地抓住时机，主动出击，获取罪证，捕获罪犯，防止继续危害，在查获大、要案中起到应有作用；从特点（3）、（4）可以看出，对上述形式的犯罪采用追踪是可行的，客观上具备追踪条件，只要掌握追踪的技术方法，就基本上可以达到完成任务的目的。

三、新形势下追踪遇到的情况和处理措施

在新形势下进行追踪，除应用传统的追踪技术，按照确定原踪、寻迹接踪、逾越追踪的方法进行追踪外，还会面临许多新的情况。教学和实践中应不断补充新的方法，使之更能解决实际问题。

（1）组织实施及准备阶段工作：精神准备仍以吃透原踪特征、明确追踪任务、熟悉同组队员为主，同时要全组通报传呼号码，汉显机约定紧急呼号的暗语。物质准备除必需的食品、防雨防寒用品外，还应准备地图、手表、指南针、有关证件等。尤其要调试好较先进的器材和通信设备，如对讲机、传呼机、摩托车等。一般在山地、丛林中追踪应携带武器。在追踪贩毒、暴狱犯等可能持枪的罪犯时应携带杀伤力较大的枪支和较多的弹药。

（2）循迹追踪时因案犯搭乘交通工具而断踪：现在出租车、招手停等

比较方便，犯罪分子会利用这一条件加速逃跑。遇到这种情况应采取如下处理措施：①勘察轮胎痕迹特点和转弯处印痕。判断车型、行驶方向，利用自备或租用的交通工具继续追踪，以便接踪。同时考虑到杀人、抢劫案犯有劫持出租车或加害司机的可能，决定适时捕获罪犯。②开展调查访问，掌握车型、去向、车号，并与有关单位联系堵截。③根据轮胎痕迹和特点，判断车型、去向，作出追踪记录。

（3）追踪时案犯走上大道，足迹被覆盖而出现断踪、迷踪：此时应根据案情判断案犯去向以便接踪或联系堵截。如盗窃贩卖文物案犯往往携赃物逃向沿海方向——深圳、湛江、汕头；拐卖人口案犯往往挟持被害人向山区、偏僻乡村去；流窜盗窃抢劫团伙一般在铁路线上活动，从广州奔韶关方向可能性较大。

（4）追踪中案犯换鞋或脱鞋造成断踪假象：此时应分析是否有换鞋条件，并采取以下处理措施：①根据原踪结构特征分析足迹大小、形状，根据原踪步法特征分析行走特点，在附近圈踪、接踪。②案犯脱鞋则易观察其赤足特征，对追踪更有利，如有条件应予以拍照。③在换鞋或脱鞋处加以标记并圈踪，同时看换下的鞋是否丢弃并记录。另外，在北方寒冷季节，案犯有时还换乘一种特殊的交通工具——滑雪板，可根据雪地留下的滑雪板痕迹而继续追踪。

（5）识别反追踪：案犯察觉被追踪后，有的会迎面走来，企图蒙混过关或打乱追踪。如发现此种情况：①继续追踪或将追踪变为跟踪，使工作更为主动有利。②顺势将其捕获。③诱敌到有利地形将其捕获。因与案犯遭遇之处有时不利擒敌或易伤他人，故可用缓兵之计。如一侦察员在蜀道追踪一杀人犯，恰在狭处相逢，一边是万丈悬崖，如强行捕获则不利于保护自己。该侦察员欲擒故纵，假借调查其赌博问题，避重就轻与之谈笑，直至平坦地段，其他侦察员赶到，才一同将该案犯逮捕。

（6）重点追踪阶段应注意的问题：如遇困难或临近案犯时，要充分考虑新形势、新特点，妥善处置面临的情况。特别是改革后行政区划、乡镇体制的新特点和群众心理的新特点，根据案情性质，采取有利方法解救被害人，缉捕罪犯，减少人员伤亡及财物损失。如，涉枪案件中，目前案犯取得枪械和爆炸物品的渠道增多，要充分考虑这一可能，注意自身保护和对邻近群众的保护。又如，在拐卖人口案件中，侦缉人员追踪至重点村庄，往往遇到地方政府或村干部不配合、群众阻挠工作的问题，在这种情况下不能依靠传统摸底排队的办法，而应靠机智灵活、孤军作战，既解救被害妇女儿童，又捕获罪犯。

（7）追踪中工具的使用：①警犬有发达的高级神经活动机能，其灵敏的嗅觉、听觉、视觉，强劲的奔跑力是现阶段人和其他工具仪器代替不了的。追踪中使用警犬具有高效、快速的特点，威慑力强，效果明显。使用警犬追踪时要保证在发案后短时间快速出击，有准确的嗅源和攻击目标，并与其他方法有效配合。②摩托车追踪有速度快的特点，可节约追踪人员的体力，在逾越追踪中起到重要作用。

总之，新形势下追踪工作更为危险、复杂、艰苦，追踪人员必须随机应变，多动脑筋，积累经验，因地制宜，采取与其他刑侦技术方法相结合的追踪手段，完成追踪任务。

四、追踪面向未来

显然，依靠传统的追踪方式能够解决的问题越来越少，面对逃向丛林、原野、山乡、雪地的穷凶极恶的犯罪分子，我们的任务是繁重的。笔者认为，追踪技术必将在实践中不断发展，并逐步利用现代技术武装自身，进一步系统化、科学化，成为现代刑事科学技术的一部分。追踪技术未来的发展方向主要表现在以下几个方面：

（1）将步法特征理论进一步系统化，完善有中国特色的追踪技术。特别是今天，足迹学界关于步法特征的定义已明确，测量方法逐渐统一，虽然作为认定人身的证据作用尚有争议，但无疑在解决追踪问题中可作为一种重要方法。同时，如能利用步法追踪达到追踪目的，捕获作案者，又将起到推动足迹作为诉讼证据使用的作用。

（2）引进先进的通讯、交通设备，及时联系各地区联手作战，建立起“全国一盘棋”的大刑侦体系，对罪犯形成以追踪、堵截、搜索为一体的全方位围歼态势，使其无处可逃，在短时间内就擒。国外现已应用直升机搜巡、特快警车追捕、重点地超前架网布控等手段。

（3）研制新的专用设备，使现代科技手段在追踪中起到应有的作用，摆脱以往凭侦缉人员个人常识、经验、能力进行追踪的经验型特点，使用仪器从而更科学、更省力、更高效地解决追踪问题。如研制分辨率高的气味提取、应用的“电子鼻”，借助其连接断踪和识别迷踪；根据人体的热辐射原理使用红外线搜巡仪器在深山密林中搜索罪犯和被害人；引入移动目标监控系统，将罪犯所在地理坐标反映到控制机上，以便确定其所在具体位置等。

追踪在未来将面临更为严峻的挑战。正如每一门应用技术只有在解决实际问题的过程中不断充实发展才有生命力一样，这一门刑侦技术也正在新的形势下涅槃、再生。

（本文原载于《政法学刊》1995年第4期）

论警察与媒体的通融

张连举

作为武装性质的国家治安行政力量，公安机关往往为媒体和公众所格外关注，经常处于各种社会矛盾的交汇点上。由于警务活动和警察生活所特有的新鲜、刺激、悬念、惊险等特性，各类媒体关于警察题材的报道对于受众便有一种天然的吸引力。特别是近年来随着媒体之间竞争的愈演愈烈，公安机关正在成为各类媒体争相开掘的新闻富矿。从警方自身的角度看，由于其担负着重大职责，所以历来对自己的社会公众形象十分看重。同媒体建立并保持一种良好的合作、互动关系一向是警方致力追求的理想境界。事实上，媒体对警方工作的报道在大多数情况下是积极的、建设性的、富有成效的，警方从中尝到了甜头，媒体从中赢得了受众。但是，由于种种复杂的原因，有时警方与媒体也会有没完没了的摩擦、没完没了的冲突。因此，警察与媒体的沟通交融就分外重要。

一、媒体在警察公共关系建设中的积极意义

媒体一般是指报纸、电视、广播、杂志、互联网等向公众传播信息的媒介或载体。传播信息的媒体不同程度地影响着人们的思想和行动。从现实情况看，媒体在传播信息方面有几种特性：一是受众面广，二是传播速度快，三是可信性强，四是社会影响大。媒体在信息传播方面具有权威性，各种人或事一经媒体报道，就容易受到公众的关注，成为公众人物或公众事件，影响范围十分广泛。媒体的这些特性决定了媒体必然成为警察与公众联系的桥梁和纽带。公众需要并喜欢媒体的信息，警方便可以借助媒体发布正面的信息，从而争取公众对警察工作的支持，使“执法者”与服务对象融为一体，共同维护治安、打击犯罪。因此，充分利用媒体，发挥媒体优势，是推进警察公共关系建设的有效办法和途径。

媒体在警察公共关系建设中有相当重要的积极意义：一是增进沟通理解。警方通过媒体可以实现与公众之间的互动交流。一方面，警方向公众发布需要公众了解的警务信息，从而满足公众的知情权，争取公众的理解支持；另一方面，媒体为了提高受众面，其传播的信息有些在某种程度上代表了公众的声音，警方便可由此了解、掌握舆情动态，从而更好地进行公安决策，推动警务工作创新发展。二是树立良好的警察形象。借助媒体的阵地，大力开展对公安机关中涌现的先进群体或个人的正面宣传报道，弘扬主旋律。把握住主流方向，便能在公众中树立起良好的警察形象。三是鼓舞士气。警察公共关系可借助媒体的宣传来彰显警务工作中的优秀项目，博得良好的社会评价，从而增强警察的荣誉感和神圣感，提高警察队伍士气。这种宣传对于警察的人生观、价值观等主观世界改造和人格塑造也有着积极的促进作用。四是正确引导舆论。通过媒体可以对社会上失实的传言和恶意的批评进行辟谣和澄清，以正视听，消除影响，维护正常的警务工作秩序。五是扩大工作效应。每一起案件的侦破、每一件好人好事，一经媒体报道后，其在社会上的影响广泛而持久，可以起到事半功倍的效果。特别是在维护治安方面，案例宣传报道发挥了显著的功效，可以震慑犯罪，警示后人，维护稳定，增强警方在群众中的威信。

二、警察与媒体之间存在误区

警察作为面向公众的国家执法机构，其组织本身非常重视自己的荣誉。当媒体不加控制地监督已经构成对这个行业的“污点调查”时，他们感到委屈、愤怒。

新闻媒体涉警报道有时存在误区。新闻工作是一项严肃的政治性工作，个别职业素质不高、职业道德不良的新闻工作者过分追求轰动效应，对一些警察新闻采取偏听偏信、以偏概全的态度，甚至放任稿件中一些错误的、极不负责任的说法出现，致使一些以揭短曝光警察队伍违法违纪案件为乐的失实报道轻易出笼，甚至子虚乌有地瞎编乱造，给警察形象造成了极大的负面影响。如2004年3月，互联网上流传着最初发布于福安香泉论坛上的一张三名警察虐待、体罚一犯罪嫌疑人的《好警察》照片，经福安市公安局调查，此照片纯属剪接拼凑、张冠李戴，但已经造成一定的负面影响，损害了闽东警察的良好形象。还有，新闻媒体对刚刚发生或尚未完全被侦破的案件未经公安机关允许进行报道，暴露了公安机关的侦查意图，使犯罪分子知道公安机关掌握的证据以及侦查的方向和范围，这在一定程度上有利于犯罪分子逃避惩罚，加大了公安机关的破案、追捕难度。另外，新闻媒体对案件侦查过程的详细报道，也可能造成秘密的行动技术、网络安全监控等侦查手段的暴露，使犯罪分子反侦查伎俩更加高明，加大了公安机关的破案难度。

当然，警察面对新闻媒体时也有误区。警察队伍宣传意识、传播意识并不强。公安机关一直强调要提高和维护公安形象，但更多的是从队伍建设角度对民警个体素质提出要求，而不是从公安发展战略角度对公安形象做整体上的宣传和传播。经常把“只做不说”或“多做少说”看成是一种美德，以致陷入了“只要工作做好了，形象自然就好了”的重“做”轻“说”的认识误区，使公安机关为维护社会安定、保护人民生命财产安全所付出的艰辛乃至流血牺牲无法为公众所了解，造成公安形象传播资源的流失。另外，一些警察在长期封闭的计划经济年代积淀、沿袭下来一种夜郎自大的意识，“老虎屁股摸不得”，因此对于媒体的批评、监督表现得格外敏感和脆弱，不是闻过则喜，而是闻过大怒，责怪媒体报道“有损形象”。也有一些警察反应迟钝，对危机事件被动应对，缺乏公关意识。对已经变成公众热点、焦点的问题、事件，应该解释的不去解释，不给媒体和公众一个合理的说法；对于经调查属实的报道，没有及时通过新闻媒体公开报道处理结果，消除不良影响，树立正面形象；对经调查存在不实之处的报道，也没有及时向媒体通报事情真相，督促媒体还事实本来面目，以体现舆论监督的客观性、公正性。

三、构筑警方与媒体和谐的措施

改善和发展警察公共关系需要借助媒体的力量，良好的媒体关系有助于提升警察形象。警察公共关系要求公安机关为树立良好的社会形象，应广泛利用大众传媒等沟通手段，坚持全心全意为人民服务的根本宗旨，努力提高群众对公安机关的满意度和社会信誉度。警察形象是社会公众对公安机关和警察总体的概括认识与评价，良好的警察信誉和形象是公安组织生存和发展的有利条件，树立良好的警察形象是警察公共关系的必然要求。香港警队高度重视警察公共关系，通过有效管理、拓宽沟通渠道、及时发布警务信息、有效推介警队职能等工作，与媒体及社会公众建立了和谐的协作关系，为警务工作的有效开展增加了助力，使当今香港成为全球最安全的城市之一。众所周知，香港警队为有效开展警察公共关系活动，专门设立了警察公共关系科，下辖两个课——社区关系课与新闻及宣传课。社区关系课有行政及支援组、接待组、少年警讯及青少年联络组、电视及电影联络组；新闻及宣传课有《警声》组、新闻室、编辑及研究组、宣传组。香港警队警察公共关系的成功实践，为我国各级公安机关构建新型的警察公共关系提供了不少有益的启示。

构筑警方与媒体的和谐是我们的应有义务。警察在与媒体打交道的过程中，应该胸怀全局、心态开放、手段灵活，调动一切积极的因素，主动寻求与媒体建立一种合作、互动的良好关系，以“借船出海”，努力塑造自己良好的社会公众形象。具体来讲：一是要建立完善的新闻发言人制度，公开向媒体发布权威、全面、及时的消息；二是要导入策划理念，主动引导媒体进行公安宣传；三是要建立新闻督办制，对媒体反馈或曝光的负面报道及时回复；四是要多管齐下，在新闻界广交朋友。警方要主动与媒体握手，争取建立良好的伙伴关系，为公安宣传创造良好的环境。危机发生后应该主动寻求与媒体的合作，建立与媒体之间畅通的交流渠道，及时向公众发布信息，这样可以大大降低公众获取信息的成本，稳定公众的情绪，增强公众的信心。通过媒体加强信息披露，可以帮助警方寻找目击证人，发布犯罪预防信息，密切警民关系，防止失真和不实报道；警方也有必要协助媒体，为媒体提供实时和可获得的信息，使民众能够通过大众传媒进一步了解警方动态。警方还应及时和实时举行新闻发布会，接受现场采访，令媒体接触真相。为了加强沟通，通过组织对组织、个人对个人的定期对话，甚至通过媒体派对、茶叙等方式交流信息，或者合作举办“犯罪瞭望”、“警察档案”、“法网恢恢”、“警察热线”等专题活动，研究分析报道，以提升警察在公众心目中的形象。

警方为保证媒体的报道客观、公正，尽量减少严重影响警方社会公众形象的负面报道的出现，也应采取一些制约性措施。具体来讲，一是要建立公安特约采访证制度，二是要建立新闻资源管理制度，三是要建立不实新闻交涉制，四是要建立向新闻主管机关汇报工作制。新疆公安厅的赵大中通过对普通民警赵新民临危不惧、英勇献身事迹的叙述，指出这是一次利用媒体树立典型的成功范例。2002 年 1 月，乌鲁木齐市公安局西门派出所教导员赵新民在和一名企图引爆炸弹的案犯较量时不幸牺牲，其感人事迹经过各方传媒的宣传后引起较大反响，尤其是专题片《生死零距离》在《中国警务报道》播出的同时又被中央电视台《感动中国——2002 年度人物》大型系列节目所采用。一个临危不惧、尽职尽责的人民警察形象被全国传媒受众所认同，人们通过赵新民认识了、理解了和平时代流血牺牲的人民警察。在危机时刻挺身而出的赵新民也成为央视"感动中国"2002 年度十大人物之一。赵新民作为全国人民警察的形象代表能"感动中国"，表明社会各阶层人民群众对公安机关和人民警察工作的认同，同时公众也通过赵新民的当选而认识了、理解了人民警察，从而更加支持公安工作。而公安机关内部则通过赵新民的当选增加了凝聚力和自豪感，更加注意塑造自身良好的社会形象，激发了民警的工作动力。

四、警方与媒体通力协作才可双赢

警察必须与媒体协作，构建良好的公共关系。警方需要借助媒体的阵地，加强自我形象宣传。同样，媒体也需要警方的新闻线索和新闻题材来吸引公众，得到"卖点"。而且，警方重大的新闻题材有时甚至是媒体之间相互追逐、争抢的对象。在信息传播上警方与媒体的利益存在交叉点。在改善和发展警察公共关系中，应当努力寻求两者利益的最佳结合点，使媒体的需求与警方的追求得到统一。媒体喜欢的是新闻价值，警方追求的是宣传效果，警方想要通过媒体实现预期的目的，就要在报道的形式上下功夫，巧妙地寓宣传于新闻之中，使媒体能够接受。警务工作作为一项社会工作，需要全社会的理解、支持和配合。警察在处理与媒体的公共关系时，要十分注重保持与传媒的经常性良好接触，通过接触，彼此增进了解、沟通与联络，充分利用报纸、刊物等传媒工具，将依法可以公开的一切行为都公之于众，发布警务工作资讯，做到警务公开，加强警务工作宣传，增强工作的透明度，使警察与公众之间互相了解，使一些与事实不符的传言得以澄清，让人民群众明白事件的真相，运用事实及法律说服公众，以修正公众对警察不恰当的看法，最终使警察与公众之间的态度、行为和观念统一起来，达到维护社会治安，打击犯罪的双赢目的。

要有效推行警察公共关系，警方与媒体的关系需维持和谐、合作无间。只要警方对媒体记者作出适当的配合，让大家各得所需，便能把警务工作的正面信息有效传播。这就要根据不同媒体、不同栏目的不同性质和需要来决定。对于既编辑又采访的媒体或栏目，要与之形成互动交流，既要主动向媒体或栏目提供线索，报送素材或资料，让媒体或栏目予以刊播，又要邀请媒体记者深入公安机关采访报道，并及时提供有力的支持、配合。通过彼此接触，增进了解，让新闻工作者认识到警务工作的得与失，从而共同维护警察形象。例如，电视媒体需要现场感强的第一手画面资料，警方应当在力所能及的情况下，配齐人员和设备，及时拍摄记录第一手资料，或者在适当的时机，允许新闻记者到案件现场拍摄采访，切实予以支持、配合，使双方合作更加密切。对于一些只编辑不采访的媒体或栏目，要主动向它们推介并提供警方制作的“成品”新闻，从而维持长期的、亲密的合作关系，保证警方正面信息的有效传递。在传播内容上，凡是涉及公民权利、义务的警务工作，都要进行广泛的反复宣传；对公安民警中的好人好事、优秀事迹和重大绩效，要及时汇集资料；如果碰到可以公开报道的重要活动或重大事件，公安机关要精心策划，邀请新闻媒体的记者做现场采访，使活动或事件通过新闻媒体的传播，引人注目，让人们欣赏或了解，进而达到树立公安机关和人民警察良好形象的目的。对于新闻的发布，力求做到主动、迅速，同时严格把握真实、统一的原则，依托传媒的宣传效能，传递警务工作的新闻信息。警察在不影响警务工作的情况下应尽量协助传媒采访，当然，不允许新闻工作者干扰警方的正常工作。当警察侦破案件乃至自身成为新闻报道或评论所关注的对象，尤其是媒体出于这样或那样的原因所产生的对警察执法情况的负面报道，操持着批评话语时，媒体与警察之间就会呈现不同程度的紧张关系。这就要求警察对此保持平和心态，警察对待罪犯的攻击尚且要求宽容，对待媒体对案件或警察个人的报道和评论就自然应更加克制与冷静，而警察公共关系部门也应公正地协调好关系。媒体与警察在社会生活中正扮演着日益重要的角色。我们相信，在未来的发展中，在更广阔的视野里，媒体与警察的公共关系将会更为和谐地发展。

【参考文献】

［1］韩志忠. 充分利用媒体改善和发展警察公共关系［J］. 公安研究，2005（2）.

[2] 缪友灼. 浅谈警察组织与新闻媒介的关系 [J]. 公安研究，2005 (3).

[3] 张连举. 警察持续改进与公众满意——第二届警察公共关系国际论坛综述 [J]. 政法学刊，2004 (1).

[4] 陈利. 论媒体与警察监督关系 [J]. 福建公安高等专科学校学报，2005 (1).

（本文原载于《政法学刊》2005 年第 6 期）

警察文化的理论定位

周茜蓉　颜卫青

近20年来，警察文化研究渐成警学理论研究的热点。警学研究通过文化视角的引入而达到了一个新的高度。但令人遗憾的是，警察文化至今尚未形成一个广为接受、大致统一的定位。这不仅难以促成警察文化研究的深化，也势必影响警察文化建设实践的推进。本文拟对警察文化的理论定位进行探讨，以期为警察文化研究找到可靠的出发点。

一、研究警察文化理论定位问题的必要性

把警察现象看作一种文化现象毋庸置疑。恩格斯指出："警察和国家一样古老，所以18世纪的质朴的法国人就不讲文明民族而讲警察民族。"[1]116－117而"国家是文明社会的概括"[1]176，是人类历史发展到特定阶段的产物。警察从属于国家，国家具有文化本性，国家的文化本性规定了警察的文化本性。

穿越从古到今人类社会发展的漫漫历史长河，警察从无到有，警察职能逐步独立化、专门化，逐渐形成有组织的警察制度，并依托于科学技术的发展，采用规范化和现代化的警察教育训练制度。警察现象凝结着人类的智慧、理想和追求，成为人类社会的有机组成部分。它既受人类社会文化发展的影响和推动，也反映并促进社会文化的发展。

从现实观察，警察现象中渗透着丰富的文化因素。警察主体是由具有一定文化素质和创造能力，有思想、有感情的人构成的。警察心理意识、组织管理、科学技术、教育、文学艺术等，都属于文化范畴；警察体制、法制，警察主体之间、警察与社会之间的关系等也都受到特定文化的规范和制约。同时，不同社会背景、文化传统下的警察思想、警务模式千差万别，充分体现了文化对警察的影响。

虽然警察现象是一种文化现象，警察文化是实实在在的，但把警察现象看作何种文化却是存有较大疑问的。不仅如此，这个问题在我国学界甚至还没有被深入地研究过。警察文化的理论定位从来都没有成为警学研究的课题。至于从何种视野、通过何种方法、在何种维度上定位警察文化，也就依然在警察文化理论研究者的思维之外。在此基础上作出的警察文化研究只可能是泛泛而论，不可能达到应有的深度和广度，也就不可能对警察文化建设产生积极的影响。例如，直接借用文化研究的成果来分析警察文化，而不限定这种借用，是警察文化研究中的普遍路数。这虽然在确定警察文化具有文化本质的普遍性这一点上是重要的，也是有意义的，但是，却既不能准确而深入地揭示警察文化本质的特殊性内涵，也不能据此而确定警察文化的准确定位。

警察文化的定位关切警察文化的真理性问题和价值论问题，是警察文化的基础性问题。它不仅决定着对警察文化的实质性把握，而且还决定着其功能作用的发挥，并最终对其建设实践产生积极的引导和推动作用。

究竟通过何种视野、运用何种方法、在何种维度上来定位警察文化，马克思主义的看法富于启发。恩格斯写道："国家的本质特征，是和人民大众分离的公共权力。……对于公民，这种公共权力起初只不过作为警察而存在，警察和国家一样古老。"[1]116-117确切地说，国家是社会在一定发展阶段上的产物。国家的建立，是基于承认这个社会陷入了不可解决的自我矛盾，在分裂为不可调和的对立面而又无力摆脱这些对立面的基础之上，为使这些经济利益互相冲突的阶级不致在无谓的斗争中把自己和社会消灭，就需要有一种表面上凌驾于社会之上的力量。这种力量应当缓和冲突，把冲突维持在秩序的范围以内；这种从社会中产生但又自居于社会之上并且日益同社会相异化的力量，就是国家。在这里，恩格斯通过唯物史观的视野，运用唯物辩证的方法，在人类社会的维度上来定位国家。由于警察从属于国家，在此意义上，马克思主义实际上为我们定位警察文化开辟了基本的思路和方向。

二、警察文化是精神文化

警察文化作为文化，具有文化的普遍性。只要是文化，它在唯物史观的视野中就属于上层建筑，因而它首先应该归属精神文化的范畴。作为精神文化范畴的文化是文化最基本的含义，警察文化当然亦不例外。

马克思主义认为，文化属于精神性的上层建筑范畴，与它相对的是由物质性的生产关系所构成的经济基础；物质性的经济基础决定精神性的上层建筑，上层建筑反作用于经济基础，二者之间的矛盾运动推动着社会变迁和发展。在历史唯物主义的视野中，文化是在与物质性的经济基础相对应的精神性维度上得到规定和把握的。它不仅对社会发展和进步具有重大的推动作用，甚至在某些特定时刻能起主导作用。“批判的武器当然不能代替武器的批判，物质的力量只能用物质的力量来摧毁；但是，理论一旦掌握群众，也会变成物质力量。”[2]9虽然马克思主义没有直接使用文化这一概念，但文化归属于精神的范畴还是很明白的。文化既体现了人类对世界本质的认识，又表达了人的本质力量和价值追求。依据马克思主义的逻辑，国家是上层建筑的集中反映，而警察从属于国家，是实现政治统治的主要工具。警察对社会的控制反映了统治阶级的意志、思想和情感。可见，警察文化属于精神文化范畴内在于马克思主义的结论。

人类学之父泰勒也是在精神性维度上来把握文化的。他指出：文化是“包括全部的知识、信仰、艺术、道德、法律、风俗以及作为社会成员所掌握和接受的任何其他的才能和习惯的复合整体”[3]1。在这个界定中，文化被视为一个多层次、多面向的复合整体。它包括知识、信仰一类的思想信念，艺术、法律一类的表意符号，习俗、道德一类的价值观念。无论后世人们对文化如何界定，泰勒对文化不同层次的分类和总体性定位大致说来已成为后来人们讨论文化问题的一般基础。

无论我们怎样界定文化，可以肯定，文化并非自然生成的，而是人们为了生存而适应外界环境、控制各种自然力量、过有组织的社会生活，在长期的生产活动和社会生活过程中建构的或有目的创造的。作为社会的产物，文化通过人的精神、借助于物质手段、经过人的自主行动而发生作用。格尔兹说得好：“文化就是一个有结构层次的意义体系或意义的结构。”[4]7文化作为精神文化的要义在于，它诉诸人的精神——人内在的信念、理想、价值等有“意义”的观念，通过人的感知、认知、思维、判断、情感、意志而起作用，在此基础上形成主观秩序——生成人的自主行动。人只要通过精神世界把“意义”的观念组织起来，生成自主行动，文化也就随之而出。“文化归根到底就是一种肯定世界和生命的态度。”[5]26

警察文化应该归属于精神文化的范畴。它本质地反映了人类对政局稳定和社会治安秩序形成、维护、稳定的认识、感受、支持和追求。警察文化当然不全是内在性的。张兆端教授曾指出：“警察文化是指由处于一定社会文化环境中的警察群体，在警政建设和警务实践的历史发展过程中，所共同创造、积累和发展起来的具有警察特色的物质成果、精神财富及其警政、警务行为方式的复合体。”[6]16在他看来，精神、行动、物质性和制度性因素都是警察文化构成的重要因素。一般来说，这当然没有疑问。例如，上层建筑既包括思想上层建筑，也包括实体上层建筑。但不能否认的是，精神性因素是核心，实体上层建筑是按照思想上层建筑来设置的。相比于物质性因素，精神性因素具有“逻辑先在性”。决定性原因在于，行动实际上由知识、信念和价值来引导和规范，而物质技术手段则与能力结合为一体，知识、信念、规范和能力都归属于精神范畴，这决定了警察文化的本质属性。信念、知识、价值等精神性因素作用于警察，使警察主体感知、认知，即在思维、判断的基础上形成秩序观念，产生自主行动。借助于物质手段，依赖主观秩序的规范，通过警察主体的自主行动，“意义”得以对象化和现实化。因而，警察文化可界定为：一个通过其内在逻辑而构成，通过警察行动和相应的物质手段而外显的有结构层次的意义体系或意义结构。行动因素、物质性因素和制度性因素通过精神性因素这一核心而中介、统合警察文化之构成要素和警察主体之间、警察与社会之间的关系。这种中介、统合作用达成警察主体精神之和谐，警察队伍内部之自治和社会治安保障。它首先是精神上的理想秩序之构建，其次是现实秩序之化成。

从英国警学界对警察文化的定位看，把警察文化看作是精神文化是非常有代表性的思维。雷纳在《警察与政治》中指出：“警察文化指向警察如何看待社会和他们在社会中所扮演的角色。”“警察文化即警察关于警察行为的价值观、规范、前景和行业规定。”[7]101沃丁顿的理解与此相近：“警察文化是警官们在他们工作期间所暗示和表达出来的定位和态度。”[7]102这种定位和态度具有两个方面的意义：其一是正面的，这指警察的使命感、务实的态度；其二是负面的，这指玩世不恭与悲观主义、猜疑、对外孤独与对内共鸣、保守、大男子主义与种族歧视。美国警学界与英国警学界对警察文化的定位在方向上是一致的。韦斯特利从性格特征上把握警察文化，他指出，说谎、滥用暴力、充满敌意、自我封闭是警察的四种典型的性格特征。斯科尔尼克认为，警察文化源于警察工作，它指向因警察工作所产生的性格，即从潜在危险到内部团结，从脱离大众到采取强制力直至树立权威。警察文化即警察工作性格[7]105，是警察主体对警察活动的主观反映。

从精神文化范畴来定位警察文化具有重要的意义。它意味着警察文化作为知识和信念、道德和法律、才能与习惯、情感与态度而出现，表现为知识和观念的形态、规范形态、才能与习惯及精神气质的形态。它起着建构警察主体精神世界、规范警察行动、实现警队自治和社会治安治理的重要作用。它引导着社会对警察的认知、感受和态度。重视警察文化的精神性实际上突出了警察文化五个方面的重要性：第一，警察主体是警察文化的关键性因素。警察文化必定要诉诸警察主体，转化为警察主体精神世界的内在构成，形成警察主体的精神气质，转化为警察主体的能力，通过警察主体的规范行动而现实地发挥作用。第二，警察活动是知识和信念渗透、规范定向和能力支撑的活动。警察文化构成警察活动的基础。第三，警察文化围绕社会治安构成一个具有内在逻辑的结构体系，它建构警察主体的精神世界，中介警察主体之间的关系，统合警察与社会之间的关系，指引、规范警察活动的展开，引导社会认识，达成警察队伍自治、政局稳定和社会治安稳定。第四，必须根据警察文化的精神本质和内在逻辑来建设警察文化。它需要尊重警察知识的形成和发展规律，尊重警察的心理形成机制和发展倾向，进一步完善警察法律规范体系和道德体系，特别是警察权力配置体系，使警察活动在法律的规制下合理有效地开展。还需要建立科学化、规范化的警察教育培训体系，确立警察职业能力持续改进的有效途径。同时，必须建立良好的警察公共关系，促进社会对警察良好认知的形成。第五，社会对警察的认知、感受和态度是警察文化的一个主要方面，在现代社会尤其如此。这不仅因为警察文化正日益走向人类社会的深处，起着引导和统合社会秩序的作用，而且更是因为警察的社会形象直接影响着警察职能作用发挥的效能。

三、警察文化是政治文化

警察文化不仅作为精神文化而且也作为政治文化出现。警察文化作为政治文化是由其制度基础决定的，警察制度是国家的基础性制度构成。警察活动依托警察权而展开，警察权从属于国家行政权力，这是警察文化作为政治文化的依据。按照政治文化的开创者阿尔蒙德的看法，政治文化指向政治体系、过程和政策三大领域，是人们关于政治体系、过程和政策的知识信念、情感和价值取向多层次多面向的复合体。政治文化包括三个方面的内容：认知取向，指对政治制度及其作用、执政者、政治输入与输出的知识和信念；情感取向，指对政治制度及其作用、执政者及执政情况的情感；评价取向，指对政治目标、价值标准所作的判断与评价以及所持有的态度。其功能作用在于支持、维持和变革政治制度。依据这一标准，警察文化可以看成是关于警察体系的知识信念、情感和价值取向的多层次多面向的复合体。警察文化是警察体系、过程和政策的主观反应。它通过知识支援、心理支持和价值导向而现实地影响警察制度的建构、运行及其功能作用的发挥。

按照马克思主义的看法，政治的本质是阶级统治。政治即政治统治。"政治统治的基本工具是国家机器，无论是试图取得政治统治，还是试图维护政治统治，国家始终是问题的核心。"[8]3 如何实现政治统治必然包含着警察制度如何安排的问题。警察制度作为国家基本制度的性质和功能是清晰而确定的，它以国家强制力为基础，达成政局稳定和社会治安治理，实现阶级统治。列宁指出："系统地使用暴力和强迫人们服从暴力的特殊机构，就是国家。"[9]62-63 任何国家都把军队、警察、法庭、监狱设置为基本的暴力机关。英国学者贝尼昂说得好："警察是一个国家在其国土范围内行使权力和实行统治所依靠的主要工具。"[10]22 在我国，2006 年 11 月 1 日通过、2007 年 1 月 1 日实施的《公安机关组织管理条例》明确规定：公安机关是人民民主专政的重要工具，人民警察是武装性质的国家治安行政力量和刑事司法力量，承担依法预防、制止和惩治违法犯罪活动，保护人民，服务经济社会发展，维护国家安全，维护社会治安秩序的职责。公安机关担负着重大的社会政治责任，是国家对社会的控制力的重要体现，是国家行政管理制度的基本组成部分。这一规定既反映了警察作为国家暴力机关的实质，又反映了警察作为国家行政力量的现代形式。

警察制度是正式的社会组织形式。警察行使国家行政权，承担维持秩序的职能。维持秩序实质上是阶级控制。它根据政治期望的准则与价值，通过正式的组织形式，依赖于特定的知识和技术，通过特定的物质手段，使社会生活在期待的秩序状态中展开。政治期望的准则与价值、依托的知识和技术以及因这种社会控制而引起的人们的心理感受和情感、正式的组织形式，是警察文化作为政治文化的具体表现。警察文化作为政治文化首先指向统治阶级的意志、思想、情感和价值诉求；其次，它指向警察主体对警察体系、过程和决策的认知、情感和评价；再次，它指向公众对警察体系的认知、情感和评价。警察文化的具体指向反映了警察与国家、警察主体与其自身、警察与社会三者之间的关系。这三重关系可以概括为以警察为中介的国家对社会的控制关系。通常，警察被理解为以国家强制力为基础来实现阶级统治的工具。这种认知作为对问题本质的把握，在原则上并没有错误。但是，需要注意的是，在马克思主义的视野中，国家强制力所实现的阶级统治具有公共权力的形式。它在形式上体现了社会各阶层之间的均衡关系，在现代社会条件下尤其如此。民主和法治是现代社会的两大基石。国家与社会的关系具有互动性。警察所行使的国家行政权具有正当性和合法性基础。它深刻地影响着警察文化的内容和形式。

警察文化作为政治文化特别突出警察文化对依托于国家行政权的警察执政能力形成的重要性。在此意义上的警察文化作为政治文化实际是警察制度能力问题。胡锦涛同志明确而具体地指出，全国公安机关必须努力做到：第一，切实提高维护国家安全的能力；第二，切实提高驾驭社会治安局势的能力，确保社会治安大局稳定，确保人民群众安全感不断增强；第三，切实提高妥善处理突发事件的能力；第四，切实提高为经济社会发展服务的能力，努力形成公正透明、廉洁高效的公安行政管理工作机制。作为政治文化的警察文化理应以警察执政能力为核心而展开。警察文化是促进警察制度能力形成和提高的文化。应该说，警察文化这一方向、原则是明确的，但警察文化如何在这一方向上稳健地推进却仍然是一个亟须探讨的课题。

四、警察文化是社会文化

警察文化还作为社会文化出现。社会文化是警察文化的另一重要内涵，它由警察的社会基础和警务活动的社会导向所决定。警务活动总是以社会为依托和对象而现实地展开。警察文化作为社会文化的根本性原因在于，警察向社会提供的公共安全产品，不仅对政局的稳定起到决定性的作用，而且也为社会生活所必需，是社会存在和发展的基本条件。警务活动是包罗万象的，它既包括依赖警察通过国家赋予的强制力而维护国家秩序的活动，也包括警察在维护社会秩序、扶危济困、紧急救援等方面发挥不可替代作用的活动。

警察文化作为社会文化具有时代内涵。通常，社会具有广义和狭义之分。广义的社会即人类社会，是以特定的物质资料的生产活动为基础而形成的、由人群所构成的、以人与人之间的交往为纽带的、有文化有组织的系统。狭义的社会是与国家上层建筑相对应的市民社会。狭义的社会的形成完全是一个现代现象。在马克思主义的语境中，狭义的社会概念的内涵已经被触及。马克思指出："在古代国家中，政治国家就是国家的内容，其他的领域都不包含在内，而现代国家则是政治国家和非政治国家的相互适应。"[11]283 资产阶级的政治解放"一方面把人变成市民社会的成员，变成利己的、独立的个人，另一方面把人变成公民，变成法人"[11]448。马克思所说的"利己的、独立的个人"，作为"公民"、"法人"而出现的人，属于"非政治国家"的内容，它是狭义的社会得以构成的基本要素。在这里，狭义的社会具有自身的道义基础和权利基础，以自身的原则作为运行的依据和机制。社会由此获得了非政治性的内在生命。它既显示了个人作为公民参与国家政治生活、构成公共领域的可能性，也显示了个人作为利己的、独立的个人谋求私人利益、构成私人领域的可能性。现代社会的到来以国家与社会二元结构的形成为标志，是人类文明发展到一定水平的产物。它既突出现代社会运行的法治原则，也强调以权利为基础的自治原则。这种意义的现代社会是现代国家的一个互动因素。作为社会文化的社会所指的正是现代社会。现代社会概念的提出具有重要的意义。分析现代社会生成的历史条件及其价值取向，其一般社会基础和治理模式代表了人类社会历史发展的普遍性，中国特色社会主义建设事业并没有超越现代社会的历史时代，仍然属于现代社会的范畴。

作为社会文化的警察文化的提出，也反映了警察活动的本质。警察活动不仅实现阶级统治，而且也是一种社会控制。作为阶级统治，它以国家垄断的强制力维护统治阶级的利益，天生就具有政治性。作为社会控制，它维护一般意义上良好的社会秩序，为人们提供一种文明、稳定的社会存在的条件，具有确定的社会性和人民性。作为社会控制，警务活动的展开并不都是通过武力来进行的，而是具有多元的方式，"最成功的警务策略就是最少使用武力策略"[7]9。和平和秩序的破坏是一个过程，并且是多种因素、多种条件共同作用的结果，控制、利用这些因素和条件可以避免破坏和平和秩序的事情发生。因而，最好的警务往往是对破坏和平与秩序的有效预防。正是在社会控制的方向上，英国警察和政府致力于警察改革，提出了影响20世纪世界警务实践和战略思想的"社区警务"和"问题导向警务"。它们所蕴含的警察文化既体现了警察活动的社会背景——国家与社会之间的二元结构关系，又内在地反映警察活动的本质。

警务活动位于国家与社会之间，它既从属于国家，又从属于社会；既依赖于国家法律强制力，又依赖于社会生活的内在原则和本性；既维护政局稳定，也维持社会治安稳定。而这也决定了警察文化不仅是一种政治文化，而且必定成为一种社会文化。同时意味着警察文化所指涉的知识和信念、价值与规范、习惯与能力、情感与评价不仅来自国家，而且也来自社会。事实上，“社区警务”、“问题导向警务”恰恰反映了警务活动深入社会生活深处的趋向和特征。它不仅决定着警务活动的成效，而且在这一过程中，“警察使公众认识到警察在干一种专业的、有效的、公正的‘脏活’”[7]14。

在我国，认识到警察文化作为一种社会文化具有特别重要的意义。作为社会文化的警察文化的提出无疑开阔了人们对警察文化认识的新思路。在现代社会生成的方向上，社区、社会人、社会中介组织逐渐浮出，它们作为现代社会的构成性因素，不仅展示现代社会的内在原则和生命，而且与新时期警务活动的展开直接相关。可以预言，公安机关对社区、社会人和社会中介组织把握的程度以及相应的互动关系的构成状况，直接决定着警务活动展开的成败与否。显然，作为社会文化的警察文化概念的提出必定会大大丰富警察文化的内涵，警务活动的理念依据、组织方式、规范，警察主体的认知、信念、道德都将被赋予新的内涵，从而深刻地影响警务实践的现实展开。

作为精神文化的警察文化是警察文化的本质属性，而作为政治文化和社会文化的警察文化反映了警察文化的本质内容。也许人们会争辩说，警察文化还应该是一种管理文化。的确，警察文化显然具有管理文化的性质，但是它内在地属于政治中的行政文化和组织文化的范畴。至于政治文化和社会文化的关系问题，我们认为，它们是一种相互规定的关系，二者的均衡集合构成警察文化的完整内容。这决定了警察文化在政治和社会两个维度上辩证地展开是警察文化的具体方向所在。

【参考文献】

[1] 马克思恩格斯选集（第4卷）[M]. 北京：人民出版社，1972.

[2] 马克思恩格斯选集（第1卷）[M]. 北京：人民出版社，1972.

[3] E. 泰勒. 原始文化 [M]. 连树声译，桂林：广西师范大学出版社，2005.

[4] 格尔兹. 文化的解释 [M]. 纳日碧力戈等译. 上海：上海人民出版社，1999.

［5］A. 施韦泽. 文化哲学［M］. 陈泽环译. 上海：上海人民出版社，2008.

［6］张兆端. 警察文化学［M］. 北京：中国人民公安大学出版社，2002.

［7］R. 雷纳. 警察与政治［M］. 易继苍等译. 上海：知识产权出版社，2008.

［8］吴惕安，俞可平. 当代西方国家理论评析［M］. 西安：陕西人民出版社，1994.

［9］列宁全集（第37卷）［M］. 北京：人民出版社，1986.

［10］F. 利什曼等. 警务工作之核心问题［M］. 吴开清等译. 北京：群众出版社，2000.

［11］马克思恩格斯全集（第1卷）［M］. 北京：人民出版社，1956.

（本文原载于《政法学刊》2009年第3期）

走向人类社会深处的警察文化

程金生

近年来，警察文化研究成为警学理论研究中的热点问题，它通过引入文化的视角而使警学理论研究达到一个新的高度。警学研究中文化视角的引入是顺应时代发展趋势和理论进步的结果。然而，在我国，警察文化研究对研究视角缺乏必要的理性省思，使得警察文化研究目前还不能成为规范性的研究。本文拟就警察文化这一视角本身展开讨论，以期为警察文化研究提供一个合适、合理、基本可靠的出发点。

一、对警察文化本质边界片面理解的批判

我们首先来批判一种广为人知的流俗的观点，即警察文化的本质是由警察的阶级性所构成并被其决定。这是一种单一的政治性的警察文化本质观。它仅仅从警察与政治的内在关联的视角来定位警察文化，强调政治对警察的决定性影响，突出政治对警察的定位及警察文化在政治的维度上展开。这种理解虽然包含着深刻的真理，把握到问题的基本方向，但总体上，缺乏广度和深度，阻碍着人们对警察文化的全面认识。

被广泛引用作为论证上述流俗观点和逻辑的经典作家的著作就是《家庭、私有制和国家的起源》。而引用得最多的就是这两段话：一是，“国家的本质特征，是和人民大众分离的公共权力。雅典在当时只有一支国民军和一支直接由人民提供的舰队，它们被用来抵御外敌和压制当时已占人口绝大多数的奴隶。对于公民，这种公共权力起初只不过作为警察而存在，警察和国家一样古老，所以18世纪的质朴的法国人就不讲文明民族而讲警察民族。这样，雅典人在创立他们国家的同时，也创立了警察”[1]116-117。二是，“国家绝不是从外部强加于社会的一种力量。国家也不像黑格尔所断言的是伦理观念的现实，理性的形象和现实。确切说，国家是社会在一

定发展阶段上的产物；国家是承认这个社会陷入了不可解决的自我矛盾中，分裂为不可调和的对立面而又无力摆脱这些对立面。而为使这些经济利益互相冲突的阶级，不致在无谓的斗争中把自己和社会消灭，就需要有一种表面上凌驾于社会之上的力量，这种力量应当缓和冲突，把冲突保持在秩序的范围以内；这种从社会中产生但又自居于社会之上并且日益同社会相异化的力量，就是国家”[1]170。

我们认为，单一的政治性警察文化本质观及其逻辑，并非是对经典作家全面、准确而深入的理解。的确，根据上述两段话，在马克思主义创始人那里，国家是实现阶级统治的工具，反映了占优势地位的统治阶级的利益，具有鲜明的阶级性。由国家所建立起来的警察也一样，无疑，警察文化也具有阶级性；然而，经典作家也明确指出，国家为了使相互对立的阶级不至于相互消灭甚至被社会消灭，必须使各方的利益获得某种均衡，这样国家就应该以“公共权力”的形式出现，把各种矛盾和冲突控制在秩序的范围内，如此，人类社会的正常运转才有可能。就此而言，国家是社会秩序的实现方式，不仅具有阶级性，而且具有确定无疑的人类社会性。警察是如此，警察文化也一样。当国家的阶级性占据优势地位而压抑国家的社会性，且统治阶级无法突破其阶级性所加诸的局限性时，它才会成为社会的异化形式。例如，无产阶级上升为统治阶级时，它的阶级性和人类社会性是内在统一的。可见，马克思主义国家观承认国家具有两个本质：阶级性和人类社会性，并且二者之间存在着辩证关系。例如，就占优势地位的统治阶级来看，优势地位之获得，统治阶级之所以成为统治阶级，是由于它在实现自身根本利益的同时，也代表着历史进步的方向。只是，在历史上，在前社会主义的社会形态更替与演变中，统治阶级都无法突破自身利益的局限。结果，阶级性占据优势地位并因此而压抑了社会性。

不仅如此，在马克思主义国家观的内在逻辑中，国家在人类历史的长河中的发展呈现出“两个面向”此消彼长的态势。历史越向前推进，文明程度越高，国家越能突破、摆脱单一的统治阶级利益的局限，越能代表公共利益。历史发展到社会主义形态阶段，国家成为广大人民群众根本利益得以实现的形式、手段和保证，因而，国家日益深入社会历史的深处，其“两个面向”以历史的辩证法而相互统一起来。可见，在马克思主义国家观中，阶级性和人类社会性的辩证统一具有深厚的历史观的支撑。这是马克思主义国家观中非常重要的思想。它要求我们从历史观的视角来把握国家的多重内涵，在马克思主义创始人那里，“旧唯物主义的立脚点是市民社会，新唯物主义的立脚点则是人类社会或社会化的人类”[2]61。人类社会构成国家的基础。恩格斯写道：“马克思从黑格尔的法哲学出发，得出这样一种见解：要获得理解人类历史发展过程的锁钥，不应当到被黑格尔描绘成大厦之顶的国家中去寻找，应当到黑格尔所蔑视的市民社会中去寻找。”[3]409不是政治国家决定市民社会，而是市民社会决定政治国家。无疑，马克思由此提供了观察警察现象和警察文化的启示性思路。

流俗的观点在理解国家本质的时候，主要看到国家的阶级性，而忽视了国家的人类社会性。这种理解并不切合马克思主义的国家观的内在逻辑和实质，更不符合马克思主义的历史观和真实的历史。

缺乏历史观的视角，忽视警察文化的人类社会性，仅仅强调警察文化的阶级性，不去探寻警察文化的人类社会性，后果非常严重。理论上，它不能建立审理警察文化的基本视角，不能达到对警察文化的整体概观。相应地，把警察文化的阶级性当作警察文化本质的全部，必然导致警察文化的片面化，实践上必然导致警察文化建设不能有效地展开。即使能够展开，也不可能有科学的途径并达到富有成效的结果。

还有必要指出，西方思想对国家本质的理解有时候又走上了另一个极端，即主要从国家的人类社会性来把握问题，特别是从个人主义的层面来把握问题，忽视甚至有意回避国家的阶级性，淡化国家的政治色彩。如，西方发达资本主义国家的国家理论大都把国家理解为“守夜人”，国家被视为为社会提供公共服务的行政管理机构，在价值上是中立的。正因为如此，韦伯认为，国家以科层制这一最有效率的行政制度作为手段而实现公共福利，相比于强调阶级性，它揭示了国家的人类社会性的某些内涵，并概括出其理性化的内在特质和公共服务的价值观。当然它也遮蔽了问题的一个本质维度，即国家的阶级性。这是另一种单一性看问题的方式和视角，我们同样也是反对的。从这种观点出发，必然导致警察中立论的成立，相应地，若警察文化也理解为价值中立的，这同样不能揭示警察文化的本质。它固然发掘出警察与社会之间的互动内涵，并以之引导警察文化建设的实践，取得了一定的成效，但毕竟有问题，不可能走得稳健、久远。但是，西方思想固然有重要的缺陷，它仍然包含着极其重要且富有价值的发现，是值得我们汲取的。

确立审理警察文化的基本理论视角，超越对警察文化的片面理解，吸收其他理论之所长，达到对警察文化真实全面的把握，才能推动警察文化建设稳健地发展。

二、警察文化基本视角的确立

正确地对待马克思主义的国家观，同时辩证地看待马克思主义国家观之外的各种国家观，就不难发现，它们确实有很多可资借鉴之处。同时也不难发现，马克思主义国家观与马克思主义之外的国家观既有重大的原则区别，又不乏可以相互沟通之处。更深入地看，马克思主义国家观与它之外的国家观之间的相通之处根源于人类的社会历史本性。国家的辩证展开是在阶级性和人类社会性的两极张力中进行的。通过历史观，对国家的理解不仅更本质也更丰富、更全面。

从马克思主义国家观的历史观的支撑去看，以及结合马克思主义之外的国家观来看，审理警察文化的基本视角就显现出来了。它有三个基本层面：第一，在警察与政治的关系中把握警察文化，它规定了警察文化的阶级性的内涵；第二，在警察与社会的关系中把握警察文化，它规定了警察文化的人类社会性的内涵；第三，在历史观的深度上把握警察文化，它规定了警察文化的构成统一整体。归结起来看，警察与政治的关系、警察与人类社会的关系都植根于人类历史，因而，以上三个基本层面都可以归属于历史观。由此，我们获得了审理警察文化的基本视角。

在历史观中观察警察文化，警察文化的阶级性由警察与政治的关系来确定。警察属于上层建筑，是上层建筑的有机组成部分，是行使国家特定权力的职能机构，它为特定的阶级利益服务，是维护阶级统治的工具，具有鲜明的政治色彩。这作为一种主流的理解是人们所熟知的、有意义的，也是我国警学界普遍采用的观点和方法。它的确把握到警察文化的本质。警察文化的人类社会性面向由警察与社会的关系所规定。警察是那种把阶级冲突保持在“秩序”范围内的重要力量。警察执法活动、社会服务以公共权力的形式出现，以社会合作为基础，以法律规制为规范，以管理创新和技术创新为支撑，为社会提供代表公共利益的公共物品——政局稳定和社会治安稳定。在这个维度上，警察通过行政执法、刑事执法和社会服务，实现了政局稳定和社会治安稳定，达到了对公共福利的目的追求。就此而言，警察文化作为促进维护社会稳定发展、生活正常展开的力量和构成因素出现，决定了警察活动具有普遍的人类社会价值，为人类社会公共生活所必需，是人类社会生活的重要构成因素。此一维度的理解在我国警学界虽然不是主流，但确实是警察文化题中应有之义。

进一步分析，警察文化的阶级性面向和人类社会性面向具有辩证统一的关系。一方面，占优势地位的统治阶级与处于劣势地位的被统治阶级相对而立，共存于特定的人类社会中，因而，警察文化的阶级性存在于警察文化的人类社会性之中。警察文化并没有脱离人类社会生活正常展开根基的阶级性，而警察文化的阶级性只有通过警察文化的人类社会性才能发挥作用。另一方面，警察文化的阶级性决定着警察文化的人类社会性的性质，也决定着警察文化开展的方向。从历史观来看，无论是警察文化的阶级性，还是警察文化的人类社会性，它们都内在于社会并通过社会而起作用。从历史的推进来看，越是能够促进警察文化的人类社会性的阶级性，越能突破阶级局限性的警察文化，越能促使警察文化的阶级性与历史的进步一致起来。事实上，在马克思主义的内在逻辑和精神实质中，强调警察文化阶级性不仅不是忽视警察文化的人类社会性的理由，而且更加突显了阶级性对于人类社会性的正面意义。因为，无产阶级专政的国家由于无产阶级的大公无私而使之与人类社会的普遍利益具有一致性。只有这样的阶级性才能突破以往的阶级性所加诸统治阶级的局限性而与历史的前途和命运展开的方向相一致。这样的统治才能充满活力、代表未来并持之久远。

这一内在逻辑表明，历史的进步是与人类及其个体的解放相对应的。这种解放通过社会（市民生活）和工业（经济生活）的全新组织方式和生活方式得以实现。例如，在资本主义社会，人已经获得了法律形式上的自由自主，从过去的人对人的依赖关系转向人对物的依赖关系，人的解放在一定程度上得以实现，生产力的发展使生产的社会化成为可能，尽管它与生产资料的私人占有制相伴随。“现代资产阶级本身是一个长期发展过程的产物，是生产方式和交换方式的一系列变革的产物。”[2]274 “由于一切生产工具的迅速改进，由于交通的极其便利，它把一切民族甚至最野蛮的民族都卷到文明中来了。”[2]276在全部马克思的基本理论中，人的解放程度始终与社会化程度紧密相关。人的解放与持续不断的社会化进程是现代历史进程中两个基本趋势和发展主线。马克思尽管不断强调“至今一切社会的历史都是阶级斗争的历史”[2]272，但是，他更加突出社会的组织化的性质和程度对于历史的意义以及对于人类解放的意义。他的名言“人的本质在其现实性上，它是一切社会关系的总和”[2]60表达的正是此意。因此，马克思着重指出这一点，共产主义的社会形态是造就人的全面发展的理想形态。因为，在这样的社会中，一个人的充分发展是其他人充分发展的条件，社会关系只有作为人的社会关系才是理想的社会关系。可见，马克思是在积极的意义上来强调国家的阶级性。马克思不仅没有漠视国家的人类社会性，而且他还表明国家的阶级性最终会实现与国家的社会性的统一。

从现代社会理论的发展趋势来看，不只是马克思主义视野具有这一内涵，例如，著名的社会学大师吉登斯曾经在现代性的构成机理探寻中触及这一问题，而且，他还认为，这种内在统一性对个体的生成具有重要的影响。他写道："现代性完全改变了日常社会生活的实质，影响到了我们经历中最为个人化的那些方面。由于现代制度的导入所引起的日常生活的嬗变，从而与个体生活进而也与自我以一种直接的方式交织在一起。事实上，现代性的显著特征之一在于外延性和意向性这两极之间不断增长的交互关联。"[4]1 前者指向社会的构成，后者指向社会生活中的个体成长的可能性。二者的互动，构成全球化的可能性。吉登斯的看法尽管指向不同，但与马克思主义有异曲同工之妙。

在历史观的根基上突出警察文化的人类社会性，重视警察文化的阶级性与其人类社会性的内在统一性，对警察文化建设具有重要的意义。它事关警察文化建设是否行进在一个正确的方向上。从世界范围看，警察活动的人类社会性面向具有越来越强的趋势，警察的职能活动及其展开以及其绩效越来越由它深入社会生活深处的程度和效率所决定。生活质量与公众满意度越来越成为警察活动最基本的价值导向。警察活动的展开越来越以切近历史本性的方式展开。如美国警察的业务——警察所做的工作（预防、调查、打击犯罪和社会服务）——多数都是由公众个体的请求来决定的。对个体服务需求保持快速反应和积极回应的警察政治本性和社会本性是完全正确的，也是应该加以鼓励的。[5]11-12 近年来，英美两国警务发展出现新的趋势，人们将其概括为"第四次警务革命"[6]264-268。它以社区警务为主要内容，突出社区支持、法律规制、职业技能、问题导向、协商合作、公众满意度的提高、生活质量的提升等元素对于实现秩序状态的意义具有日益加强的趋势。再如，1976 年，英国警察进行了一次公众调查："怎样才能做一个现代化的警察？"公众的回答指向诚恳、理解、同情、合作等警察品质、道德内容和社会内涵。人们强烈要求警察回归社会之中，发出了"要传统更夫，不要机器人"的呼声。[7]3 走向社会的深处，这是一个带有普遍趋势的方向。在社会历史的深度上，重视警察文化的人类社会性面向无疑是适应时代发展需要的。

三、警察文化建设方向的选择

随着警察文化理论视角的确立，警察文化本质边界的逐步清晰化，如何进行警察文化建设的新思维也在逐步形成。那就是：在历史观所提供的理念的引导下，通过走向人类社会的深处来寻求警察文化的阶级性和人类社会性的辩证统一，从而实现警察文化的现代化转换。

在历史观中观察，在阶级性主导这一维度上，国家是“全能国家”，警察是“全能警察”。相应地，社会生活在国家政治的安排下展开，全部社会秩序的稳定和维持被警察承担。在政府垄断整个社会资源的前提下，警察作为政府的一个构成部门，掌管特定行政执法和刑事司法职能的专门机构，依托于政府对生存要素的全面控制和社会生活的全面安排来实现政局稳定和社会治安稳定。在此种情况下，政局稳定状况和社会治安稳定状况受由政治所决定的政府主导的社会治理的强烈影响。社会是一个单一性的政治社会，社会秩序被政治所全面规定和规划。全部警务活动可以概括为这样几个特点：警务关系的封闭性、警务活动依据的政策性、警务展开的管理性、警务控制的静态性和警务效能的粗放性。阶级性主导的警察文化正是在这样一种社会政治经济生活背景下，在特定的警务活动方式的展开中形成的。在这种警察文化的引导下，公安机关是处理政局和社会治安问题的“全能机关”，人民警察则是“全能战士”。历史已经证明，这种社会生活存在着严重的问题，政治领域、经济领域、社会生活领域没有自身确当的位置。同时，与这种有着巨大问题的社会相对应的社会治安治理也是有问题的。政局的稳定状况和社会治安状况深深地打上了强烈的政治影响的烙印。毫无疑问，在这种条件下的警察文化由于其本质边界由阶级性所主导而压抑其社会性，因而也必然是有问题的。

改革开放后，我国社会生活回归到其自身本性的路途之中，构成社会生活的各个方面，开始走向既持守其位又相互协调的方向。改革开放以来所取得的巨大经济成果使社会性逐步获得了社会经济基础的有力支持，社会性从这一具有鲜明扩展性的社会经济基础支持中开始逐渐明确地展现出来，社会开始向现代化方向转型。尽管在这一转型过程中，阶层分化明显，各种社会矛盾日益突出，但是，这种矛盾是社会的现代化转型所不可避免的矛盾，只要把它们置于可控的范围内，社会的现代化转型是可以顺利实现的。社会历史意识得以真正苏醒，阶级性开始获得了崭新的内容，其非排斥性和包容性越来越强，阶级性和人类社会性渐渐地获得了基于历史本性的内在统一，从而，作为一个整体的社会的全面和健康发展有了现实的可能性，社会治安的背景条件发生了巨大的变化，社会治安治理被赋予了新质。

反思改革开放以来的警务实践和正在生成的警察文化，公安机关不再是维护政局稳定的“全能机关”，人民警察也不再是打击犯罪的“全能战士”。政局稳定和社会治安稳定依赖于社会问题的解决。深入社会生活的深处，将社会治安问题置于可控的范围内，适时提供公共安全服务，及时回应公众安全需求，不断增加人民群众的安全感，是公安工作的目标。在这一目标之下，公安工作在维护政局稳定、打击违法犯罪、强化治安防控和队伍建设中进步，警务工作在进步中发生了从传统向现代的转型。其表现为：公安机关的职能定位从以控制和管理为主导走向管理和服务并举；警务工作开展的法理依据从“人治—政策”导向走向法治导向；治安治理所要处理的关系、警务工作的对象，从封闭走向开放、从静态走向动态；警务工作的治理模式从粗放走向集约。在这一转向过程中，公安机关及其对政局稳定的维护和对社会治安的保障表现出走向社会深处的明确趋向。公安工作的成效体现出越来越明显的由其深入社会生活深处的趋向和程度所决定的特征。正是在这一深刻转变的历史过程中，警察文化得以生成，其建设的方向选择得以呈现出来。

警察文化建设走向人类社会深处无疑是一个正确的方向选择，这不仅是基于马克思主义历史观而作出的理论判断，而且也是社会转型之后警务实践的内在要求。警察文化从自发生成到自觉的创造显然是警察文化建设的必然要求，而问题的关键是警察文化走向人类社会的深处是如何实现的。

文化作为“意义”意味着文化建设必须诉诸人的主观精神世界，通过人的“理解”而成为可能。警察文化表面看来是关于警察群体的集体记忆，但其实质却是通过每一个警察个体的精神升华而现实化的。文化创造的理性自觉包含主观世界的觉醒，文化是通过人的精神世界这枢机而起作用的。诚然，文化的内涵中也包含着物质性的因素，例如器物文化正反映了物质性因素在文化中的地位，其物质性因素在文化中的地位恰恰在于，物质世界的本质及其运动规律必须为人的头脑所反映，而文化物质成果也恰恰基于精神世界引领下的创造。人的精神世界是构成文化真正发挥作用的基础性的东西，也是现代社会运行内在机理和核心内涵的构成性因素。

就此而言，警察文化走向人类社会深处这一方向选择必须通过警察主体的精神世界的生成才能实现。从这一方位入手，警察文化建设才能走上正途。警察文化建设走入警察主体的精神世界的建构是警察文化走向人类社会深处的关键一步，它既表明了警察主体精神世界与人类社会发展的不可分割的互动关系，又体现了警察文化建设的重点之所在。

社会的现代化转型意味着警察的现代化转型，警察的现代化转型正是社会现代化转型驱动的结果。公安机关的职能定位从以控制和管理为主导走向管理和服务并举，警务工作开展的法理依据从“人治—政策”导向走向法治导向，治安治理所要处理的对象、关系从封闭、静态走向开放、动态，警务工作的治理模式从粗放走向集约，是社会的现代化转型向公安工作提出的必然要求，是警察文化人类社会性的内在反映。公安工作的这种转向必然内在地包含着很多层面的问题。例如，社会治安治理当然是一种国家性质的治理，依靠的是国家公权的职能作用的发挥，因而其管理和服务职能的发挥必然是制度安排的结果。公安工作的转型需要通过制度建设来实现，警察文化建设必须依托于制度建设来进行。但是，这种制度的效果如何，依赖于这种制度是否切合了人类社会治安治理的本性。再如，社会治安治理必然需要采用现代科学技术进步的成果，也必然需要整合各种警务资源，讲求效率，注重效能，因而其职能作用发挥的程度取决于其技术理性的支撑力度和发达程度以及管理科学的应用程度和提高程度。因此，警察文化建设需要注重应用技术理性和管理科学，这是警察文化顺应人类社会科技发展的必然结果。然而，这一切都离不开警察主体内在精神世界的转变和新的结构及精神气质的生成。例如，制度建设需要“以人为本”理念的引导，它既需要对“以人为本”的精神实质有本质的把握，又需要了解何种制度的构成与运行最能实现“以人为本”。此外，制度的运行需要法治精神的生成，它既需要掌握法治精神的要义，又需要相应的法治水平和能力。同样，公安工作中引入现代科学技术和管理，需要有与之相匹配的科学精神。而所有这一切，都需要一种更为本原的视野来包容，这就是以历史观来支撑的大道意识。无论是“以人为本”理念，还是“法治意识”，抑或是现代科学精神，都属于以历史观来支撑的走向人类社会深处的警察文化的不同构成方面：“以人为本”是现代社会最为核心的价值理念，政治生活的民主化、经济生活的市场化、公民生活的自律化，正是在“以人为本”理念的引导下成为可能的，只有在此理念的引导下，公安工作才能扎根于社会生活的深处。正是在“以人为本”的引导下，我们确立了“立警为公，执法为民”这一警察文化的核心价值观。“法治意识”作为警察制度建设的依凭，必然推进公安工作在法治的轨道上不断稳步地向前迈进。科学精神的引入和生成则使警察的科技支撑和管理水平大大提高，通过警察主体精神世界的生成，使警察文化的理念层次、规范层次与实际应用层次构成一个完整的统一整体，才能真正构成警务实践的“软实力”。

【参考文献】

[1] 马克思恩格斯选集（第4卷）[M]. 北京：人民出版社，1972.

[2] 马克思恩格斯选集（第1卷）[M]. 北京：人民出版社，1972.

[3] 马克思恩格斯全集（第16卷）[M]. 北京：人民出版社，1964.

[4] 吉登斯. 现代性与自我认同：现代晚期的自我与社会 [M]. 赵旭东，方文译. 北京：生活·读书·新知三联书店，1998.

[5] 曾忠恕. 美国警务热点研究 [M]. 北京：中国人民公安大学出版社，2005.

[6] 王大伟. 英美警察科学 [M]. 北京：中国人民公安大学出版社，1995.

[7] 王大伟，付有志. 世界警察理论研究综述 [M]. 北京：群众出版社，1998.

（本文原载于《政法学刊》2009 年第 1 期）

文化研究视角下的警察文化研究

叶奕翔

文化研究（Cultural Studies）是20世纪60年代发端于英国伯明翰学派，而后在世界各地传播和展开的知识系统。用文化研究的思路审视当代中国警察文化的研究，既有利于文化研究的本土化，也可以为警察文化研究提供一个新的视角。文化研究并没有固定的理论体系，它是一个开放的知识体系。该体系的一大特点是问题意识，它关注现实问题，并以批判性的态度和跨学科的视角介入现实问题。

一、警察的形象危机

形象问题，是警察文化研究的重要课题。当前警察的形象危机是一个不容回避的问题。警察工作的性质，使其形象更易受到挑战，或者说存在不同程度的形象危机。罗伯特·雷纳归纳了英国警察文化的七个核心特征，其中“猜疑”（suspicion）与“对外孤立和对内团结”（isolation/solidarity）分别居第二和第三位。这种文化导致了警察在公众面前的孤立：“许多警官报告他们在普通社会生活中与百姓交往的困难。这些源于他们轮班的工作、无规律的时间，很难从工作的紧张和纪律的约束中缓解出来，也不能从市民对警察的敌意中解脱。”[1]110 霍夫斯泰德也提到，几乎所有穿制服的职业——警察、军队、消防员——相对而言都孤立于他们所处的社会。[2]334 这并不意味着形象危机是可以置之不理的，目前警方的宣传——报刊、电视、电影、开放日、“我最喜爱的人民警察”评选等——就是对形象危机的应对。这些做法都是基于传统的“宣传工作”思路，通过警方掌握的或与警方合作的媒体，正面建构警察形象。宣传效果如何呢？这就需要进行受众研究。在这方面，文化研究的一些成果可供参考。例如霍尔认为观众对电视的反应有三种模式：主导—霸权模式（Dominant

Hegemonic Position)，此时观众完全按照制作者的意图理解电视，是“完全明晰的传播”；协商模式（Negotiated Code or Position），在这种模式下，观众既非完全赞同亦非完全反对制作者的意图；对立模式（Oppositional Code），此时“电视观众有可能完全理解话语赋予的字面和内涵意义的曲折变化，但以一种全然相反的方式去解码信息”[3]356-358。要受众都采取第一种模式解读官方媒体中建构的警察形象，完全是一厢情愿。“豆瓣电影”上观众对一些官方主导的警察剧评价如下表所示：

“豆瓣电影”上观众的评分情况

评价	便衣警察	9·18大案纪实	英雄无悔	荣誉	公安局长	任长霞	中国维和警察	情暖万家
首播时间	1987	1994	1996	2000	2003	2004	2009	2011
评价人数	649	44	1401	34	169	60	17	<10
得分	7.3	8.9	7.8	7.5	7.4	7.4	7.6	
★★★★★ 力荐	10.9%	54.5%	22.8%	17.6%	19.5%	26.7%	23.5%	0
★★★★ 推荐	47.6%	31.8%	52.7%	44.1%	41.4%	40.0%	41.2%	25.0%
★★★ 还行	39.6%	13.6%	22.8%	35.3%	31.4%	21.7%	29.4%	75.0%
★★ 较差	1.8%	0	1.4%	2.9%	5.9%	6.7%	0	0
★ 很差	0	0	0.3%	0	1.8%	5.0%	5.9%	0

从这些数据来看，大部分观众对官方主导的警察剧持正面看法。当协商模式成为主体时，制作方的意图就达到了。

但是否意味着形象危机不存在了呢？这却是另一个问题。首先，这里的评价是模糊的，“力荐”、“较差”、“很差”是什么意思？其次，评价是针对电视剧的质量，还是针对其中的警察形象而言？再次，这类电视剧是市民了解警察形象的主要渠道吗？

在《大众文化与警察形象》一文中，笔者把塑造警察形象的大众文化分为四种模式：官方主导、精英主导、民间主导和市场主导。在大众传媒高度发达的今天，官方主导的传媒并非人们了解警察形象的主渠道，所以需要研究其他模式，尤其是网络。我们来研究一个个案：网易于2011年4月26日20点30分发布新闻《云南一司机超载被查，将客车开到派出所门口烧毁》，内容大致是，云南罗平县一核载19人的客车，实际载客35人，被交警查处，随后司机将车开至派出所门口，将柴油倒在坐垫上并点燃。消息发布两小时后，网友评论超过9万人次，被“顶”到前面的几条评论如下：

（1）菜种不成了，车也开不成了。现在油价这么高，不超载，就只能是白跑。（顶15645）

（2）怎么城市里的公交车就没有超载啊，天天都挤到爆，都没有警察去查？（顶12319）

（3）烧自己的车也犯法？（顶10336）

（4）不会这么简单。仅扣个驾照，按照规定处理，他就烧自己的车？打死都不信。（顶7560）

（5）油价天天涨，罚款日日交，留它有何用，饮恨放火烧！（顶7480）

这就是对立解码模式，网民完全清楚超载的违法性和危险性，但又以完全相反的方式解读：第一条评论并非就事论事，而是把矛头转至油价上；第二条评论怀疑消息的准确性；第四条评论完全是对警方的不信任；第五条评论则暗示了不信任的原因——乱罚款。如果对立模式发展到一定程度，明显的非理性话语（如“打死都不信”）仍然获得高达七千多人次的支持，又如某公安局官员因抑郁而自杀的新闻发布后，搜狐、网易、新浪三大门户网站的网友评论中，被“顶”到前面的，没有一条是正面的，全是冷嘲热讽，这时就意味着出现了严重的形象与信任危机。

因此，我们应该重新审视警察文化。同样是匿名的网络评论，官方主导的警察剧以协商模式为主，后面两条新闻又以对立模式为主（从警方的立场看，这两条新闻都是中性的，而不是负面的，也不存在媒体刻意歪曲的成分），这样的事实表明：仅仅从正面塑形是远远不够的，应该扩大对警察文化的认识。既然文化是一种生活方式，而且文化无时无刻不在建构形象，那么警察文化就不仅是官方的宣传，也是警察的日常工作和生活；不仅是警察主导文化，也是警察亚文化，它们都在建构警察形象。

二、警察的自我认同

自我认同是文化研究的重要主题，认同有多种维度：性别、种族、阶级、年龄……警察的自我认同属于职业认同。形象问题是别人如何看警察，自我认同则是警察如何看自己。作为一个群体，警察自然会形成其特有的职业文化，而这种文化反过来又深刻地塑造了警察的自我认同。按照阿尔都塞的观点，文化是意识形态，文化深刻地塑造了我们对自我的认识。所以，建构充满活力的警察文化的重要性是不言而喻的。文化的核心是价值观，职业文化的核心是对该职业的价值之认识，从这个角度，笔者把警察的自我认同分成四种类型：

（1）崇高型——服务人民。这就是《便衣警察》主题曲《少年壮志不言愁》表达的价值观："为了母亲的微笑，为了大地的丰收。峥嵘岁月，何惧风流。"在这种类型的自我认同中，警察认为自己是公正、法律、秩序的守护者。

（2）理想型——个人爱好。这是对警察职业的喜爱，喜欢这种生活方式，认为自己的性格适合这类型的工作，但工作是为了什么，并不深究。

（3）功能型——生存需要。警察既不崇高，也不是个人理想，仅仅是谋生手段而已，与导游、服务员、出租车司机在功能上并无不同。

（4）庸俗型——权力途径。这是将警察这一工作当成通向权力的途径，或者认为警察有特权，可以为自己、亲友办事。

显然，这是抽象出来的四种类型，在现实当中，单一的认同是比较少的，更多的是几种认同混合在一起。这四种价值观，在超越性上是递减的，前三者都是正价值，而且并不互相矛盾。庸俗型则是负价值，因为它与前三者、与社会主流价值都相违背。一般来说，警察主导文化单方面强调崇高型，而忽视了理想型和功能型，崇高型无疑是警察合法性的基础，但对于职业文化来说，仅强调崇高型价值是不够的。合理的警察主导文化，在价值观上应该是高扬崇高型，重视理想型，认可功能型。以崇高型为导向，以理想型为支撑，以功能型为基础，三种价值形成合力，抵制庸俗型价值。如果三者能结合在一个个体身上，就是一种最理想的文化，这个人就是最具幸福感的警察。没有崇高型价值，警察的合法性就成了问题；没有理想型价值，就可能会出现所干非所爱的现象。有的基层民警就向笔者表示当警察是"入错行"，但改行谈何容易，因此只好凑合着干下去。在警察职业化程度日益提高的今天，理想型价值尤其重要。罗伯特·雷纳的这段文字描绘了处在理想型中的状态：

“警察的使命不是一种痛苦，而是有趣、充满挑战、刺激的一场智力和技能游戏。许多评论者强调了警察文化快乐和以行动为中心的方面。毫无疑问，这些方面都影响非凡和十分重要。能让警察上瘾的是那种激动和兴奋的感觉。尽管工作中很少有激动人心的事情，但追捕、斗争和抓获的兴奋以及‘大男子主义综合征’，都不仅仅是一项运动所能比拟的。因为他们认定有价值，所以他们可以无拘无束、开心地从事工作。在警察自己的眼里，他是‘好人’中的一员，这成了他们作出各种行动的理由。他不仅仅是一个穿着制服的驾驶员和拳击手。”[1]107

当一种职业并非是自己的爱好时，就会失去激情和想象力，仅靠崇高价值无法为其提供强有力的认同，自我认同很快就会指向功能型：既然不是爱好，那就只能是谋生手段。而功能型在缺乏约束的情形下，又很容易变为庸俗型。据笔者所知，很多人在报考警察或警察院校时，对警察职业的认识是表面化和想当然的，甚至是虚假和歪曲的，认识渠道主要是大众传媒、警匪片和道听途说。根据对广东警官学院大一两个不同专业的班级所做的调查，他们对警察职业的认识渠道，排在前三位的是：报纸与电视新闻、影视作品、网络，而警方宣传则排在最后。笔者的问题是：“你对警察职业的认识来自何处？（可多选）”结果如下（单位：人次）：

（1）报纸与电视新闻（75）；

（2）影视作品（67）；

（3）网络（61）；

（4）亲眼所见（44）；

（5）当警察的亲友（34）；

（6）警方宣传（23）

可见，警察主导文化应该重视理想型价值，真实、权威地向有志于入警的青年展示警察职业的方方面面，并对其进行职业适应度评估。尤其是在警察招募时，应成立跨学科小组，专门测试应试者对警察职业的适应程度。

三、警察亚文化

所谓“亚文化”（Subculture）是相对于主导文化而言的。亚文化研究是伯明翰大学当代文化研究中心（CCCS）的一大贡献，他们研究的主要是青年亚文化，但研究者发现，不仅仅是年轻人，其他群体也会发展出自己特有的亚文化。亚文化的概念使我们认识到，任何一种文化都不是同质化的，其内部总是充满了张力。警察文化也不是铁板一块，它不仅仅存在于宣传栏、官方网站和会议之中，也存在于警察的私下交谈、街头巡逻之中，还存在于作为个体的警察的言行、观念之中，从前者发展出警察主导文化，从后两者发展出警察亚文化。

“亚文化，必须首先与它们的‘父母’文化（它们是这种‘父母’文化的亚系统）相联系。但是，亚文化也必须从它们与主流文化——作为一个整体的社会中文化力量的总体安排——的关系的角度来分析。”[4]339 警察亚文化是警察文化的亚系统，我们首先要认识到，警察的形象与自我认同，不仅通过主导文化，也通过亚文化来建构。不了解这一点，就不能对警察文化有深刻的认识。只有深入研究警察亚文化，我们才有可能真实地认识这个群体：他们是些什么人？他们的价值观和行为准则是什么？他们思考和行动的逻辑是什么？其次，我们要分析警察主导文化与亚文化之关系。笔者认为主导文化与亚文化之间并非简单的收编与抵制的关系，而是一种谈判与协商的关系：亚文化力图抵制、逃避主导文化，同时也会适应主导文化的某些方面；主导文化会压制亚文化（方法是斥之为另类或非法），但也逐渐认同其中的某些方面。例如，在自我认同上，警察主导文化与亚文化的歧异在于，主导文化强调崇高型，亚文化虽然不反对崇高型，但更强调功能型和理想型。当笔者向基层警察询问其职业认同感时，相当一部分人表示，警察对于他们来说只是“打份工而已”。当笔者以“你当警察是为了什么？”调查笔者所任教的一个班级时，“谋生”以41人次排在第一位，其次才是崇高型价值（34人次）。警察主导文化应该公开认可功能型，而不仅仅是默认。没有一个警察会否认警察是为人民服务的，但是在私下交谈（而不是述职报告）中，很少人会以此相标榜。这不能仅用中国人的谦虚含蓄来解释，而是亚文化建构的结果。在亚文化语境下，一味高谈“母亲的微笑、大地的丰收”，即使不被认为是矫情，也容易被斥为书生气。正是基于这种认识，我们主张主导文化要考虑亚文化的诉求。

一般认为，亚文化产生于边缘、弱势群体，研究亚文化必须从边缘群体入手。对于警察亚文化来说，就得从基层入手。中国警察机构的一大问题，是机关警察和基层警察的强烈反差。在基层警察看来，他们承担着大量的具体工作，风险高、压力大、无规律，不仅要面对犯罪分子的威胁、群众的投诉，还得时刻应对来自上层的考核、责难、规训。而机关警察则体面轻松得多，生活也规律得多。“机关”分门别类的职能，最后都得落实到基层警察身上，因此一个基层警察就是一个派出所。有基层警察在和笔者交谈时表示，他的理想就是进入“机关”。纪律严格，等级森严，工作危险，心理压力大，在法律与实践的矛盾中无所适从，所有这些，就是警察亚文化得以发生的基础。当基层警察无力改变现状时，就发展出亚文化，这是边缘对中心、弱势者对支配者的抵抗方式，这是一种象征性的抵抗，恰如当代文化研究中心的一本论文集的标题——“通过仪式抵抗”所揭示的那样，亚文化对主导文化的抵制，往往表现为象征性的而非实质性的，间接的而非直接的。比如，在青年亚文化中，中学生“有意识地改变服装的细节，如裙子的长度、衬衫的颜色、领带的宽窄等，以此来挑战学校当局的权威”[5]33。又如，在公司亚文化中，一些雇员表面上在工作，实际上却是在为自己干活。[6]290-296警察亚文化也是如此。如，警察可能会在例行巡逻中将警车开到一家熟悉的店铺，和店铺老板喝茶聊天，直至快下班，再开回派出所。又如，在具体工作中，基层警察会遇到法律实践的种种困境，但是他们无力改变，管理者和理论家关注警察形象和执法规范，基层警察关注的是如何安全地、无过失地度过这一天，这种分歧使得许多基层警察对执法规范、理论研究嗤之以鼻。此外，沉迷酒精、插科打诨、给上司起外号等其他的职业亚文化中常见的现象，也存在于警察亚文化之中。随着基层警察进入管理层，亚文化也自然地进入警察文化的其他层面。

亚文化是警察释放压力的一种方式，但是亚文化也的确对警察形象产生了不利影响。不过，主导文化的关注点，不应是如何去消灭它，而应是如何与之协商。实际上，亚文化中的许多成分会渐渐被主导文化所接受，例如，在香港和好莱坞电影的影响下，一些不拘小节、挑战上司但工作能力强、敬业的警察形象，也被官方主导的警察剧所接受。而亚文化在核心价值观上也并不会违背主导文化，“因为它们是亚系统，也必须有将它们与‘父母文化’捆绑和联结的重要的东西”[5]339。

形象、自我认同、亚文化都是传统的文化研究中的重要概念，本文正是试图从重要概念入手，把文化研究的一些批判性观点运用到警察文化的分析中。从这个思路来看，这方面还有许多有益的研究值得展开，如：亚文化如何影响警察的日常工作，如何评估警察文化中的性别歧视与地域歧视，大众传媒和大众文化中的警察形象与真实的警察形象是什么关系等。

【参考文献】

［1］罗伯特·雷纳．警察与政治［M］．易继苍，朱俊瑞译．北京：知识产权出版社，2008.

［2］吉尔特·霍夫斯泰德．文化与组织：心理软件的力量（第二版）［M］．李原，孙健敏译．北京：中国人民大学出版社，2010.

［3］斯图亚特·霍尔．编码，解码［A］．罗钢，刘象愚．文化研究读本［C］．北京：中国社会科学出版社，2000.

［4］阿雷恩·鲍尔德温．文化研究导论［M］．陶东风等译．北京：高等教育出版社，2004.

［5］罗钢，刘象愚．文化研究的历史、理论与方法［A］．罗钢，刘象愚．文化研究读本［C］．北京：中国社会科学出版社，2000.

［6］陆扬，王毅．文化研究导论［M］．上海：复旦大学出版社，2006.

（本文原载于《政法学刊》2011 年第 2 期）

论当代公安歌曲的嬗变

蔡天星　周　玲

公安歌曲，就是以人民警察的工作、生活、心理等内容为题材的歌曲，这些歌曲抒发了人民警察个人或群体的感情，塑造了人民警察个体或整体的形象。一些优秀的公安歌曲除了表现出人民警察外在的鲜明形象和内在的动人情感之外，在创作内容方面还弘扬了一种崇高的精神，在审美形式上达到了一种高远的境界。如杨涌作词、吕远作曲的《人民警察之歌》融进行曲节奏、小调式旋律于一炉，刚强有力而又丰满多姿。从乐曲中仿佛看到一支人民警察的队伍迈着雄健的步伐向我们走来，他们满怀自豪之情和必胜的信心。这首歌曲表现了人民警察"全心全意为人民服务"的精神，给人以崇高的艺术享受。

一、公安歌曲起源于军旅歌曲

公安歌曲起源于军旅歌曲，是伴随新中国成立而产生的新生事物。"军旅歌曲即那些反映军人的军旅生活及其内心情感世界的歌曲"。军旅歌曲起源较早，伴随着军队的产生而产生。旧军队有其军歌，人民军队自成立的 1927 年起就有相应的军旅歌曲。新中国成立后，产生了大量讴歌军队的歌曲，其中就有一些以当时的边防军战士（现在即为边防警察）为题材的歌曲。这些军旅歌曲实际上就是早期的公安歌曲。

1955 年上映的电影《神秘的旅伴》中的插曲《边防军之歌》（陆原作词、张棣昌作曲）是最早的关于边防战士的颂歌。1958 年高平作词、罗念一作曲的《在那遥远的珠穆朗玛峰》歌颂了驻守在西藏边界的边防军战士；1963 年上映的《冰山上的来客》中插曲《花儿为什么这样红》（雷振邦改词、作曲）、《怀念战友》（赵心水、雷振邦作词，雷振邦作曲）歌颂了边防战士真挚的友情和坚贞的爱情；文化大革命时期产生的《毛主席的话儿记在我们的心坎里》（郭正位作词、田歌作曲）抒写毛泽东思想以巨大的力量鼓舞着边防战士；还有郑南作词的《我爱五指山，我爱万泉河》等。进入新时期，歌唱边防军战士的歌曲渐渐多了起来，优秀的歌曲有《边疆的泉水清又纯》、《吐鲁番的葡萄熟了》、《月亮走我也走》、《想给边防军写封信》、《十五的月亮》、《在那桃花盛开的地方》、《说句心里话》、《小白杨》等。这些都是最优秀的词曲作家和最出色的歌唱家一起锻造出来的军旅歌曲之精品，也是公安歌曲日后得以汇成长江大河的源泉。

维护国（边）境地区的治安秩序是我国人民警察必须履行的职责之一(《人民警察法》第六条第十项)。边防与消防、警卫都属于实行义务兵役制的公安警种。不管历史上边防军隶属的问题如何变迁，以上所列举的歌曲理应归于早期公安歌曲的范畴之内。电影《神秘的旅伴》、《冰山上的来客》等反映的是西南、西北边疆地区边防军和少数民族群众组成的联防队一起肃反境内外特务的故事，故事情节完全与人民公安的工作性质相吻合。电影《神秘的旅伴》还有一首插曲《缅桂花开十里香》（潘振作词、张棣昌作曲）歌唱了联防队员朱林生在成长为一个边防战士的过程中与小黎英的爱情，曲调颇有彝族意趣，歌词民间风味盎然。而《花儿为什么这样红》则充满了迷人的塔吉克族情调，至今仍然广为传唱。

这些军旅歌曲孕育着一个有着旺盛生命力的胎儿——公安歌曲。他一出生就是如此健康，浑身上下都充满了希望。饱吸了中国民歌之精华的军旅歌曲用丰富的乳汁哺育着他，使公安歌曲一天天地茁壮成长。

二、影视公安歌曲在新时期蓬勃发展

20 世纪 70 年代末以后，中国真正意义上的大众文化开始产生了。影像（电影和电视）成为大众文化最主要的存在形式，将世界打造成一个“影像社会”。公安题材的电影故事片和电视剧以曲折跌宕的情节受到了人们的欢迎，这些影视故事片中有很多的插曲、主题歌、片头歌曲、片尾歌曲涉及警察题材，这些歌曲也属于公安歌曲的范畴。

1978 年之后的中国进入了新时期，以影视文化、流行歌曲等为表现形式的富有中国特色的大众文化渐渐形成浩荡的大潮。在这大潮中，以影视故事片中的插曲形式出现的公安歌曲就是其中的一条支流，它们凭借着刚强有力的风格在流行歌曲中散发出独特的魅力。最早的几首影视公安歌曲应当就是电影《神圣的使命》（1979 年出品）、《神女峰的迷雾》（1980 年出品)、《405 谋杀案》(1980 年出品)中的插曲《心上人啊，快给我力量》、《啊！迷雾》、《唯有真理永存》。这些歌曲的主题比较相似，都是展现新时期之前的那个特殊年代里公安工作的曲折艰辛、迷茫无助和最终的胜利。与后来的公安歌曲相比，这些早期的影视公安歌曲在塑造人民警察形象、讴歌人民警察精神等内容要素方面处理得非常模糊，以至于很难将其纳入在公安歌曲的范畴之内。但是，它们破天荒地将歌曲的题材定格在公安领域，为以后的影视公安歌曲日渐繁荣作出了可贵的探索，奠定了坚实的基础。

要特别说明的是，公安题材影视里的歌曲并不一定都属于影视公安歌曲。问题的核心在于很多影视作品的题材是公安题材，但其中的歌曲题材却不涉及公安，如电影《侦察员的爱》里的主题歌《爱情该多么崇高》，电影《逃犯》的主题歌《我又长了一岁》等，这些歌曲不属于影视公安歌曲。同理，非公安题材的影视作品之中的歌曲，只要歌曲的题材涉及公安，也应归入影视公安歌曲之列。

王立平作词、作曲的《驼铃》(电影《戴手铐的旅客》的主题歌，1980 年上映)是影视公安歌曲发展史上一个里程碑式的作品。它的意义不仅仅在于歌曲本身感人至深地歌颂了公安战士在曲折的战斗生涯中凝结成手足般的感情，而且在于它在新时期的开端就以高水准的艺术形式、丰富而深厚的内容为以后的公安歌曲树立了一个榜样。在这种艺术精神的传承下，众多优秀的影视公安歌曲在其后不断涌现出来：王持久作词，刘青作曲的《无言的寻求》(电视剧《刑警队长》主题歌)；林汝为作词，雷蕾作曲的《少年壮志不言愁》(电视剧《便衣警察》主题歌)；张藜作词，郭晓天作曲的《滴血年华》(电视剧《滴血年华》主题曲之一)；朱恩涛、杨子作词，徐沛东作曲的《金盾之歌》(电视剧《公安局长》片头歌)等。

20 世纪 90 年代中后期以来，随着公安题材的影视节目逐年增多，影视公安歌曲的数量也随之增加，然而质量却参差不齐，有不少作品存在不同程度的程式化、感情干瘪、充当政治传声筒等弊病。

三、公安歌曲在专场演出中迎来高潮

1986 年 5 月“百名歌星演唱会”标志着中国流行音乐走向第一个高潮(1986—1988)；1992 年“签约制”确立，其后的“经纪人制”形成，“版权制”完善，MTV 及排行榜的兴起等音乐产业各方面的发展，标志着中国流行音乐迎来第二个高潮（1993—1994）。公安系统文艺方面有两件大事，与这两个高潮的时间出现惊人的巧合：1986 年举办了第一届公安部春节联欢晚会，以后每年一届，与中央电视台春节联欢晚会等并称“新年四台晚会”；1992 年公安部举行了一次有一定规模的全国公安系统文艺会演，后又举行了一次为期 8 个月、由 9 场演出构成的全国公安系统大型文艺会演。这些晚会和汇演产生了大量的公安歌曲，而这些公安歌曲在其鲜明的公安主题、丰满的警察形象等方面是前两类歌曲无法与之相比的，所以说，公安歌曲的高潮时期已经到来。

公安部、政治部为公安春节晚会及文艺会演筹备歌曲，除了在晚会和会演之前例行从地方公安部门搜集歌曲之外，2004 年还集中举办了一次警察歌曲创作暨演唱大赛，产生了近 400 首新创作的公安歌曲。

公安系统春节联欢晚会、文艺会演所产生的公安歌曲，称之为“专场演出的公安歌曲”，这一类歌曲代表着公安歌曲的最高成就。其词曲作者汇集了全国最优秀的作词人和作曲家：李幼容作词、孟卫东作曲的《金盾颂》；晓光作词、臧云飞作曲的《人民警察为人民》；王健作词、唐诃作曲的《不灭的红灯，不闭的门》；郑南作词、徐沛东作曲的《蓝宝石》；杨湘粤作词、李海鹰作曲的《在你的身后最温暖》等。像石顺义、瞿琮、佘致迪、车行、贺东久、易茗、晨枫、宋小明、王持久、任红举、苏柳、蒋开儒、陈小奇、宋青松等著名词人，谷建芬、赵季平、印青、王佑贵、冯世全、姚明、雷蕾、付林、肖白、小曾等著名作曲家，他们都是创作“专场演出的公安歌曲”的主力军。在众位名家的积极参与和众多新生代词曲作家的努力下，一批批精品公安歌曲源源不断地涌现出来。

与影视公安歌曲相比，专场演出的公安歌曲得到了公安部门前所未有的大力支持，其公安行业色彩和主导意识形态色彩更为浓厚，更具有自觉性；而影视公安歌曲更有大众文化气息，更具自发性。与新时期之前的公安边防歌曲相比，专场演出的公安歌曲更有当代气息，更全面地展现公安各警种的特色和共性。

像任何新事物一样，公安歌曲也经历了一个漫长而曲折的发展过程。公安歌曲和新中国一起诞生，与共和国同呼吸、共命运，自新时期以来茁壮成长，在 20 世纪 80 年代中后期迈步走向创作的康庄大道。公安歌曲起源于军旅歌曲中的一条支流——公安边防歌曲；在大众文化渐渐觉醒时发展汇集为影视公安歌曲；借公安系统春节联欢晚会、文艺会演的东风，众多专场演出的公安歌曲如千帆百舸，携着一江春水向大海深处流去。

【参考文献】

［1］张冠华，李诗原．音乐艺术鉴赏［M］．北京：解放军文艺出版社，2002．

［2］公安部宣传局．人民警察歌曲精选［M］．北京：群众出版社，2004．

［3］叶志良．大众文化［M］．上海：上海文艺出版社，2003．

［4］王思琦．中国当代流行音乐的发展及文化学研究［D］．河南大学硕士学位论文，2001．

［5］晨枫．中国当代歌词史［M］．桂林：漓江出版社，2002．

［6］付林．中国流行音乐20年［M］．北京：中国文联出版社，2003．

（本文原载于《政法学刊》2006年第5期）

侦查指挥与机制

论侦查指挥监督

徐立根

一、引言

我国《刑事诉讼法》规定，各类犯罪案件由公安机关、国家安全机关、检察机关分工管辖。无论是公安机关或是检察机关开展侦查工作，均存在指挥监督问题，但指挥与监督是两个不同的概念，就公安机关之侦查工作而言，指挥之职责属于公安机关之侦查部门，而监督之职责属于县级以上公安机关和作为国家法律监督机关的人民检察院。本文将根据我国实际情况，主要就公安机关的侦查工作，论述侦查指挥监督的有关问题。

二、侦查之指挥

公安机关的侦查工作，以刑侦部门的侦察破案工作最为复杂，任务最为艰巨。刑侦部门管辖之案件均系“从事到人”的案件，这类案件均以发现犯罪造成的后果为始，通过深入调查和侦察，发现嫌疑线索，取得犯罪证据，以达到破案目的。而为开展侦察破案，往往要在较大范围内投入大量的人力、物力，并运用多种侦察手段。工作范围广、头绪多、任务重、时间紧，往往是侦破工作，特别是那些重大刑事犯罪案件的侦破工作的共同特点。不言而喻，对如此艰巨之侦破工作而言，正确的、有效的统一指挥，能保证侦破工作有序地进行。同时，做到紧张而不慌张，繁忙而不乱忙，快速而不草率，才能保证侦破工作方向正确、决策正确，也才能保证全面收集证据并及时查明案情，发挥公安机关整体优势，尽快把狡猾的犯罪分子缉捕归案。

侦查指挥是否正确有效，取决于许多主观因素和客观因素。

就主观因素而言，最重要的是以下四点：

(1) 侦查指挥员应当具有执法不阿、廉洁奉公、遵纪爱民、以诚待人的高尚品德。这是提高自己在下属心目中的威信所不可缺少的。

(2) 侦查指挥员应当具备良好的指挥能力。良好的生理、心理素质是侦查指挥员具有强指挥能力的基础；广博的业务知识、科技知识、法律知识以及社会知识，是侦查指挥员获得强指挥能力的源泉；而丰富的实践经验则是侦查指挥员不断提高指挥能力的可靠保障。

(3) 侦查指挥员应当具有良好的工作作风。"雷厉风行、狠抓战机"，"实事求是、依靠证据"，"讲究科学、注重技术"，"集思广益、民主决策"，这些都应当成为侦查指挥员的座右铭。

(4) 侦查指挥员应当善于抓好侦查破案的一些重要环节：一要抓现场勘查，二要抓案情分析，三要抓物证调查，四要抓措施谋略，五要抓证据审查，六要抓破案契机，七要抓突击审讯，八要抓破案总结。

就客观因素而言，正确有效的侦查指挥，离不开合理的指挥体制。

在20世纪80年代之前，我国刑事犯罪侦查工作一直隶属于公安机关的治安行政部门，是治安行政工作的组成部分。20世纪80年代以后，为了适应同刑事犯罪做斗争的需要，才开始在公安机关内建立专门的刑事侦查机构。在中央一级，公安部内设刑事侦查局；在省一级（含自治区、直辖市），公安厅（局）内设刑事侦查处；在市一级，公安局（处）设刑侦科；在县一级，内设刑警队或刑事侦查科（股）；在城市，公安分局下设刑警大队。各级刑事侦查机构都是作为各级政府中公安部门的下属机构而建立的。这样，刑事侦查机构要接受来自两方面的领导：从"条"来看，每一级刑侦机构是全国刑侦机构系统的组成部门，业务上要接受上级刑侦机构的领导；从"块"来看，它作为一个地区公安机关的下属机构，又必须听从这个地区上级和同级公安机关的领导。这就是通常所称的"条块结合，以块为主"的体制。这种体制，在犯罪分子的流动性相对不大的情况下，对打击犯罪、维护社会治安能发挥很好的作用，但是在犯罪分子流窜性愈来愈突出的情况下，就很难把公安机关整体作战的优势发挥出来，特别是在侦查跨地区犯罪案件时，为了追捕逃犯有时可能出现指挥不灵、贻误战机的情况。因此，有的专家建议把"条块结合、以块为主"的体制，改为"条块结合、以条为主"的体制，把省（市）一级公安局刑侦处（科）改为局刑警总队（总厅级，地市一级改为刑总支队），区、县公安局下的刑侦机构改为刑警大队，下设分队。省、市刑警是破案实体，统一领导全省、区县刑侦业务。刑警总队对全省刑侦队伍有指挥调度权，有权根据破案工作的需要抽调全省刑侦部门中能力较强的侦查员参加对严重暴力犯罪或其他性质严重、影响恶劣的犯罪案件的侦查破案工作。至于区县刑侦机构的队伍管理和日常工作，仍由区县公安局或公安分局领导，但对主要业务骨干的任免调度，需征求省市刑警总队的意见，刑警总队、支队同区县刑警大队业务骨干还可打破区域限制，实行双向交流。

现在各省市的刑侦体制改革有的已经开始，有的正在酝酿讨论之中，发展并不平衡。改革后的刑侦指挥体制，将使统一的侦查指挥在侦破重大刑事犯罪案件时发挥更大的作用。

正确有效的侦查指挥，还离不开具有现代化通信设备和信息处理系统的侦查指挥中心。现代化的侦查指挥中心，是刑警对犯罪案件作出快速反应所不可缺少的。现在，在我国的一些大城市中，有的已经建成了现代化的侦查指挥中心并已投入使用，有的正在建设之中。110 报警系统和城市巡警制度也日益发挥着重要的作用。过去接到报案以后，侦查人员到达现场时间以小时计算，现在，有了现代化的指挥中心，三五分钟即可到达现场，为有效实施侦查指挥提供了良好的条件。

三、侦查之行政监督

侦查犯罪是一项十分复杂而又艰难的专门工作。这项专门工作只能由依法享有侦查权的部门进行。然而，任何权力都不能没有有效的监督，侦查权更是不能例外。对侦查之监督，实际上有两种，一种是行政监督，一种是法律监督。前者是来自公安机关领导的监督，后者是来自检察机关的监督。

侦查之行政监督由县级以上公安机关负责人掌握，主要从以下几个方面实行。

1. 对侦查人员回避的监督

《刑事诉讼法》第二十四条规定了侦查人员应当自行回避的种种情况。如果存在应当回避的情况，而侦查人员没有自行回避，当事人及其法定代理人也没有申请其回避，县级以上公安机关负责人应当决定侦查人员回避。

2. 对聘请律师的监督

在涉及国家秘密的案件中犯罪嫌疑人或其法定代理人提出聘请律师，应当经县级以上公安机关作出批准或不批准的决定。

3. 对调取实物证据的监督

侦查人员向有关单位或个人调取实物证据，应当经县级以上公安机关批准。

4. 对拘传的监督

侦查人员根据案件情况对犯罪嫌疑人进行拘传时，应当经县级以上公安机关批准，拘传持续的时间不得超过十二小时。

5. 对采取取保候审或监视居住措施的监督

侦查人员依法对犯罪嫌疑人取保候审或监视居住的，需要经县级以上公安机关批准，签发《取保候审决定书》或《监视居住决定书》，需要解除取保候审或监视居住的，亦需经县级以上公安机关批准，签发解除取保候审或解除监视居住的决定书。

6. 对采取拘留措施的监督

侦查人员对现行犯或重大犯罪嫌疑人依法进行拘留或发现不应拘留而予以释放时，均需经县级以上公安机关批准，签发拘留证或《释放通知书》。在特殊情况下，如需延长提请检察机关审查批准逮捕的时间一到四日，也应经县级以上公安机关批准。

7. 对提请检察机关批准逮捕的监督

凡需要提请检察机关批准逮捕犯罪嫌疑人的，应当经县级以上公安机关批准。经检察机关作出批准逮捕之决定后，公安机关的逮捕证亦需由县级以上公安机关负责人签发。

8. 对延长羁押期限的监督

犯罪嫌疑人被逮捕后的羁押期限不得超过两个月，如因案情复杂，期限届满前不能终结侦查工作者，应当在期限届满前七日，提出延长扣押的申请报告，经县级以上公安机关批准，制作《提请批准延长扣押期限意见书》送请同级检察机关报上级检察机关批准延长一个月；若仍不能终结侦查工作，需要再延长羁押期限的，应当经县级以上公安机关批准，将《提请批准延长扣押期限意见书》送请同级检察机关呈报省一级检察机关批准再延长两个月。对可能判处十年以上有期徒刑的犯罪嫌疑人，经上述两次延长仍不能终结侦查工作者，可再申请延长两个月，手续同上。如发现犯罪嫌疑人另有重要罪行需要依法重新计算羁押期限的，也需经县级以上公安机关批准。

9. 对立案、破案、撤案的监督

公安机关经过初查，认为有犯罪事实，需要追究刑事责任，且属于自己管辖的，必须填写《立案报告表》，经县级以上公安机关批准，方予立案；对有控告人的案件，决定不予立案的，由受理单位填写《呈请不予立案报告书》，经县级以上公安机关批准后在七日内将《不予立案通知书》送达控告人；撤销案件应当制作撤案报告，报县级以上公安机关批准。

10. 对搜查的监督

为了收集犯罪证据、查获犯罪嫌疑人，需要依法进行搜查时，必须经县级以上公安机关批准，签发搜查证。

11. 对扣押的监督

需要扣押犯罪嫌疑人的信件、电子邮件、电报时，应当经县级以上公安机关批准，不需要继续进行扣押时，也需办同样的批准手续。

12. 对查询或冻结存款、汇款的监督

需要向银行或其他金融机构查询或冻结犯罪嫌疑人的存款、汇款时，应当经县级以上公安机关批准。

13. 对侦查终结的监督

对于犯罪事实清楚，证据确实、充分，犯罪性质和罪名认定正确，法律手续完备，依法应当追究刑事责任的案件，应当制作《起诉意见书》，经县级以上公安机关批准，送请检察机关审查决定。

四、侦查之法律监督

侦查之法律监督由人民检察院进行。实行这种监督的目的就是要使侦查部门的侦查活动严格遵守刑事诉讼之有关规定。只有依法进行侦查，才能保证侦查工作质量，既不让犯罪分子逃脱惩罚，也不让无辜之人枉受刑事追究。

（一）法律监督的途径

1. 通过监督立案活动实行侦查监督

司法实践表明，公安机关存在着应当立案侦查而不立案侦查的情况，有的公安机关甚至对重大刑事案件也不立案，致使犯罪分子逍遥法外。针对这种情况，我国《刑事诉讼法》第八十七条规定，检察机关应当依法对公安机关的立案活动实行监督。

当检察机关发现公安机关该立案侦查而不立案侦查时，经其审查逮捕部门审查，并经检察长批准，应当要求公安机关在十日内说明不立案的理由；公安机关接到检察机关《要求说明不立案理由通知书》后七日内应当将情况书面答复检察机关。如经审查，认为公安机关不立案的理由不能成立的，经检察长或检察委员会讨论决定，应当向公安机关发出《通知立案书》并将有关证明应该立案的材料同时移送公安机关。公安机关在收到《通知立案书》后，应当在十五日内决定立案，并将《立案决定书》送达检察机关。

被害人认为公安机关对该立案侦查的案件不立案侦查也可以向检察机关提出，由检察机关审查处理。

检察机关通知公安机关立案，如果公安机关不予立案，发出通知的检察机关应将案件情况报告上一级检察机关，上级检察机关经审查认为确应立案，应通知同级的公安机关立案。如果系国家机关工作人员利用职权实施的重大犯罪案件，经省级以上检察机关决定，检察机关可以直接立案侦查。

2. 通过对采取刑事拘留措施的监督实行侦查监督

公安机关对于现行犯或者重大嫌疑分子在一定情况下可以对其先行拘留。《刑事诉讼法》第六十一条对采取刑事拘留措施，规定了具体的条件和严格的执行程序。

拘留的条件有七项：①正在预备犯罪、实行犯罪或者在犯罪后及时被发现的；②被害人或者在场亲眼看见的人指认犯罪的；③在身边或者住处发现有犯罪证据的；④犯罪后企图自杀、逃跑或者在逃的；⑤有毁灭或者伪造证据或串供可能的；⑥不讲真实姓名、住址，身份不明的；⑦有流窜作案、多次作案、结伙作案等重大嫌疑的。

拘留的程序是：执行拘留时，必须出示经县级以上公安机关负责人批准签发的拘留证，并责令被拘留人在拘留证上签名、捺指印。拒绝签名、捺指印的，应当注明。但如因情况紧急来不及办理拘留手续的，应当在将犯罪嫌疑人带至公安机关后立即补办法律手续。拘留的期限，《刑事诉讼法》规定为三日，在特殊情况下，经县级以上公安机关批准，可以延长一到四日，对于流窜作案、多次作案、结伙作案的重大嫌疑分子，经批准可以延长到三十日。如果犯罪嫌疑人不讲真实姓名、住址或身份不明，在三十日内仍不能提请批准逮捕的，经县级以上公安机关负责人批准，拘留期限自查清其身份之日起计算。

通过查阅案卷或公民控告，检察机关如发现公安机关非法拘留公民或不按法定程序拘留公民，应当及时予以纠正。凡是发现公安机关拘留公民不符合拘留条件的，或者拘留超过法定的拘留期限仍未作出处理决定的，应及时向公安机关提出建议，立即将被拘留人释放。

对于非法实施拘留或变相拘留的，检察机关应当依法对有关负责人员进行查究；如果动机是出于陷害、报复、贪财或其他个人目的的，应当按刑法有关规定立案侦查，追究其刑事责任。

3. 通过审查批准逮捕实行侦查监督

审查批准逮捕是检察机关的一项重要职责。通过审查批捕，检察机关可以防止侦查部门发生错捕或漏捕，既可以维护公民的合法权益，又可以防止犯罪分子逃避刑事惩罚，从而从另一个方面对公安机关的侦查活动实行法律监督，保证侦查工作的质量。

检察机关对公安机关提请批准逮捕进行审查的内容主要是以下几个方面：

（1）拘留是否超过法律规定的期限。

（2）提请批捕的案件是否符合逮捕的条件。《刑事诉讼法》第六十条规定应予逮捕的嫌疑人必须具备三个条件：①有证据证明有犯罪事实；②可能判处徒刑以上刑罚；③采取取保候审、监视居住等方法尚不足以防止发生社会危险性。法律条文中所写的“有证据证明有犯罪事实”这句话，应当是指有证据证明嫌疑人已经实行了犯罪行为，同时又有证据证明该行为是该犯罪嫌疑人实施的，而且证据已查证属实。

（3）提请批捕的案件中有无应当逮捕而没有逮捕的案犯和有无遗漏的犯罪事实。

（4）公安机关提请批准逮捕的犯罪嫌疑人是否确有逮捕的必要。

（5）公安机关在侦查活动中有无违法的情况。例如，立案活动有无违法行为，调查取证有无违法行为等。

《刑事诉讼法》还具体规定了公安机关提请批捕和检察机关审查批捕的具体程序，具体体现了检察机关的侦查监督职能。

根据《刑事诉讼法》的规定，当公安机关需要逮捕犯罪嫌疑人时，应当写出提请批准逮捕书，连同案卷材料、证据一并移送同级检察机关审查批准（《刑事诉讼法》第六十六条）。检察机关审查后应在七日内作出批准逮捕或不批准逮捕的决定。对于批准逮捕的决定，公安机关应当立即执行，并将执行情况及时通知检察机关；对于不批捕逮捕的，检察机关应当说明理由，需要补充侦查的，应当同时通知公安机关（《刑事诉讼法》第六十八条）。公安机关接到不批准逮捕的通知后应当立即释放嫌疑人，并将执行情况及时通知检察机关。如在审查批捕时，发现应当逮捕而公安机关并未提请批准逮捕，如果公安机关不提请批捕的理由不能成立，检察机关也可以直接作出逮捕的决定，并送达公安机关执行。

4．通过审查起诉实行侦查监督

公安机关侦查终结的案件应当制作《起诉意见书》，经县级以上公安机关批准，连同案卷材料、证据，一并移送同级检察机关审查，由检察机关依法作出起诉、不起诉或退回公安机关补充侦查的决定。如发现犯罪嫌疑人并无违法犯罪行为，应当说明理由将案卷退回公安机关处理；如发现犯罪事实并非犯罪嫌疑人所为，应说明理由将案卷退回公安机关重新侦查；如犯罪嫌疑人已被逮捕，应撤销逮捕决定，通知公安机关立即释放。

对《起诉意见书》进行审查的内容包括：①犯罪事实是否清楚，认定犯罪性质和罪名的意见是否正确，有无法定的从重、加重、从轻、减轻或免予处罚的情节，共同犯罪案件的犯罪嫌疑人在犯罪活动中的责任认定是否恰当；②证据是否随案移送，不宜移送的证据是否附送其清单、复制件、照片或其他证明文件；③证据是否确实、充分、合法；④有无遗漏罪行；⑤有无遗漏其他应追究刑事责任的人；⑥是否有应追究刑事责任的人被追究刑事责任；⑦采取强制措施是否适当；⑧侦查活动是否合法；⑨有无附带民事诉讼，是否有需要检察机关提起附带民事诉讼的情况；⑩是否需要对犯罪嫌疑人或被害人进行医学鉴定；⑪是否需要重新进行勘验或检查；⑫是否需要对物证、书证进行技术鉴定。

5．通过其他途径实行侦查监督

除了上述几种途径外，检察机关还可以通过其他途径进行侦查监督，例如，根据《刑事诉讼法》第六十六条，检察机关根据需要可以派员参加公安机关对重大案件的讨论和其他侦查活动，如果发现违法行为，就可以及时纠正；又如检察机关在受理诉讼参与人对侦查机关或侦查人员侵犯其诉讼权利和对其实行人身侮辱行为提出的控告时，经过审查，如发现确有违法行为，也可及时纠正并依法处理。

（二）侦查监督的内容

检察机关依法进行侦查监督，主要是要发现和纠正以下的违法行为：

（1）对犯罪嫌疑人进行刑讯逼供、诱供的行为；

（2）对被害人、证人用体罚、威胁、诱骗等非法手段收集证据的行为；

（3）伪造、隐匿、销毁、调换或私自涂改证据的行为；
（4）徇私舞弊、放纵、包庇犯罪分子的行为；
（5）有意制造冤、假、错案的行为；
（6）在侦查活动中利用职务牟取非法利益的行为；
（7）在侦查过程中不应当撤案而撤案的行为；
（8）贪污、挪用、调换所扣押、冻结的款物及其孳息的行为；
（9）违反刑事诉讼法关于决定、执行、变更、撤销强制措施规定的行为；
（10）违反羁押与办案期限的行为；
（11）其他违反刑事诉讼法规定的行为。

（三）纠正违法的方式

人民检察机关纠正公安机关在侦察活动中的违法行为的方式有三种：一是由检察官口头提供纠正，此种方式适用于情节较轻的违法行为。二是经检察长批准发出《纠正违法通知书》，并督促公安机关回复，此种方式适应于情节较重的违法行为。如果公安机关不接受纠正意见，应向上一级检察机关报告，上级检察机关如认为纠正意见不正确，应通知下级检察机关，撤销《纠正违法通知书》，并通知同级公安机关。三是对情节严重、构成犯罪的违法行为，依法立案侦查。

（四）违法收集证据之处理

检察机关对于通过侦查监督发现的以非法方式收集证据的行为应当如何处理，这是研究侦查监督应当解决的问题。

我们认为，这个问题，在不同种类证据之间，应当既有相同的处理原则，也有不同的处理方法。

相同的处理原则：凡发现以非法的方式收集嫌疑人供述、被害人陈述、证人证言、鉴定结论，以及物证、书证者，检察机关均应对非法取证行为提出纠正意见；如果非法取证行为严重损害嫌疑人及其他公民合法权益，已构成犯罪的，应当按有关法律条文立案侦查，并依法追究其刑事责任。

不同的处理方法：

（1）以非法方式收集物证、书证，如经审查核实确能证明案件真实情况的，可以作为指控犯罪的依据。但非法收集证据的手段严重损害犯罪嫌疑人及其他公民合法权益的除外。

（2）以刑讯、威胁、引诱、哄骗及其他非法方式取得犯罪嫌疑人供述、被害人供述，证人证言、鉴定结论严重损害他们的合法权益或者可能影响证据客观真实性的，这些证据均不能作为指控犯罪的依据，检察机关应当要求侦查部门另行指派侦查人员重新调查取证；如果检察机关认为必要，也可以自行调查取证。

最后，应当指出，检察机关对于自身直接立案侦查的案件，也和对待公安机关立案侦查的案件一样，要实行侦查监督。监督的程度虽有区别，但监督内容是一致的，对检察机关侦查部门的侦查监督亦由检察机关的审查逮捕部门或审查起诉部门负责，如果发现侦查活动中有违法行为，情节较轻的可直接向侦查部门提出纠正意见，情节较重或需要追究刑事责任的，则需报告检察长做决定。

（本文原载于《政法学刊》1999年第3期）

公安侦查机关与检察机关之分工合作与相互制约

罗大华

我国公安机关是各级行政机关的组成部分，是国家的治安保卫机关，是武装性质的国家治安行政力量和刑事司法力量，是掌管社会治安和国内安全保卫工作的专门机关。国家安全机关与公安机关的性质和职能相同，只是侦查案件的管辖范围不同。公安机关的侦查部门，是专门负责刑事侦查工作和执行有关强制性措施的，它与检察机关和国家安全机关共同承担着刑事案件的侦查任务。

一、公安机关与检察机关分工负责、互相配合、互相制约的意义

（一）分工负责的理论意义

所谓分工负责，是指公安侦查机关、检察机关在进行刑事诉讼时，根据法律赋予的职权，各尽其职，各负其责，严格按照法定的分工进行诉讼活动，即"对刑事案件的侦查、拘留、执行逮捕、预审，由公安机关负责。检察、批准逮捕、检察机关直接受理的案件的侦查、提起公诉，由人民检察院负责"（《刑事诉讼法》第三条）。二者不能互相取代，也不应互相推诿。

分工负责的意义在于以下两点：

（1）突出了国家权力机关与刑事犯罪做斗争的主导地位和作用，提高了揭露犯罪、证实犯罪和惩罚犯罪的能力，提高了刑事诉讼的效率，严密了刑事追究的法网，使罪犯难以逃脱刑事制裁。

（2）公安侦查与检察机关之间的合理分工，改变了由某一机关兼负侦、检职能的状态，强化了制约纠错机制，使刑事诉讼更为科学化、民主

化，也更有利于保护犯罪嫌疑人的合法权益。

（二）相互配合的理论意义

所谓相互配合，是指公安侦查机关和检察机关进行刑事诉讼时，应当在分工负责的基础上，互相支持、协调一致、互相补充，共同完成揭露犯罪、证实犯罪、惩罚犯罪分子、保护涉讼公民的合法权益、保障无罪的人不受刑事追究的诉讼任务，而不能各行其是，甚至相互抵消力量。

相互配合的意义在于：相互合作强调了侦、检工作目标的一致性。打击犯罪和保障人权是刑事诉讼至高无上的价值目标，诉讼中一切问题的处理都要以此为转移。只有侦、检相互配合，这一目标才能实现。

（三）相互制约的理论意义

所谓相互制约，是指公安侦查机关和检察机关按照法律的分工，分别把关、互相检验、互相制衡，便于及时发现问题并加以纠正，保证不枉不纵、不错不漏，公正准确地执行法律。

相互制约作为诉讼权力分工所产生的一种相互约束的机能，在整个诉讼中起着至关重要的作用，其具体表现为以下两个方面：

（1）在实体方面，保障案件的正确处理。一个具体的刑事案件经公安侦查机关审查立案后，才能进入侦查程序；侦查终结后，还要受到检察机关审查起诉程序的审查，符合起诉条件的才能提起公诉。这样可以防止司法权力的膨胀和独断专行，从而保障诉讼的科学性、公正性，在打击犯罪的同时充分保障人权。

（2）在程序方面，保障了诉讼的合法进行。刑事诉讼的中心任务是解决犯罪嫌疑人的刑事责任问题，因而一切诉讼程序都是围绕这一中心设计的。如果说诉讼程序是诉讼文明标志的话，那么程序的合法性无疑是一个国家法律意识、执法水平和国民素质的综合反映。因此，在追究犯罪嫌疑人刑事责任的同时，还应当注意一些问题，如保护无罪的人不受刑事追究，保证犯罪嫌疑人的合法权益，保护证人、被害人等诉讼参与人的合法权益。公安、检察机关若为片面追求打击犯罪而无视或践踏这些规则，法院与辩方及其他诉讼参与人就要提出质疑。所以检察院要监督公安机关，看其在收集证据时是否有违法的行为，防止因程序违法而出现的证据无效或侵犯犯罪嫌疑人及其他诉讼参与人的合法权益等现象的发生。

（四）分工、配合与制约的关系及意义

分工、配合与制约是一个完整的、统一的原则，彼此之间不是孤立的，而是相辅相成的、统一的关系，不能否定或者忽视其中任何一项内容。首先，必须坚持分工负责，只有以分工负责为前提，才能实行相互配合、相互制约。实行相互配合，使公安机关和检察机关各自的职权和工作协调起来，可以有效地同犯罪做斗争；实行相互制约，可以防止偏差，纠正错误，保证准确地查明案件事实，正确适用法律。所以，只有全面正确贯彻执行这一项原则的各个方面，才能准确有效地执行法律。总之，没有分工，就谈不上配合，更谈不上制约；只强调配合而忽视分工，则必然分工不明，职责不清，易造成混乱；只强调配合而忽视制约，就会照顾关系，放弃原则，其结果或者放纵犯罪，或者伤害无辜；只强调制约而忽视配合，就会把侦、检对立起来，互相抵消力量，妨碍诉讼的正常进行。

二、公安侦查机关与检察机关在侦查及诉讼活动中的分工

（一）诉讼职权方面的分工

《刑事诉讼法》第三条对公安机关和检察机关诉讼职责的分工作了规定：“对刑事案件的侦查、拘留、执行逮捕、预审，由公安机关负责。检察、批准逮捕、检察机关直接受理案件的侦查、提起公诉，由人民检察院负责。”具体地说，公安侦查机关和检察机关各负有自己的职责。

（1）公安机关负责刑事案件的侦查、拘留、执行逮捕和预审。按照刑事诉讼法的规定，大多数刑事案件都由公安机关负责进行侦查。预审是侦查活动的一部分，是在初步侦查后进行的专门工作。其任务在于对有证据证明有犯罪事实的案件，通过审讯嫌疑人和采取必要的侦查手段，进一步核实证据，查清犯罪事实以证实犯罪人，进而依法作出移送审查、起诉、撤销案件等处理决定。另外，拘留、逮捕的执行也由公安机关负责。

（2）人民检察院是国家的法律监督机关，行使国家的检察权。在刑事诉讼中主要负责批准逮捕、提起公诉以及对侦查、审判和执行等诉讼活动进行法律监督。另外，在刑事诉讼法规定的受案范围内，对属于其自侦的案件有权直接受理并进行侦查。

（二）案件管辖方面的分工

《刑事诉讼法》第十八条对公、检两机关的侦查管辖做了原则划分。在1998年1月19日由最高人民法院、最高人民检察院、公安部、国家安全部、司法部、全国人大法工委联合发布的《关于刑事诉讼法实施中若干问题的规定》（以下简称《规定》）中对公安侦查机关和检察机关在案件管辖上进行了比原立法更为具体的分工，主要体现在以下几个方面：

（1）按照刑事诉讼法对刑事案件管辖的分工的规定，人民检察院管辖“贪污贿赂犯罪，国家工作人员利用职权实施的非法拘禁、刑讯逼供、报复陷害、非法搜查等侵犯公民人身权利的犯罪”。其中涉税等案件由公安机关管辖，公安机关应当立案侦查，人民检察院不再受理。对于人民检察院已经立案侦查的依法应由公安机关管辖的涉税案件，可由人民检察院继续办理完毕，或由人民检察院移交公安机关办理。

（2）刑事诉讼法规定人民检察院管辖国家工作人员的渎职犯罪案件，修订后的刑法已将渎职罪的主体修改为国家机关工作人员。根据这一修改，人民检察院管辖的渎职犯罪，是指刑法分则第九章规定的渎职罪（第三百九十七至四百一十九条）。另外，刑法分则第四章第二百四十八条规定的监管人员殴打、体罚、虐待被监管人员罪，由人民检察院管辖。刑法分则第三章破坏社会主义市场经济秩序罪中规定的犯罪由公安机关管辖。

（3）人民检察院管辖贪污贿赂犯罪案件，是指修订后刑法分则第八章规定的贪污贿赂罪和其他章节中明确规定按照刑法分则第八章贪污贿赂罪的规定定罪处罚的犯罪。第一百六十三条第一款、第二款（公司、企业人员受贿罪）、第一百八十四条第一款（银行工作人员受贿罪）、第一百六十四条（对公司、企业人员行贿罪）规定的犯罪由公安机关管辖。

（4）公安机关侦查刑事案件涉及人民检察院管辖的贪污贿赂案件时，应当将贪污贿赂案件移送人民检察院；人民检察院侦查贪污贿赂案件涉及公安机关管辖的刑事案件，应当将属于公安机关管辖的刑事案件移送公安机关。在上述情况中，如果涉嫌主罪属于公安机关管辖的，由公安机关为主侦查，人民检察院予以配合；如果涉嫌主罪属于人民检察院管辖的，由人民检察院为主侦查，公安机关予以配合。

（三）强制措施的分工

公安侦查机关和检察机关在强制措施方面的分工主要体现在以下几个

方面：

（1）取保候审方面。取保候审有人保证和财物保证两种，二者不能并用。《刑事诉讼法》第五十条规定，公安机关、人民检察院根据案件情况，对犯罪嫌疑人可以取保候审。根据《刑事诉讼法》第五十一条第二款的规定，取保候审由公安侦查机关执行。因此，公安机关决定取保候审的，可以自己直接执行；人民检察院决定取保候审的，应当将《取保候审决定书》和另行填发的《执行取保候审通知书》送达公安侦查机关，由公安侦查机关执行。以保证人方式担保的，还应当将《保证书》同时送达公安机关。取保候审保证金由公安机关统一收取和保管。对于取保候审保证人是否履行了保证义务，由公安机关认定，对保证人的罚款决定，也由公安机关作出。

（2）监视居住方面。人民检察院、公安机关都可以对犯罪嫌疑人决定监视居住，但只能由公安机关执行。其程序与取保候审相同。

（3）拘留方面。《刑事诉讼法》第六十一条规定，公安机关有拘留决定权和执行权。第一百三十二条规定，人民检察院直接受理的案件，对于符合第六十一条第（四）、（五）两项，即“犯罪后企图自杀、逃跑或在逃的”和“有毁灭、伪造证据者或者串供可能的”犯罪嫌疑人，需要拘留的，由人民检察院作出决定，由公安机关执行。根据这一规定，检察机关没有独立的拘留执行权。

（4）逮捕方面。《刑事诉讼法》第五十九条规定：“逮捕犯罪嫌疑人，必须经过人民检察院批准，由公安机关进行。”这就是说，批准逮捕、决定逮捕的权力机关是人民检察院，但逮捕的执行机关仍然是公安侦查机关。

三、公、检之配合

新刑事诉讼法规定的公安机关和检察机关的配合比原刑事诉讼法更为密切，也增加了一些新的内容，主要有以下几个方面：

（1）在基本原则里，增加了第八条，“人民检察院依法对刑事诉讼实行法律监督”。我国实行人民代表大会制度，由人民选举代表组成国家权力机关即人民代表大会，而其他国家机关都由权力机关产生。这种政治制度反映一切国家机关和国家权力来自人民的人民主权原则，任何国家机关都必须严格依法办事才符合人民的利益和要求。为了保证国家机关忠于人民利益、依法办事，就必须对国家机关的职权行为进行法律监督。刑事诉讼涉及公民重要的人身自由权、财产权等基本权利，公安机关、人民法院的执法活动是否合法直接影响公民人身权等权利。所以法律特别授予人民检察院对刑事诉讼的法律监督权，这对于维护公民合法权益、保证刑事诉讼正常进行具有重要意义。

（2）《刑事诉讼法》第一百四十条第一款规定，人民检察院审查移送起诉的案件，可以要求公安机关提供法庭调查所必需的证据材料。

除了新法增加的内容外，两机关的配合还体现在以下几个方面：

（1）《刑事诉讼法》规定，勘验、检查应由侦查人员进行，必要时可以指派或者聘请具有专门知识的人，在侦查人员的主持下进行。该法第一百零七条规定，人民检察院审查案件时，对公安机关的勘验、检查，认为需要复验、复查时，可以要求公安机关复验、复查，并且可以派检察人员参加。

（2）公安机关侦查的案件，特别是一些重大的和疑难的案件，检察机关可以派人参加。

（3）检察机关直接受理侦查的案件，搜查时可以要求公安机关协助。

（4）检察机关决定取保候审和监视居住的，由公安机关执行，检察机关协助，以便于控制犯罪嫌疑人。

（5）对人民检察院自侦案件，人民检察院作出的拘留决定送达公安机关后，公安机关应当立即执行，人民检察院可以协助公安机关执行。

（6）检察机关自侦的案件，通缉在逃的犯罪嫌疑人时，由公安机关签发通缉令。

四、公、检之制约

（一）诉讼职能上的制约

刑事诉讼法规定，公安机关有对刑事案件的侦查权；同时又规定，人民检察院对公安机关的侦查活动依法进行监督。人民检察院可以通过阅卷、讯问犯罪嫌疑人等方式进行监督，必要时可以通过提前介入了解公安机关的侦查活动是否合法。例如，要审查侦查人员在侦查过程中是否符合法定程序，法律手续是否完备，特别要查明在讯问犯罪嫌疑人和询问证人过程中是否有刑讯逼供和以威胁、引诱、欺骗以及其他非法的方法来收集证据等情况。对公安机关侦查中的违法情况，人民检察院可以提出纠正意见；情节严重并构成犯罪的，还可以追究刑事责任。

根据刑事诉讼法的规定，公安机关侦查终结的案件，如果犯罪事实清楚，证据确凿，应当写出《起诉意见书》，连同案卷材料、证据一并移送同级人民检察院审查决定。根据《刑事诉讼法》第一百四十条的规定，人民检察院审查起诉的案件，对于需要补充侦查的，可以退回公安机关补充侦查，也可以自行侦查。审查起诉和法庭审理时需要退回补充侦查的，人民检察院可以将案件退回公安机关，也可以自行补充侦查。补充侦查应当在一个月内完毕，且以两次为限。对于补充侦查的案件，补充侦查完毕移送人民检察院后，如果人民检察院仍然认为证据不足，不符合起诉条件的，可以作出不起诉的决定。这一规定与1979年刑事诉讼法相比，主要增加了两个方面的制约：

（1）补充侦查以两次为限。无论是检察机关自行补充侦查，还是退回公安机关补充侦查，总计不得超过两次。这一规定对防止案件久拖不决的现象，切实维护犯罪嫌疑人的合法权益具有重要意义。司法实践中，有时检察机关和公安机关反复补充侦查，或者是因为案情确实不易查清，或者是因为检察机关和公安机关在案情、证据认识上有分歧，其结果都是导致个别案件久拖不决，犯罪嫌疑人长期羁押，严重侵犯了犯罪嫌疑人的合法权益，造成了严重的社会影响。规定补充侦查以两次为限，虽然实践中会出现两次补充侦查后确实查不清案情的情况，但毕竟防止了案件久拖不决的现象，其积极作用还是大于消极作用，还是朝司法文明、公正迈进了一步。

（2）对于补充侦查的案件，人民检察院仍然认为证据不足，不符合起诉条件，可以作出不起诉的决定。这一规定是和“补充侦查以两次为限”的规定紧密相连的，其意义也是在于防止案件久拖不决，防止犯罪嫌疑人长期被羁押。两次补充侦查后，如果人民检察院仍然认为证据不足，不符合起诉条件，但已经不能再补充侦查，法律必须赋予人民检察院对这类案件的处分权。赋予人民检察院对这类案件的不起诉决定权，就可以终止诉讼，使犯罪嫌疑人的合法权益得到保障。

人民检察院自己立案侦查的案件，也有内部制约机制，主要表现在检察机关内部实行“侦诉分开”。侦查终结后，如果需要撤销案件，由侦查部门直接提请检察长或检察委员会作出决定；如果需要起诉，由侦查部门直接提请检察长或检察委员会作出决定；已经决定起诉或不起诉，由侦查部门将案件移送刑事检察部门审查。

《刑事诉讼法》第八十七条规定："人民检察院认为公安机关对应当立案侦查的案件而不立案侦查，或者被害人认为公安机关对应当立案侦查的案件而不立案侦查，向人民检察院提出的，人民检察院应当要求公安机关说明不立案的理由。人民检察院认为公安机关不立案理由不能成立的，应当通知公安机关立案，公安机关接到通知后应当立案。"根据上述规定，公安机关在收到人民检察院《要求说明不立案理由通知书》后七日内应当将说明情况书面答复人民检察院。人民检察院认为公安机关不立案理由不能成立，发出《通知立案书》时，应当将有关证明应该立案的材料同时移送公安机关，公安机关在收到《通知立案书》后，应当在十五日内决定立案，并将《立案决定书》送达人民检察院。

公安机关对人民检察院的制约，主要表现在对不批准逮捕以及不起诉决定有要求复议权。《刑事诉讼法》第七十条规定，公安机关对人民检察院不批准逮捕的决定，认为有错误的时候，可以要求复议，但是必须将被拘留人立即释放。如果意见不被接受，还可以向上一级人民检察院提请复核。上级人民检察院应当立即复核，作出是否变更的决定，通知下级人民检察院和公安机关执行。该法第一百四十四条规定，对于公安机关移送起诉的案件，人民检察院决定不起诉的，应当将《不起诉决定书》送达公安机关。公安机关认为不起诉的决定有错误的时候，可以要求同级人民检察院复议，如果意见不被接受，可以向上一级人民检察院提请复核。

（二）适用强制措施的制约

（1）人民检察院审查公安机关提请批准逮捕的案件，应当作出批准或者不批准逮捕的决定，对报请批准逮捕的案件不另行侦查。

（2）原法律规定，需要逮捕的应由人民检察院批准，公安机关执行。现实中存在不立即执行的情况，导致逃跑、串供、自杀等情况的发生，因此，《规定》第二十八条规定，对于人民检察院批准逮捕的，公安机关应当立即执行，并将执行回执及时送达人民检察院，如果未能执行，也应当将回执送达人民检察院，并说明未能执行的原因；对于人民检察院不批准逮捕的，公安机关在收到不批准逮捕的决定书后，应当立即释放在押的犯罪嫌疑人或者变更强制措施，并将执行回执在收到不批准逮捕的决定书后的三日内，送达作出不批准逮捕决定的人民检察院。

（三）办案期限的制约

（1）人民检察院对于公安机关移送起诉的案件，必须及时、迅速审查，并在一个月内作出决定；重大、复杂的案件，一个月内不能作出决定的，经检察长批准可以延长半个月（《刑事诉讼法》第一百三十八条第一款）。

（2）公安机关对案件申请延长羁押期限时，应当在羁押期限届满前七日提出，并书面呈报延长羁押期限案件的主要案情和延长羁押期限的具体理由，人民检察院应当在羁押期限届满前作出决定。

（3）根据《刑事诉讼法》第一百二十八条的规定，公安机关在侦查期间，发现犯罪嫌疑人另有重要罪行，需重新计算侦查羁押期限的，由公安机关决定，不再经人民检察院批准，但须报人民检察院备案，人民检察院可以进行监督。

【参考文献】

陈光中．刑事诉讼法学（新编）［M］．北京：中国政法大学出版社，1996.

（本文原载于《政法学刊》1999 年第 2 期）

论侦查思维方式的现代化转变

张宗亮

在侦查实践中，案件侦破的过程即是侦查人员进行侦查思维的过程。在这个过程中，侦查人员必须运用一定的思维方式。侦查人员只有随着侦查实践的发展，不断地转变侦查思维方式，使侦查工作更为科学化和现代化，才能适应现代犯罪侦查的需要，为侦查实践活动提供科学的指导。

一、侦查思维方式需不断变革

所谓侦查思维方式，是指侦查人员在把握侦查客体的活动中进行思维的模式，是侦查人员认识对象性世界的思维工具，也是其侦查目的得以实现的思维手段或方式。[1]95它具有系统整体性、社会历史性、相对稳定性、客观性等特点。侦查思维方式一旦在侦查人员的思维结构中固定下来，就成了控制思维活动的意识性机制，“它以先行的模式规定着思维对象的选择、思维主体的确定和思维成果的存在样式，并以一定的方式组织主体的思维活动，以一定的层次和序列运用思维的原料和材料”[2]。因此，正确的、科学的侦查思维方式能促进侦查实践活动的发展，而错误的、僵化的思维方式则阻碍侦查实践活动的发展。

思维方式作为人类的理性认识的方式，在历史上是随着人类实践和科学进步而不断演化和发展的。恩格斯曾经指出：“每一时代的理论思维，包括我们时代的理论思维，都是一种历史的产物，在不同的时代具有非常不同的形式，并因而具有非常不同的内容。因此，关于思维的科学，和其他任何科学一样，是一种历史的科学，关于人的思维的历史发展的科学。”[3]465侦查思维方式同样如此，随着社会发展和犯罪侦查实践的变化而发生的转变，是有其客观必然性的，具体来讲主要表现在以下三个方面。

（一）不同的时代相应地有不同的思维方式

从思维本身历史演进的角度来考察，思维方式的发展史与文明的发展史具有一致性。每一种思维方式都有它产生的时代，不同的思维形式与不同的社会类型相符合。古希腊时期，人们在认识自然界、寻求对自然现象的说明过程时，运用的是直观性整体思维方式。文艺复兴后，人们送走了中世纪的黑暗，迎来了近代科学的黎明，这时最基本的思维方式是机构思维方式，它把宇宙的一切联系都看成是唯一的机械相互作用。到了19世纪上半叶，自然科学对热能与机械能的转换关系的研究取得了突破性进展，黑格尔的唯心主义辩证思维方式应运而生。马克思在总结人类全部思想成果，特别是19世纪自然科学伟大发现的基础上，完成了把黑格尔唯心的辩证思维方式转变为唯物辩证思维方式的根本性革命。可见，思维方式本身就是历史的产物，有其发展变化的过程。而随着一般思维方式的变化，侦查思维方式也必然要发生相应的变化。就是说，侦查思维方式也是随着时代的变化而变化的。

（二）科学技术的迅猛发展对思维方式产生着深刻的影响

随着人类社会进入21世纪，世界科技的发展非常迅速，科技已成为第一生产力。一方面，一系列新兴科学，如边缘学科、横断学科、交叉学科等，为人们提供了新的认识武器和思维工具，为侦查人员认识能力的提高和思维方式的进步提供了强大的动力。另一方面，当代科学呈现出高度分化和整体化的双重趋势，实践活动的协同化日益突出。现代科学的发展日益精细，门类和分支越来越多，与此同时，在科学分化的基础上，不同学科门类之间的联系也越来越密切，呈现出多学科、多门类的一体化或整体化的发展趋势。在科学分化基础上各学科之间的相互渗透、相互补充，使对事物的分析和综合达到更高层次的统一。科学在高度分化基础上的整体化趋势，必然引起技术发展越来越专业化、专门化，以及技术之间的协同化、综合化。在现今时代，任何一项较为复杂的现代化工程、现代实践活动，都不是某一种或几种科学技术所能胜任的，它需要多学科、多技术的“综合攻关”、“协同作战”。现代科学技术的这一特点，对人们的思维活动、思维方式的影响是极为深刻的。它极大地冲击着不适应现实发展的陈旧的侦查思维方式，使其不断地发生变革，以满足科技发展的需要。

（三）现代犯罪新的特点要求必须不断变革侦查思维方式

随着经济转轨、社会转型和知识经济、信息时代的到来，社会生活多元化、经济活动全球化、信息传播网络化、高科技运用普及化趋势加剧，这在促进经济发展、社会进步、人民生活水平提高的同时，也使社会各种矛盾和消极因素综合反映的犯罪问题，出现了许多新情况、新表现。一是严重暴力犯罪数量不断增多。市场经济的发展加剧了社会的某些矛盾，刺激和强化了利益冲突，因而导致这些年暴力犯罪数量不断上升。特别是随着国外、境外暴力犯罪渗透的加剧，越来越多的犯罪分子采用持枪、爆炸等暴力手段，造成了暴力犯罪程度的进一步恶化。二是流窜犯罪日益猖獗。市场经济的发展为流窜犯罪提供了广阔的活动空间；人、财、物大流动，为犯罪分子造成了大量的可乘之机；现代化的交通和通信工具，为犯罪分子进行大范围、长距离、快进快出的流窜作案提供了更加便利的条件。所以，近年来流窜犯罪有愈演愈烈之势。三是有组织犯罪更加突出。随着改革开放的深入和对外经济联系的不断扩大，境外和国外的黑社会组织趁机渗透国内，并与国内的不法分子相勾结，使有组织犯罪在我国逐渐由低级向高级发展，并有逐年增多的趋势。四是高智能犯罪明显增多。随着科技的突飞猛进和人们文化水平的提高，新的作案手段层出不穷，且水平日益提高。利用高科技手段和进行精心策划为特点的高智能犯罪明显增多，危害越来越严重。面对现代犯罪这些新的特点，传统的侦破方式和思维方式已不适应，必须代之以新的思维方式。因而，侦查思维方式的变革就成为题中应有之义。

二、侦查思维方式实现现代化转变的内容

从侦查实践来看，侦查思维方式必须在多方面实现现代化转变，但笔者认为，以下四个方面是最重要的。

（一）由保守性转向创造性

在我国，几千年的封建社会所形成的传统观念和小农意识使我们这个民族积淀了一种闭关自守、夜郎自大、怕冒风险，以及易于满足的文化心理。中国古代学者庄子所倡导的“不争而善胜，不言而善应”的“涣涣君子之风”，严重扼杀了人们敢于冒尖的竞争意识。“藏愚守拙，安分随时”、

“无过便是功”的处世哲学深深禁锢着人们的思想和行为。“知足常乐”的惰性心理，成为一些人保持精神平衡的法宝。只与过去相比，安于现状，缺乏危机感，缺乏进取意识。这种小生产者的痼疾，严重阻碍着侦查人员前进的步伐，压抑着侦查人员的开拓与进取精神。正如马克思所指出的：“它们使人的头脑局限于极小的范围内，成为迷信的驯服工具，成为传统规则的奴隶，表现不出任何伟大和任何历史首创精神……它们使人屈服于环境，而不是把人提升为环境的主宰……”[4]148－149

创造性是人的根本特征之一。思维方式的创造性是人类以一定智力结构和实践经验为基础的、具有生动性和独创性的、开拓新认识领域的思维活动。在竞争异常激烈的现代社会，只有那些具有开拓进取精神的人，才不至于被时代所抛弃；只有那些永不满足、积极向上的民族，才可能永远立于不败之地。一个眼睛向后、易于满足、因循守旧、抱残守缺、缺乏危机感的人或民族，是注定不会有前途的。因此，开创与进取、创新与创造是侦查人员所必须具备的基本素质。

（二）由封闭性转向开放性

长期以来，特别是改革开放以前，由于历史的和现实的原因，我国在经济、政治和思想文化等方面，都处于比较封闭的状态，这给侦查人员的生活方式和思维方式造成了深刻的影响。封闭的社会历史背景，必然造成封闭性的思维方式，自己只知生活于其中的狭小天地，不去看外面的广阔宇宙，不懂得天外有天、人外有人的道理。在国与国之间，以至在国内各地区、各部门之间缺乏交往和交流，缺乏横向联系和信息反馈。这反映在思维活动上，就形成了闭塞狭窄、缺乏广阔时空视野的封闭性的思维方式。

现代实践和现代历史发展冲击着这种封闭性的思维方式，推动它向开放性思维转化。各国经济的发展越来越走向更大范围的社会化，各国科学技术上的相互交流、相互制约的世界性联系在扩大，世界变得越来越社会化、开放化了。因此，封闭性思维失去了效力。我们的思维，以及现代侦查实践活动，必须面向世界，加强同各部门、各地区甚至世界各国的联系，从广阔空间中吸取先进的东西，以加速自身的发展。这就需要使我们的思维方式由封闭性转向开放性。近年来提出的“大刑侦格局”的方针，就是开放性思维方式的具体体现。

（三）由单一性转向多样性

长期以来，我国在经济生活中形成了比较单一的、固定的经济体制模式，这影响着社会生活的许多方面，也制约了侦查人员的思维方式。单一化、固定化、“一刀切”，几乎成为人们思维活动的固定模式。人们的思维方式比较单调，缺乏生动性、丰富性和多样性，只强调“一”而忽视“多”，因而形成了刻板雷同的思维方式。侦查人员似乎在侦查实践中，在运用侦查手段和措施时，只能抓住单个问题，遵循某种固定的思维，确立单一的目标。人们往往不善于在对立统一、多样性统一中思维，而是拘泥于两极的绝对对立，习惯于在非此即彼、绝不相容的两极对立中思考问题，这种单一化、绝对化的思维方式同现代侦查实践是格格不入的。

因此，侦查人员必须实现思维方式由单一性向多样性的转变，从现代犯罪侦查实践的客观需要出发，善于进行多方位、多层次和多变量的思考，建立起对立统一、多样性统一的思维方式。这是我们时代的要求。我们应该看到，当今世界，任何一项社会实践活动和科学研究，都是一个庞大的系统，都具有高度专业化和高度综合化的性质，需要集中多种科学技术成果，进行多学科、多技术、“多兵种”的协同作战。人类所面临的问题以及所进行的实践活动都是错综复杂的，都表现为多样性的统一。因此，侦查人员的思维方式应由单一性向多样性转化，并且善于在多样性统一中进行思维，这是一种必然的趋势。

（四）由静态性转向动态性

在资本主义社会以前，由于生产力发展缓慢，以及与此相应的经济、政治等历史条件的制约，人们时间观念淡薄，生活节奏缓慢。“日出而作，日落而息”，这是我国农民传统的生活节奏。这种社会生活使人们头脑中形成了“天不变，道亦不变”的静态思维方式。这种静态的思维方式以保守的观点看待自然和社会的一切事物，长期束缚着人们的思想，直接影响着社会发展的前进步伐。自人类社会进入资本主义时期以后，政治、经济和思想文化都发生了巨大的变化，时代的步伐加快了，田园生活的宁静结束了，整个社会都处在不停变化和动荡之中，因而思维方式也发生了相应的变化。从20世纪开始，社会的变化尤为加剧，时代的步伐更为急速。在今天，“变动”、“协调”、“调节”、“控制”等观念已深入到人们生活的各个领域。特别是现代科学技术的迅猛发展，更使得现代社会生活节奏加快，新生事物层出不穷，发明创造接踵而来。每一种新知识的产生，每一样新事物的出现，都自然而然地缩短了旧事物存在的时间。所有这些都要求人们的思维方式，必须从以前习惯的保守稳定状态，转为适应变动、不断进取的活动状态，即从静态思维转向动态思维。

侦查思维方式由静态向动态的转变，要求侦查人员在头脑中建立起科学的时间和空间的坐标系统，并提高在动态环境中处理犯罪信息的能力；要善于对犯罪案件作纵向的历时性综合分析，把握案件侦破过程中的变化、差异和趋势；要善于对犯罪案件作横向的共时性比较，即善于从犯罪信息的对比中，明确案件进一步发展的方向。就是说，在侦查实践活动中，要把历时性和共时性结合起来，在纵横两方面的动态考察中，把握案件侦破的规律性，推动侦查实践的健康发展。

三、实现侦查思维方式现代化转变的意义

侦查实践证明，实现侦查思维方式的现代化转变具有十分重要的意义，具体讲有以下三个方面。

（一）侦查思维方式转变是实现侦查思维方式现代化的必由之路

如前所述，改革开放以来，随着经济的发展、社会的进步，作为社会综合矛盾产物的社会犯罪也发生了很大变化，出现明显的时代特征和现代化趋势。而犯罪侦查工作要适应现实斗争的需要，有效地打击和控制现代社会犯罪，就必须尽快实现由传统侦查工作向现代侦查工作的转变，建立一种新型的现代侦查工作体系。“世界现代发展的历史证明，人的现代化是国家现代化必不可少的因素，在一个国家和社会的现代化进程中，只有当它的人民是现代人，它的国民从心理和行为上都转变为现代的人格，它的现代政治、经济和文化管理结构中的工作人员都获得了某种与现代化发展相适应的现代性，这个国家和社会的现代化才能成功地进行。而实现人的现代化，首先要实现人的思维方式的现代化，即首先完成由人的传统思维方式向现代思维方式的转变。”侦查工作同样如此，要建立现代侦查工作体系，必须实现侦查人员思维方式的现代化转变。但从侦查工作实践来看，侦查人员的整体文化和科学技术水平还比较低，还存在一些与现代侦查工作不相适应的、格格不入的传统的思想观念、行为方式和思维方式。因此，要实现“传统人”向“现代人”的转变，实现侦查思维方式的现代

化，必须变革传统的观念和陈旧的思维方式。

（二）侦查思维方式转变是提高侦破效率的必然要求

侦查水平和破案效率的高低，攻坚能力的大小，是衡量侦查队伍战斗力强弱的重要标志。而提高侦破效率的根本措施，就是要不断变革传统的侦查思维方式。因为，思维方式不同，侦查人员的行为方式也就不同。如守旧的、保守的、被动的思维方式，会导致侦查人员刻板地按上级文件办事，一切按领导要求行动，不能创造性地解决面临的问题，也就绝不可能搞好侦破工作。而科学的思维方式是多样化的思维，它具有主动性和自主性的特点。侦查人员具有创新性，能主动发挥自己的聪明才智，有利于促进行为价值的最佳化。可见，守旧的、封闭的思维造成了侦查行为的惰性，而新型的、科学的思维却表现为一种新的活力。在当前新的犯罪形势下，侦查人员如果不变革传统的思维方式，就很可能会导致侦查活动的失败，这是已被许多事实证明了的。因此，要提高侦破效率就必须实现侦查思维方式的现代化转变。

（三）侦查思维方式转变是充分发挥刑事技术作用的必要前提

犯罪侦查工作是一件关系到社会稳定和人民群众安危的大事，需要各部门的密切合作并加强多方面的建设。为了严厉打击高科技犯罪和严重暴力犯罪，我们必须更新侦查队伍的装备，加强科学技术手段，这是一种“硬件”建设，是顺利侦破案件的基础。但是，光有“硬件”，没有“软件”，“硬件”也就不能发挥应有的作用。因此，我们在加强“硬件”建设的同时，还必须加强“软件”建设。研究侦查思维，提高侦查人员思维水平，实现思维方式的现代化转变，就是一种重要的“软件”建设。应当看到，在今天，尤其在人类社会已进入以知识经济、信息技术为主要特征的时代，“软件”往往是“硬件”的先导，并且指导着“硬件”的发展。在侦查过程中，科学思维的巨大价值，就在于它通过运用各种刑事技术手段对各种信息进行综合和处理，使刑事技术发挥最大的效用。从这个意义上讲，“软件”比“硬件”重要。因此，要充分发挥刑事技术的作用，就必须更新侦查观念，实现传统思维方式向现代思维方式的转变。

【参考文献】

［1］李锡海．侦察思维学［M］．济南：济南大学出版社，1995.

［2］杜金亮．论人的思维方式的现代化转变［J］．高等学校文科学报文摘，1999（6）.

［3］马克思恩格斯选集（第3卷）［M］．北京：人民出版社，1966.

［4］马克思恩格斯全集（第9卷）［M］．北京：人民出版社，1961.

（本文原载于《政法学刊》2002 年第 5 期）

侦检一体模式与刑事诉讼侦查程序的改革

徐美君

侦检一体模式的核心是“确立检察官在侦查阶段的主导地位，并增强检察机关对侦查程序的监控力度，使侦查机关的所有诉讼行为，特别是调查、取证行为，服从检察机关的领导、指挥和监督”[1]63。此模式的提出，为重新建构和考量我国检警之间的关系提供了一种全新的视角，也引发了学界和实务界对侦检一体模式在我国是否适合或值得推广的争论。笔者认为，侦检一体模式立足于检察官、警察的专业本质，着眼于刑事侦查的任务，调整了检警之间的角色关系，使警察和检察官能更好地合作，共同服务于追诉的目的，具有内在的合理性和外在的可行性。推行侦检一体模式，有必要对现行的刑事侦查程序加以改革，建立以审判为中心的审前程序，树立检察官的权威和加强对犯罪嫌疑人权利的保障。

一、侦查的任务是收集证据

一般认为，警察机关是刑事侦查的主要力量。这从人们对警察日常事务工作的理解及电影、小说中对案件的侦破着力于描写警察与犯罪分子搏斗的场景都可以得到反映。确实，警察是刑事侦查的主要或者说是不可或缺的力量，但是，借此认为警察是刑事侦查的主宰者，却是扭曲了刑事侦查程序作为一种法律程序以服务刑事诉讼为最终目的的宗旨，且割裂了侦查与公诉之间的内在联系。在我国，作为刑事诉讼中一个独立的诉讼阶段，刑事侦查上接立案，下衔审查起诉阶段。按照刑事诉讼的运行规律，它应是为提起公诉做铺垫，从而为控诉方最终实现追诉目的打下坚实的基础。因而有学者指出，“侦查，是侦查机关为提起和支持公诉而进行的调查作案人和案件证据的活动”[2]182。同时，侦查与公诉之间的紧密关系在两大法系中都有充分的体现。在大陆法系国家，侦查程序被广泛地称为

"公诉的准备"阶段。如德国，侦查程序被规定在《刑事诉讼法》第二编"第一审诉讼程序"的第二章"公诉的准备"中。[3]78 日本学者认为，"侦查的目的，是为了查明是否有犯罪嫌疑，决定是否提起公诉，是为了提起公诉而做准备"[4]24。我国台湾著名学者陈朴生在其所著《刑事诉讼法实务》中也指出，"侦查在刑事诉讼程序中因系检察官决定是否提起公诉进入审判前所必经之程序，故又称为公诉（判）之准备程序"[5]285。英美法系国家，尽管由于强调以审判为中心，侦查程序并非刑事诉讼中独立的程序，但是侦查和起诉同属于审前程序，检察机关决定起诉必须基于侦查获得的证据，否则将无法继续追诉而不得不终止诉讼。按照不告不理的现代诉讼原则，若没有检察机关提起公诉，法院将无从对犯罪嫌疑人追究刑事责任。同时根据无罪推定原则的要求，只有法院才可以判决被告人有罪。因此，只有公诉的提起才能启动审判程序，才意味着可能完成控诉者追诉的目的。而要有效地提起公诉并最终获得有罪的判决，则必须依赖于侦查阶段收集的证据。现代证据裁定主义要求，指控犯罪嫌疑人必须有足够的证据，以防止轻率地将犯罪嫌疑人交付审判，保护犯罪嫌疑人的名誉及其他合法权益不受损害。因此各国均规定，检察官在提起公诉时必须要有足够的证据证明其公诉的正当性。如美国刑事诉讼中的预审（preliminary examination）就要求控诉方提出足以确立合理根据的必要证据，以支持对犯罪嫌疑人提出的指控。如果缺乏合理根据就要撤销指控。德国《刑事诉讼法》第一百七十条规定："侦查结果提供了足够的提起公诉理由时，检察院应当向对案件有管辖权的法院递交起诉书提起公诉。"证据使检察官能有充分的理由证明公诉的成立，而这些证据主要是侦查机关在侦查阶段收集的，当然也包括检察机关的补充侦查。由此可以看出，侦查的首要任务是收集合法有效的证据，为提起公诉做准备。作为先行于公诉的诉讼阶段，侦查服务于公诉并最终以公诉的成功与否衡量自身的成效。

在明确了侦查的主要任务之后，我们就不难理解以检察官占侦查主导地位为核心的侦检一体模式所具有的显著的合理性了。现代的检察官制度，源于14世纪的法国，当时为了改革法官集追诉、审判于一身的纠问专权，设立了检察官，并创立了追诉与审判分离及审检分立的现代刑事诉讼原则。经历了几个世纪的演变，各国检察机关的职能尽管各有不同，但是检察的基本职能即公诉职能却始终未改。各国检察机关在刑事诉讼中代表国家行使公诉权，以国家的名义依法对案件提起公诉，同时对公诉负责。法国1808年的《重罪审理法典》就规定，将进行公诉的权利委托给代表社会权力的官员，也就是委托给检察机关的司法官。现行的《刑事诉讼法典》仍然维持着此项规定，“进行公诉的权利专属于检察机关，即使追诉是由受害人主动发动，进行公诉的权利仍然专属检察机关”[6]121。并且，检察机关在提起公诉后，有义务支持公诉。“在刑事法庭，检察院的参加被认为是必要的参加。”[6]755德国也只有州检察局有能力启动公诉程序，德国《刑事诉讼法》第一百五十二条规定，提起公诉权，专属检察院行使。在庭审期间，检察官有义务出庭支持公诉，出示证据以证明被告人有罪。美国在不实行大陪审团制度的州，一切刑事案件概由检察官以政府名义向主管法院提起诉讼；在实行大陪审团制度的州，轻罪和微罪由检察官提起诉讼。实行当事人主义的美国刑事诉讼，更是要求检察官在法庭上与辩护方对抗，以使陪审团得出被告人有罪的结论。尽管英国传统上由警察行使公诉权，但是1986年实施的《犯罪起诉法》却改变了这一现象，确立了由检察机关专事提起公诉的职能。显然，国家公诉机关是世界范围内检察机关最根本的定位。检察机关须根据法律规定对符合法律条件的案件提起公诉，同时负有向裁判者证明被起诉的被告人有罪的义务。侦查作为公诉的准备阶段，它当然应该服务于公诉。检察机关在侦查阶段中居主导地位，无疑将大大提高公诉的成功率。因为这不仅能够使检察官全面、充分地了解案情，而且可以较好地将公诉和定罪的证据要求贯彻在侦查收集证据的过程中，从而大大提高公诉的成功率。我国施行新的刑事诉讼法以后，被法院判决无罪的案件明显增多，这些案件其中很大一部分是因为证据不足，指控的犯罪不能成立。据统计，1999年全国法院共对不构成犯罪的5 878名被告人宣判无罪，其中依据法律直接认定被告人无罪的有3 403人，因证据不足，指控的犯罪不能成立而认定被告人无罪的有2 475人。证据不足已日益成为困扰公、检两机关办案的主要症结之一。长期以来，由于公安机关注重提高公安人员的侦查技术水平，而忽略对公安人员诉讼意识的培养，由此造成公安人员证据意识的薄弱。而检察官在西方则被誉为“法律专家”，接受过比较系统的法律知识教育。我国的检察官或许在法律知识的底蕴上与警察没有太大的区别，但由于各自的工作重点与培养方向不同，不容否认，检察官的诉讼意识，包括证据意识要比警察强得多，且专业得多。因此，由检察官享有对警察的侦查指导权无疑是将警察和检察官的专业良好结合起来的最佳途径。目前，实践中有些公安机关组织干警旁听庭审，了解证据质证的过程，也从一个侧面反映了指导公安收集证据的现实需要。

警察是典型的行政人员，在执行公务时并不具有独立自主性，必须服从于其首长和上级机关的指示与命令。“行政的路标是国家利益至上原则。”[7]130 “在强大的矗立于法律之上和法律之外的行政机关面前，个人是毫无权利可言的。”[8]336这是警察国家最显著的特点之一。个人只是国家政权的客体，而并非权利的主体。与警察国家相对的法治国家则规定：“警察的职责是维护必要的公共安宁、安全和秩序，并排除公众或其个别成员所面对的危险。”[8]133在法治国家里，警察只有平息骚乱的资格，因为“行政权的行使总是以需要迅速处理的事情为对象”[9]161。现代各国的检察制度虽然已基本不同，但检察官具有司法官的性质却得到普遍的承认。作为公诉人，检察官控诉犯罪代表的是国家和社会整体的利益，而并非其本人的利益。在刑事诉讼过程中，其同时还肩负着维护司法公正、保障公民人权的使命。“作为一个拥有广泛的了解方式和一大批训练有素的专业人员的公诉机关，在行使公诉职能的时候，它就不能仅仅是被动地接受侦查结果而转向法院提出审判要求——如果仅此而已，还不如由侦查机关直接向法院提出审判要求。”[10]300侦查程序作为一种法律程序，由具有司法性质的检察官担任主导地位，显然更符合现代的法治观念。侦查并不是以发现真实为唯一的目的，在侦查过程中必须同时兼顾程序的正当性和公民人权的保障。赋予检察官在起诉前程序中居主导地位并对警察的活动进行监督，可以防止警察在调查、收集证据时未恪守刑事诉讼保障人权的程序合法性，将充分缓和真实发现和人权保障之间的紧张关系。如果将侦查的行为理解为是一种对人民权利侵害的行为，同时又必须是依照法律的规定作为，那么侦查行为并不是一种拥有权力的行为，其间也并不涉及何人拥有、掌握权力的问题。侦查程序只能被理解为是一种法律程序，而不能被认为是检察官或警察所拥有的程序。那么，检察官在侦查程序中居主导地位，也就不能被理解为是一种权力，更不应有夺权之嫌。就如同检察机关具有监督职能，但不能因为其具有监督他人的法律权能而升为高一等的地位，而警察也不会因为受到检察官的法律监督就沦为低一等的地位。这完全是因为角色的不同而已。侦查程序既然是一种法律程序，那么，只有检警双方互相尊重和合作，才会有满意的侦查结果。

二、侦检一体调整的是检警的角色关系

推行侦检一体模式，赋予检察官在侦查程序中对警察享有指挥权、领

导权和监督权，是否与警察实际侦查大部分案件的现象相矛盾呢？笔者认为，这不能成为阻碍推行侦检一体模式的理由。确实，警察是刑事侦查的主要力量，即使在有些规定警察只是侦查辅助机关的国家，大部分刑事案件也是由警察侦查完成的。如在德国，有些案子甚至是警察独立完成侦查，检察官在侦查结束后才了解案情，“其实这已违反了以检察官为侦查主体的法律规范，但是如果不是严重案件的话，则是予以宽容”[11]81。更重要的，这是因为警察的专业所致。众所周知，警察的专业是刑事侦查学，这是一门“查明犯罪、揭露犯罪和制约犯罪”的专门学科。针对某一特定的犯罪行为，警察采取可行的、有效的措施和手段，以查明罪行和揭露罪犯。这是一项专业性、技术性和经验性都很强的工作，其中涉及技术鉴定、侦查谋略、侦查思维和侦查措施等许多专业技能。随着犯罪手段的科技化和智能化，作为一种对付“工业化了的犯罪”的手段，刑事侦查越来越离不开先进的刑侦科技设备和验证手段，而这些正是非专业人士很难驾驭的。检察官的专业则是刑事诉讼法学，注重的是如何从诉讼程序上保证及时、准确地查明犯罪事实，做到“不枉不纵”。刑事诉讼法规定了侦查活动的规则和制度，确立了证据的实质，规范了证据收集和证据效用判断等一系列相关的证据规则。侦查活动中通过各种手段获取的证据，必须符合刑事诉讼法的要求，否则将导致诉讼法上的无效。可以说，刑事侦查学是一门关于如何侦查的学科，而刑事诉讼法学则是一门强调如何进行有效侦查的学科，在一定程度上，它对刑事侦查活动进行了制约。从这个意义上说，由检察官监督并指挥警察的侦查活动也具有存在的基础。

警察和检察官在专业上的巨大差别，表现在刑事警察以调查犯罪为主，着重点在于刑事侦查技术，而检察官则在于法律监督及收集和掌握刑事追诉所需要的证据。法律监督要求侦查机关在侦查活动中注意人权的保障，而收集和掌握必需的证据则是要求检察官必须按照证据法则与刑法上构成要件的规定，确定侦查的方向，收集确实、充分的证据，以达成刑事追诉的目的。此时我们就不难理解为何警察是大多数刑事案件的实际侦查者了。因为在刑事诉讼一开始的侦查阶段，为了查明案件和收集证据，必须采取一系列法律规定的专门调查手段，如勘验、搜查、讯问、鉴定等，显然这些更多地是属于刑事侦查学的范畴，由警察专业人士来完成，无疑会提高办案的效率和破案的成功率。写到这里，有人肯定会问：既然刑事侦查是警察的专业，而侦查程序又很大程度上依赖于警察的侦查活动，可本文却又主张检察官担任警察的指挥和监督，岂不是自相矛盾吗？在这里，笔者认为，并不会出现这种情况，主要还是由侦查的目的所决定的。如前文所述，侦查的目的是收集证据，在证据的收集上检察官是专家，由检察官指挥警察进行证据的收集，将弥补警察因证据知识和意识不足所造成的失误；而由检察官监督警察的侦查活动，则可以阻止警察在侦查活动中的违法行为，从而在制度上保障侦查程序的正当性。但是，由非专业的检察官指挥专业警察的侦查，会不会因此“不利于保证侦查的专业化和实现侦查的效能”呢？也就是说，警察会不会因此被束缚住手脚。笔者认为，检察官确实是不懂或不熟悉刑事侦查学，但是，推行侦检一体模式，并不是将检警的角色从此合而为一。它只是调整了两者之间的角色关系，但并没有要求以其中的一个去取代另一个。警察在侦查过程中也应该具有其自身的独立性，他接受检察官的指挥和法律监督，以免除来自行政警察的警政指挥与监督，但并不接受检察官非专业的指示。如果因此认为检察官的指挥会影响侦查的效果，这是误将警察和检察官的任务与专业视为本质上的相同。警察的刑事诉讼法学得再好、再专业，其角色也不会因此就变为履行法律监督任务的检察官。同样，即使检察官再熟悉刑事侦查技术，他也不会因此而变为高级的司法警官。这就是现代法治国家关于警、检角色分工的概念。侦检一体模式强调的是检察官对警察收集证据的指挥与检察官对警察侦查活动合法性的监督，但警察的侦查专业并不受到影响。正是因为警察和检察官在刑事诉讼中存在任务上质的差异，因此为获得满意的侦查结果和实现侦查目的，只有互相尊重，彼此之间才能更好地合作。

同样地，推行侦检一体模式，会不会因此影响检察官对侦查的制约效果呢？一般认为，检察官对侦查进行“过滤”和对侦查活动实施法律控制是建立在检警适当分离的基础上。“如果检警一体模式，检察官承担警察职能，成为所谓‘高级的司法警察’，检察官将深陷于侦查事务而带上浓厚的行政机关的色彩，丧失其司法机关的非偏倚品格和独立性，其‘过滤’与制约的功能实际上也就丧失了。因为作为警察的上司，他不可避免地从警察的角度去看问题。”[12]56 笔者认为，检警一体模式最原始的出发点应是基于检警之间的专业不同及作为控诉方的利益趋同而作出的使两者能更好合作的设计。检察官在侦查程序中居主导地位。首先，如前文所述，由于检警专业及特长的不同，检察官不会深陷于侦查事务。其次，检察官对警察实施指挥，它也不会因此丧失其应有的司法特性。最典型的例子是法国。法国《刑事诉讼法典》第十二条明确规定，“司法警察在共和国检察官的领导下履行职责”。然而法国检察官的司法特性却并未因此泯灭，并且在西方享有“站着的法官”的美誉。可见，检察官指挥警察与检察官司法特性的丧失之间并没有必然的联系。最后，检察官指挥警察并在侦查阶段居主导地位，从而使检察官能及时有效地介入侦查活动，实行同步监督，其结果只能是加强监督力度，而并非削弱。

目前学界对推行侦检一体模式，检察官与刑事司法警察之间是否应该合署办公这一问题争论得较多。笔者认为，这不应该是侦检一体模式的必要组成部分。合署办公的落脚点是从体制上为推行侦检一体模式创造条件，以免检察官的指挥权和监督权落空。因为尽管侦检一体模式要求检察官对警察具有指挥权和监督权，仅凭纸上的监督权和指挥权，缺乏对警察实在的制约措施，很难实现预期目标。这从我国目前的司法实践中就足可窥见一斑。我国的宪法规定了我国检察机关是国家的法律监督机关，人民检察院依法对刑事诉讼实行法律监督也是我国刑事诉讼的一项基本原则。应该说，我国检察机关享有的监督权是比较广泛的，但就是由于我国检察机关的监督权缺乏相应的制约措施，往往就造成了监督不力。比如对退回公安机关补充侦查的案件，实践中出现的很多情况是公安机关不按补充侦查提纲补充侦查，或不侦查而直接退还给检察机关。可检察机关明知有此类情况存在也是无可奈何，因为他们对此无计可施。如何使检察机关享有名副其实的指挥权和监督权，给侦检一体模式提供良好的生存空间，这是在设计侦检一体模式时不得不考虑的一个重要问题。合署办公确实不失为保障侦检一体模式实现的佳途，但是考虑到合署办公必然会带来机构体制上的大变动，并且可能使刑事警察因脱离于公安网络而丧失一定的支持，因此，笔者建议，在不改变现有警检组织关系的前提下，规定在警察晋升、奖励、职务考评时将检察官的意见列为考核的重点，从而使检察官对警察的行为构成有效的制约。

三、建立以审判为中心的审前程序

一项好的制度，与其说是制度本身设计得好，还不如说是制度的配套措施或是保障机制好。“制度这一概念是与特定的规范体系相对存在的，而且决定在该体系中存在什么样的制度的可能性。”[13]16 赋予检察官对警察享有指挥权和监督权，或再加上检察官对警察具有一定的制约，是否就实现了侦检一体，或者说，就能达到侦检一体的目的了呢？答案显然是否定的。我国的检察机关自成立之初就享有对公安机关的监督权力，列宁的法律监督思想和人民民主专政的理论被认为是它形成和发展的主要理论基础。现行《刑事诉讼法》第一百四十条规定："人民检察院审查案件，可以要求公安机关提供法庭审判所必需的证据材料。"也被有些学者视为是检察院享有的侦查指挥权。那么，推行侦检一体模式，最关键的是要改革什么呢？侦检一体模式要求检察官享有对警察的指挥权和监督权，却并非仅限于此，还需要其他一些制度上的支撑。

我国的刑事诉讼，长期以来强调公、检、法三机关的分工负责、相互配合和相互制约，无论是 1979 年的《刑事诉讼法》还是 1996 年修正后的，都将此项规定作为我国刑事诉讼法的基本原则。此项原则在我国刑事诉讼法中最突出的表现是将侦查、起诉和审判并列为我国刑事诉讼法三大诉讼程序，三程序相互独立，并没有形成以谁为中心的局面，而成为流水线的作业方式。为体现这一原则，在侦查阶段，立法将侦查的立案范围作了划分，由检察机关和公安机关分别行使。公安机关逮捕犯罪嫌疑人，需报请检察机关审查批准。公安机关对检察院的不批准逮捕决定，可以要求复议或向上一级检察院提请复核。侦查终结后，公安机关认为需要提起公诉的应当报请检察院审查决定。若认为检察院的不起诉决定有错误，可以要求复议，如果意见不被接受，还可以向上一级人民检察院提请复核。从中，我们可以看出我国刑事诉讼侦查程序所具有的另外两个特点：①侦查阶段没有独立的司法机关的介入；②公安机关可以反监督检察机关。

综观世界各国，大陆法系国家的刑事诉讼偏重于发现案件事实真相。基于此，它们建立了以公诉为目的的诉讼程序，将侦查程序和审查起诉阶段捆绑起来，无论是警察、检察官还是法官，都必须基于真实发现的目的，全面搜集对犯罪嫌疑人有利和不利的证据，查明犯罪事实，保证有罪者受到公正的追究，防止无罪者受到不当的追究。而英美法系国家基于公平竞赛和平等对抗的诉讼理念，建立了以裁判为中心的诉讼程序。为获得审判的证据，警察、检察官作为控诉一方与辩护人、被告人组成的辩护一方分别收集对己方有利和对对方不利的证据。但是两大法系都并没有将侦查程序和起诉程序割裂开来。作为统一的庭审前程序，侦查程序不具有独立性，起诉程序也不完全独立于侦查程序。他们认为，侦查阶段是为公诉或审判做准备的阶段，而"审查起诉是检察机关的内部职务行为，不具有诉讼的形态"[14]261。基于两者目的的共同性和诉讼程序的特点，只有将两者结合起来，才能形成一个完整的庭审前程序。而我国，侦查起诉和审查起诉被确定为与审判程序地位平等，公、检、法三机关也被平分在各程序。这不仅使侦、检两机关割裂开来，不利于诉讼效率的提高和诉讼结果的实现，而且也不能突出审判程序在刑事诉讼中的重要位置。现行刑事诉讼法增加了庭审抗辩的色彩，规定所有定罪的证据都必须经过当庭质证和认证，未经人民法院判决，任何人都不得确定为有罪。这反映了我国拟增加庭审分量，建立以庭审为中心的诉讼程序的精神。可是刑事诉讼法在具体的程序设计上却没有体现这一点，无论是侦查程序，还是审查起诉，尽管在其中的具体操作和运行上有些改动，但就整个程序设置而言，并没有太大的变化，真正意义上的以庭审为中心的诉讼程序并未建立起来。另外，刑诉法在增加庭审抗辩色彩的同时，却没有相应地增加侦查程序中抗辩的因素，结果造成了“抗辩式庭审与职权主义侦查”之间尖锐的冲突。

建立以审判为中心的诉讼程序，显然为侦检一体模式的顺利推行创造了良好的条件。将侦查程序和审查起诉合并为庭审前程序，将更加突出和巩固检察官在审前程序中的主导地位。因为审前程序的目的就是为了将符合起诉条件的案件提交法院审判，从而所有的侦查活动在一体化的审前程序中将更加直接地表现为收集证据和为起诉与审判做准备。在检察机关直接参与领导指挥的审前程序中，检察官可以在指挥某一案件侦查的同时，以起诉的标准审查案件是否具备起诉的条件，如果发现证据不足，可以及时要求警察补充侦查，这不仅能大大提高诉讼效率，节省因移送或申请、协商等环节消耗的时间及其他司法资源的浪费，而且还可以减少因证据不足造成的不起诉或被宣告无罪的可能。推行侦检一体模式和建立以审判为中心的审前程序，无疑将增加控方的力量，因此如何增加侦查程序中的抗辩色彩，保障犯罪嫌疑人的合法权益就显得更为必要。

现代刑事诉讼中，犯罪嫌疑人的地位已经不再是单纯地被追究的诉讼客体。按照无罪推定的原则，未经法院判决有罪的犯罪嫌疑人都是无罪的，因此对审前程序中的犯罪嫌疑人应按普通的公民对待。就世界范围来看，保护犯罪嫌疑人在审前程序中的合法权益的最有效途径便是司法审查制度了。由中立的法官介入审前程序，对涉及公民权利的重要事件行使裁断的职能。各国法律几乎无一例外都规定对侵犯犯罪嫌疑人人身自由的强制措施的决定必须由法官作出。司法警察或者检察官若要对某一公民实施逮捕、拘留、搜查、扣押、窃听、勘验、检查等强制性的侦查措施，除非紧急情况，一般都必须获得法官的授权，由法官发布有关的许可令状。逮捕或拘留以后，若要对犯罪嫌疑人采取羁押措施，法官要为此举行专门的听审或聆讯，在控辩双方共同的参与下，听取双方意见，审查对犯罪嫌疑人进行羁押是否符合法定的条件。法律要求侦查法官必须中立和公平，不能成为警方的橡皮图章。但在我国，法官并不被允许介入审前程序。法律除将最严厉的强制措施——逮捕的决定权交由检察机关外，公安机关可以自行决定采取任何一种包括搜查、扣押等在内的专门调查措施和拘留、取保候审、监视居住、拘传等强制措施。检察机关在自行侦查的案件中也可以自行采取任何一种调查措施和强制措施。法官无权过问审前程序中的诉讼活动，只能在检察机关向其提起公诉之后才进行司法裁判活动。显然，我国的审前程序缺乏必要的由中立的司法机构实施的授权和审查机制。尽管检察官在我国具有司法的特性，但其具有的天然的控诉职能决定了其不可能像法官那样中立与超然。因此，无论从保护犯罪嫌疑人的权益角度，还是从裁判职能只能由法官来行使的诉讼理论出发，都有必要建立审前司法审查机制，对审判前的追诉活动进行有效的司法控制。同时，由中立的侦查法官介入审前程序以此制约检察官，这也是现代法治国家监督体系的必然要求，解决了“谁来监督监督者”这个久远而现实的问题。

侦检一体模式无疑提高了检察官在审前程序中的地位，但要使检察官在审前程序中能充分地行使职能，则有赖于检察官权威的树立。权威，从字面上理解，应为权力、威力之含义。法学、政治学上使用的权威，源于拉丁文“auctoritas”，含有尊严、权力和力量的意思。检察官的权威，系指检察官在审前程序中具有威望、要求服从和起支配作用的力量与决定性影响。树立检察官的权威，首先是要保障检察官的身份。身份的独立是充分行使职权的前提。正因为如此，世界上许多国家都给予检察官在执法、职务、人身、工资等方面的法律保障。除法律规定撤职或处分的情况之外，不得随意撤销检察官的职务，或者对其报酬和其他职务条件作出不利的变更。如美国，除了依据法律有关条款的规定外，检察官不能被随意撤换或者免职。其中对县一级检察官免职的理由限于不胜任工作、经常喝醉酒、严重道德败坏和渎职行为。日本的法律也规定除了检察官因身心病况、工作效率低及其他原因不适宜执行职务，否则不得违反检察官意愿而使其失去职务、停职或减薪。但依法受处罚时不在此限。我国法律也初步建立了检察官的身份保障机制，但相比之下，我国检察官在依法履行职责的过程中，受到非法干预，甚至非因法定事由、不经法定事由、不经法定程序被撤职、调岗的事件时有发生，严格的错案追究责任制更是使检察官惶惶然。侦检一体模式无疑是提高了检察官的地位，但同时也增加了检察官的责任。检察官不仅要对起诉的结果负全部责任，而且还要对警察的侦查行为负责。为切实保障检察官的身份，建议立法应明确规定，鉴于法律理解和认识上的偏差不应成为检察官承担错案的根据，同时检察官也不应对警察的非专业行为负责。同时，废除公安对检察官的反制约。警察对检察官的反监督或反制约在世界上是绝无仅有的，世界上几乎每个国家都将逮捕的决定权交由法官。英美法系国家，在检察机关作出不起诉的决定后，审判前程序随之而终结。而对提起公诉的决定，则由法官或大陪审团决定。大陆法系国家，一般都由检察官掌握终结诉讼的权利。两大法系都不存在警察对逮捕的决定和诉讼的结果施加影响的规定，因为这实际上让警察分割了裁判权和公诉权。根据建立以审判为中心的审前程序的构想，笔者建议，除了将逮捕的决定权交由侦查法官之外，其余的部分应由检察官自行决定起不起诉，并由审判法官裁判检察官提起公诉。检察官的权威是推行侦检一体模式的保证，若检察官没有权威，那么侦检一体将“只不过是空气的震动而已”。

【参考文献】

［1］陈卫东，郝银钟．侦、检一体化模式研究——兼论我国刑事司法体制改革的必要性［J］．法学研究，1999（1）．

［2］徐静村．刑事诉讼法学（上）［M］．北京：法律出版社，1997．

［3］李昌珂．德国刑事诉讼法典［M］．北京：中国政法大学出版社，1995．

［4］田口守一．刑事诉讼法［M］．刘迪等译．北京：法律出版社，2000．

［5］陈朴生．刑事诉讼法实务［M］．台北：海宇文化事业有限公司，1998．

［6］罗结珍．法国刑事诉讼法精义（上）［M］．北京：中国政法大学出版社，1999．

［7］拉德布鲁赫．法学导论［M］．米健，朱林译．北京：中国大百科全书出版社，1997．

［8］B．B．拉扎列夫．法与国家的一般理论［M］．王哲等译．北京：法律出版社，1999．

［9］孟德斯鸠．论法的精神［M］．张雁深译．北京：商务印书

馆，1997.

[10] 钟海让. 法律监督论 [M]. 北京：法律出版社，1993.

[11] 陈志龙. 法治国检察官之侦查与检察制度 [J]. 台大法学论丛，1998（3）.

[12] 龙宗智. 评“检警一体化”兼论我国的检警关系 [J]. 法学研究，2002（2）.

[13] 麦考密克，魏因贝格尔. 制度法论 [M]. 周叶谦译. 北京：中国政法大学出版社，1994.

[14] 陈瑞华. 刑事诉讼的前沿问题 [M]. 北京：中国人民大学出版社，2000.

（本文原载于《政法学刊》2001 年第 4 期）

证据的搜集与定位

专家证人辨析

夏 蔚

在英美法系中，证人有普通证人（也称为外行证人）与专家证人之分，我国的民事证据立法并无专家证人的规定，只规定了与专家证人有某些共同之处的鉴定人制度。随着社会的发展和现代科学技术的不断创新，专家证人参与特定领域中的诉讼活动越来越频繁，俨然已成为法院查明案件事实的重要手段之一。因此，加强对专家证人的研究，对完善我国的证据立法是很有必要的。

一、专家证人的资格以及其与普通证人、鉴定人的关系

“专家证人”（expert witness），《布莱克法律词典》解释为：专家证人是指因受到教育或具有特殊经验而在某一领域拥有较高学识的人，而未接受特殊训练的人则无法对此形成准确的观点或推断出正确的结论[1]519。我国诉讼法学者对专家证人所下的定义与此基本相同。我们认为，专家证人由“专家”和“证人”两方面因素构成，所以，其定义应包括如下内容：①专家证人属于证人的范畴，应当符合证人的基本特征和条件；②专家证人必须是“专家”，否则就无法与普通证人相区别，“专家”意味着其在特定领域里具有专业知识、技巧或经验；③专家证人是以其所拥有的专业知识、技巧或经验向法庭作证，属于认识性证据，而不是对事实的描述性证据。综上所述，专家证人是指以自己所拥有的专业知识、技巧或经验向法庭提供专业意见，帮助法庭理解专业知识的人。

要更好地理解专家证人，必须解决以下三个焦点问题。

（一）专家证人的资格问题

专家证人应当具备专家的资格，什么样的人才能称之为专家？专家是

否必须具备一定的学历或者职称？在日常生活中，人们通常将专家与高学历、高职称等同，认为在某一科学领域里享有较高威望，并有资格发表权威意见的人才能被称为“专家”。显然，在法律上作这样的简单论断是不科学的。《牛津法律指南》认为，专家是具有专业技能的以及在某些职业或技术领域里有经验的人[2]451。《辞海》对专家的解释是“对某种学术、技能有特长的人”[3]33。《最高人民法院关于民事诉讼证据的若干规定》（以下简称《民事证据若干规定》）第六十一条规定“当事人可以向人民法院申请由一至二名具有专门知识的人员出庭就案件的专门性问题进行说明”，该规定也没有将一定的学历或者职称作为专家的必备条件。可见，有一定学历或者职称的人可以成为专家，但并非是专家的必备条件，一些人虽然没有接受过正规的教育，但在某些技术领域里有丰富的实践经验，也可以成为该领域的专家。因此，所谓专家应当以其在某些领域所具有的特长为资格，而不是以学历或者职称为标准。也就是说，这个特长可因接受正式教育而取得，也可因实践经验而取得。

虽然笔者对专家的资格倾向于扩大解释，但如果在法律上不给予一定的限制，导致“专家”泛滥，也会给司法带来一定的阻碍。所以，我们认为，给专家一定的资格限制是有必要的。英国专家学会主席罗格（Roger. T. Trett）认为，要成为一名能够在法庭上作证的专家，其年龄应当至少在30岁以上。[4]6根据我国的实际情况及有关规定，可以将专家的资格限定为具有副高以上职称或者从事某一专业技术工作10年以上、具有丰富经验的人。

在司法实践中，常见一些案件的当事人向法院提供法律专家作出的“法律意见书”作为支持其诉求的依据。通常认为，专家证人中的“专家”是指法律以外的专家。[5]297大陆法系在理念上认为法官是知法的，因此，法律不属于举证的内容。[6]法律专家不是证人，不需要出庭接受询问，他所出具的“法律意见书”是根据当事人单方提供的材料作出的，不一定全面，因此，“法律意见书”可以被法官判案时当作参考，但不能作为证据使用，不具有证据效力。

（二）专家证人与普通证人的关系

专家证人也属于证人的范畴，因此，专家证人也符合证人的基本特征。两者的相同之处在于：①在证据的分类上两者都属于人证；②他们通常以口头的方式向法院提供证言，可以为法院正确认定事实提供证据；③他们都必须遵守证明的规则，有义务出庭接受法院或者当事人的质询。但两者也有明显的区别：①普通证人“仅就亲身知情（personal knowledge）的事实作证”，专家证人是“就其专业知识领域内的有关事项通过意见形式（in the form of an opinion）作证”。[7]151 ②普通证人对案件事实的感知发生在出庭作证之前，专家证人作出意见所依据的事实可以是在开庭前也可以是在开庭中获知。③普通证人无特殊的资格要求，除了不能正确表达意志的人不能作为证人以外，其他人都可以充当证人；专家证人则要具备一定的资格，如前所述。④普通证人不能被更换或者由他人代替作证，专家证人则可以由其他专家代替。⑤在涉及专门性问题的案件中，法院对专家证人的依赖明显强于普通证人。

（三）专家证人与鉴定人的关系

鉴定人是受聘请或被指派对某些专门性问题进行鉴别、分析并提供鉴定意见的人。鉴定人运用自己的专业知识，根据案件事实和材料，对民事案件中的某些专门性问题进行分析研究后得出的科学结论称之为鉴定结论。专家证人与鉴定人的共同点表现为：①专家证人和鉴定人都必须具有某一领域的专门知识，即具有成为“专家”或者“鉴定人”的资格；②专家证人和鉴定人都是在事后才获知案件材料的；③不论是专家证人提供的证言还是鉴定人作出的鉴定结论，都属于意见证据，是对专门性问题作出的判断；④专家证人和鉴定人都可以被更换；⑤专家证人和鉴定人都有出庭接受当事人询问的义务。

专家证人和鉴定人的区别主要在于：①专家证人的证言可以是口头的，也可以是书面的；鉴定人作出的鉴定结论只能是书面形式的。②专家证人与鉴定人的资格条件不同。高学历、高职称以及在某一科学领域里享有较高学术威望的人都可以作为专家证人，不具有理论知识但却在某一行业具有丰富实践经验的人也可以受聘为专家证人；但要成为鉴定人，必须通过一定的资格审查，取得资格证书。如《全国人民代表大会常务委员会关于司法鉴定管理问题的决定》第四条规定：“具备下列条件之一的人员，可以申请登记从事司法鉴定业务：具有与所申请从事的司法鉴定业务相关的高级专业技术职称；具有与所申请从事的司法鉴定业务相关的专业执业资格或者高等院校相关专业本科以上学历，从事相关工作五年以上；具有与所申请从事的司法鉴定业务相关工作十年以上经历，具有较强的专业技能。”可见，专家证人的范围要远比鉴定人的范围广。③鉴定人隶属于鉴定机构。如《全国人民代表大会常务委员会关于司法鉴定管理问题的决定》第八条第二款规定“鉴定人应当在一个鉴定机构中从事司法鉴定业务”；第九条规定“鉴定人从事司法鉴定业务，由所在的鉴定机构统一接受委托”。专家证人在身份上是自由的。④专家证人往往是当事人聘请的，鉴定人可以由当事人聘请，也可以由法院指定。如《民事诉讼法》第七十二条规定：“人民法院对专门性问题认为需要鉴定的，应当交由法定鉴定部门鉴定；没有法定鉴定部门的，由人民法院指定的鉴定部门鉴定。”⑤专家证人出庭接受询问，法庭是将其证言作为证据来审查的，因为证人证言是民事诉讼法规定的证据种类之一。鉴定人在法庭上接受质询，法庭并没有将其陈述的内容作为证据。鉴定人在法庭上的陈述只是对鉴定结论作出解释，以证明鉴定结论的科学性，增强法庭将该鉴定结论作为证据的信心，鉴定结论才是证据，鉴定人出庭接受质询是法庭审查该鉴定结论是否可靠的手段。

我国民事诉讼法只对鉴定人作出了规定，但《民事证据若干规定》第六十一条却规定“当事人可以向人民法院申请由一至二名具有专门知识的人员出庭就案件的专门性问题进行说明”。有的学者将这里所说的“具有专门知识的人员”称为专家辅助人或者诉讼辅助人。我们认为这实际上就具有了专家证人的性质，因为他们对专门性问题的说明可以帮助法庭查明案件事实，客观上起到了证明的作用。既然专家证人在诉讼中的地位不同于鉴定人，考虑到现代社会中越来越多的案件需要有具备专业知识的人出庭作证，因此，在我国的证据体系中增加专家证人的规定是十分必要的。

二、专家证人的选定

谁有资格选定专家证人？不同法系的国家基于不同的法理有不同的规定。在英美法系国家，专家证人主要由当事人聘请；大陆法系的国家则多由法官选定，因为其参加诉讼的目的是为了帮助法官理解专门知识，为法官判案提供科学依据。从理论上说，不管专家证人是由当事人选定的还是由法官选定的，都要求专家证人站在公正的立场上，立足于客观事实，发挥其专业知识的作用，为法庭作出公正的裁判服务。就如同英国《民事诉讼规则》第35.3条所规定的那样，专家证人对法院具有优先责任，即专家证人的职责，在于以其专业知识帮助法院解决有关诉讼程序涉及的问题；其职责优先于专家证人对指示人或者费用承担人之义务。[8]176-177但在现实生活中，将专家证人理想化是不现实的。专家证人不管是由当事人选定还是由法院指定，都会存在不同程度的缺陷。

在英美法系国家，专家证人由当事人聘请，由各自的当事人支付报酬，因而人们担心专家只是雇佣他们的当事人之同党，而并非与案件毫无利害关系，这自然会影响到专家证言的客观性。[7]152在我国的司法实践中，当事人委托的鉴定人所出具的鉴定结论或多或少对委托人有利，这种现象也是客观存在的。比如在工程款纠纷中，出于举证的需要，原、被告往往会自己委托鉴定机构进行鉴定，双方在法庭上出具的鉴定结论往往大相径庭，法院根本无法据此对事实作出判断，最后法院不得不再依职权委托第三家鉴定机构进行鉴定，走进了重复鉴定的怪圈，既浪费了当事人的金钱，增加了诉讼成本，又阻碍了诉讼的进程。

由法院依职权指定专家证人，从形式上看，法院是站在中立的立场上、抱着查明案件事实的目的选择合适的专家证人，当事人似乎不应当怀疑该专家证人的职业品质及其证言的公正性。但是，由于当事人对该专家证人不了解，对其资格、能力有所怀疑也是正常的。如果当事人聘请自己的专家证人从专业知识方面对法院委托的专家证人进行质询，法院应当允许，这就又回到了在庭审中花费大量的时间审查专家证人证言，导致诉讼又走上了效率低下的老路。此外，由法院指定专家证人，可能存在武断现象。可见，由法院依职权指定专家证人这种做法也是有缺陷的。

基于上述分析，我们认为，对专家证人的选定应当遵循以当事人共同选定专家证人的原则以及法院依职权选定专家证人为例外的原则。具体地说，对于需要聘请专家证人出庭提供专家证言的案件，应当由当事人双方协商一致，共同确定专家证人。如果当事人双方因对专家证人不了解等原因而无法达成一致意见的，可以由法院提出人选，方便当事人选择共同的专家证人。双方当事人共同委托法院选定专家证人的，对法院选定的专家证人视为当事人共同选定的专家证人。如果当事人双方经过协商最终仍无法确定共同的专家证人、而案件又有必要听取专家证人的专业意见的，法院可以依职权选定专家证人，对法院选定的专家证人双方当事人不得有异议。采取这一原则，一是明确了当事人在选择专家证人上的权利；二是明确了选择专家证人的形式，避免了因当事人各自委托专家证人所产生的不利后果；三是明确了法院依职权选定专家证人的条件及当事人的义务，防止当事人在专家证人资格等方面纠缠不休。

三、对专家证据的可采性审查

在涉及专业知识的案件中，专家证据对法院判案所起的重大影响是显而易见的。因此，必须建立完善的专家证据可采性审查制度，保证专家证据的证明力。我国民事诉讼证据规则对鉴定结论的质证形式很不严谨，难以保证鉴定结论的准确性，应当加以改正。我们认为，对专家证据的审查判断，应当把握两个环节。

（一）做好庭审前对专家证据的开示工作

证据开示，是指当事人互相提供和展示与案件有关的证据的一种制度。证据开示的目的在于通过证据交换，保障当事人之间的平等对抗，为庭审程序的顺利进行打下基础。对专家证据的开示是证据开示中的一项重要内容，而且比其他证据的开示还要复杂。专家证据开示的主要内容包括专家资格、专家意见（通常以报告或者鉴定结论的形式）等。专家证人应当将自己的结论交给当事人并对结论的形成材料、形成过程和相关依据作出说明，接受当事人的询问并作出解答。通过对专家证据的开示，当事人及其诉讼代理人可以充分了解专家证据的内容，方便其在以后的庭审中通过有效的质证合理地发挥专家证据的作用。

（二）优化庭审中对专家证据的质证规则

按照我国的证据规则，证据应当在法庭上出示，由当事人质证。未经质证的证据，不能作为认定案件事实的依据。因此，专家证据也必须在法庭上出示并接受当事人的质证。专家证人经法院传唤，无正当理由拒不到庭接受质证的，该专家证据不具有可采性，不能作为法院判案的依据。

接受当事人的询问是对专家证据进行质证的主要方法。询问有直接询问与交叉询问之分。直接询问是由聘请专家证人的当事人对该专家证人进行询问，目的在于使法庭相信该专家证据的可靠性。交叉询问则是由对方当事人对专家证人进行询问，目的在于发现专家证据中可能存在的漏洞，使法庭怀疑该专家证据的真实性。问题是对于一个外行的当事人（包括诉讼代理人）来说，什么样的质证才是有效的质证？如果当事人或者代理人仅仅依靠自己对专业问题的常识性理解去质询专家证据，可以想象，专家只需用几句专业术语就可以让当事人坠入云雾之中，使当事人难辨真假，这样的询问（尤其是交叉询问）是没有效果的。我们认为，解决这个问题的办法是允许当事人聘请专家辅助人来协助当事人进行质证。这里的专家辅助人不是专家证人，他不为法庭提供证言，其作用在于从专业角度对专家证据提出询问，从中发现专家证据是否存在缺陷。比如在交叉询问中，如果对方当事人聘请的专家辅助人的询问能够使法院对专家证据的可靠性产生怀疑，就达到了询问的目的。当然，如果专家能够对专家辅助人的询问作出合理的解释，也可增强法院使用专家证据的信心。

英美法系国家对专家证人的法庭询问有一套成熟的程序，虽然形式上比较烦琐，花费时间较长，但能较好地揭示专家证据的效力，值得借鉴。我国的庭审程序与英美法系国家相比，存在着观念上的差异。比如，英美法系国家重视对专家证人资格的提问，专家证人发表的学术成果、获得的学术荣誉等都属于提问的内容。而在我国的庭审中，这些问题往往被认为与案件无关而不被重视，法官甚至不允许当事人及其代理人提这一类型的问题。其实，这些问题揭示的正是专家是否有作证能力、作证资格，是专家证据是否值得信任的前提，是对专家证人的质证中应当被强调而不应被忽略的问题。

对专家证人的质证通常从形式到实质逐步深入，形式上的质证主要有两方面的内容：一是专家证人的资格，内容如前所述；二是专家证人的品德，即他是否能够站在公正的立场上，客观地提供专家意见。因为专家证人不管受聘于哪一方，都应当是法院的证人，应当为法院查明案件事实服务，不能偏离公正的立场。实质上的质证主要包括如下几个方面：①专家证据依据的材料是否全面、完整，来源是否可靠、准确；②专家证据所采取的手段、运用的方法、操作的步骤是否科学；③作出的结论是否明确，论证是否充分，逻辑上是否存在漏洞；④专家证据能否与其他证据相互印证。相对于普通证人而言，对专家证人的质证难度较大，可能要花费较多的时间，但这是值得花时间的、也是保证专家证据真实性所必需的。当事人及其诉讼代理人、受当事人聘请的专家辅助人必须充分准备好询问内容，以保障询问效果。同时，法庭也应当积极引导、保证当事人对专家证人的询问和交叉询问的顺利进行。

四、专家证人的民事责任

专家证人因其过错给当事人造成了损失，应承担何种法律责任，目前我国法律尚无明确规定。英美法系国家曾给予专家证人作证责任豁免权，即专家证人无须对其所发表的专家证言承担法律责任，目的在于使专家证人能解除思想顾虑，在法庭上发表客观的证言。但随着科技的飞速发展，越来越多的诉讼活动需要专家证人的参与，在丰厚的报酬面前，越来越多的专家对担任专家证人也表现出了极大的热情。接受了当事人酬金的专家证人在法庭上再难以保持公正的状态，如果再无法律责任的制约，专家证人制度不仅不能为法庭发现客观真实提供帮助，反而会妨碍法庭审理活动的正常进行，侵害当事人的利益。所以，从 20 世纪 90 年代中后期开始，美、英等国已经以不同的方式强调专家证人在作证中的责任。[9]68

研究专家证人的民事责任主要涉及两个问题：一是专家应承担民事责任的性质，即是承担侵权责任还是合同责任，能否构成合同责任和侵权责任的竞合；二是专家证人承担侵权责任的归责原则，即在什么情况下，专家才应承担侵权责任。

关于专家应承担民事责任的性质问题。如前所述，专家证人可由当事人聘请，也可由法院聘请。在由当事人聘请专家证人的情形中，尽管在司法实践中并不是所有的当事人都会与专家证人签订书面合同，但从法律上讲，即使当事人与专家证人之间没有签订合同，在他们之间实际上已形成了一种合同关系，双方对权利义务的约定符合合同的特征。因此，专家证人未能履行其职责，即构成违约，当事人可以追究其违约责任。值得探讨的是，在当事人因某种原因难以追究专家证人的违约责任时，能否追究专家证人的侵权责任，理论界尚有争议。英美法系允许受害人以不同的诉讼因对有过错的专家提起诉讼，大陆法系的专家责任制度则主要是依托合同法而得以建立，学者倾向于在合同责任的框架下研究专家证人。[10]28 一般认为，单纯依靠违约责任来保护当事人的利益是不够的，为了最大程度地保护当事人的利益，应当积极拓宽权利救济的途径。如果专家证人的行为符合侵权责任的构成要件，比如未尽到侵权法上的注意义务给当事人造成损失的，当事人可以追究其侵权责任。在专家证人由法院聘请的情形中，由于专家证人与当事人之间不存在合同关系，因此，因专家证人的行为给当事人造成损失的，当事人只能追究其侵权责任。

关于专家证人承担侵权责任的归责原则。毫无疑问，专家之所以称之为专家，是因其在某一领域具有别人所不具有的专业知识、技巧或经验，能为外行人所信任。但最优秀的专家也不能担保能解释清所有的专业问题，廷戴尔法官就曾指出，“一个律师不能担保打赢所有的官司，一个外科医生也不能保证手到病除。法律上也不要求专业人士具有最高水平的技能”[11]。因此，不能随意扩大专家证人的侵权民事责任。那么，在什么情况下，专家证人才应当承担侵权民事责任呢？我们认为，“未尽到合理的注意义务”应当成为专家承担侵权民事责任的标准。所谓“未尽到合理的注意义务”包含如下内容：①该注意内容是作为一名普通的、有责任心的专家证人应该也有能力注意到的内容，而不是超越了一般专家所具有的能力和水平的内容，否则就不能称之为“合理”的注意义务；②该专家证人在准备专家报告、向法庭提供专家证言的行为表明其低于“合理的注意义务”的标准，主观上存在过错；③因专家证人“未尽到合理的注意义务”的过失行为给当事人造成了损失。符合上述内容的，当事人有权要求专家证人承担侵权责任。

【参考文献】

[1] Henry Campbell Black, M. A. *Black's Law Dictionary* (Fifth Edition) [Z]. Saint Paul: West Publishing, 1979.

[2] David M. Walker. *The Oxford Companion to Law* [Z]. New York: Oxford University Press, 1980.

[3] 辞海编辑委员会. 辞海（1989 年版缩印本）[Z]. 上海：上海辞书出版社，1990.

[4] 徐继军. 专家证人研究 [M]. 北京：中国人民大学出版社，2004.

[5] 黄松有. 民事诉讼证据司法解释的理解与适用 [M]. 北京：中国法制出版社，2002.

[6] 江伟，谢文哲. 专家证人若干问题的探讨（上）——以我国证据立法为背景 [J]. 河南公安高等专科学校学报，2005 (1).

[7] 理查德 · A. 波斯纳. 证据法的经济分析 [M]. 徐昕，徐昀译.

北京：中国法制出版社，2001.

［8］徐昕．英国民事诉讼规则［M］．北京：中国法制出版社，2001.

［9］徐继军．专家证人研究［M］．北京：中国人民大学出版社，2004.

［10］田韶华，杨清．专家民事责任制度研究［M］．北京：中国检察出版社，2005.

［11］刘燕．“专家责任”若干基本概念质疑［J］．比较法研究，2005（5）.

（本文原载于《政法学刊》2006年第6期）

论司法鉴定人出庭作证

王　迪　贾晓光

司法鉴定是指在诉讼过程中，侦查、起诉、审判机关为了查明案情，就涉案的专门性问题委托具有专门知识、技能、技术手段的人员或机构，依照法定程序所作的鉴别、判断和评定。我国三大诉讼法及仲裁法都将鉴定结论作为法定证据，鉴定结论具有重要的诉讼功能。作为出具鉴定结论的鉴定人，出庭并接受法庭的质证对保障鉴定结论的合法性、客观性具有重要意义，同时对诉讼公正的实现有着不可忽视的影响。

一、司法鉴定人出庭作证的必要性

（一）司法鉴定人出庭作证是现行司法制度的要求

我国《刑事诉讼法》第四十二条、《民事诉讼法》第六十三条、《行政诉讼法》第三十一条以及《仲裁法》第四十四条都将司法鉴定结论作为法定证据。同时，我国诉讼法规定，证据必须经过法庭质证才能成为定案的依据，司法鉴定结论并不具备天然的证明力，如果缺失了法庭质证这一程序，它就只能作为一种传闻证据。因此，鉴定结论应当经过法庭质证，出具鉴定结论的鉴定人应当接受法庭的质证。

《全国人民代表大会常务委员会关于司法鉴定管理问题的决定》（以下简称《决定》）第十一条规定：在诉讼中，当事人对鉴定意见有异议的，经人民法院依法通知，鉴定人应当出庭。《司法鉴定程序通则》（以下简称《通则》）第七条规定：司法鉴定人经人民法院依法通知，应当出庭作证，回答与鉴定事项有关的问题。由此看出，司法鉴定人出庭作证是一项法定的义务，是保障鉴定结论法律效力的正当程序和必要方式。司法鉴定工作既是一项科学技术性的实证工作，也是参与诉讼的工作。司法鉴定人不仅是具备专业技术知识的人员，也是诉讼活动的参与人。

（二）司法鉴定人出庭作证是公正与效率价值目标的要求

公正与效率是司法制度追求的价值目标，司法鉴定人出庭作证有助于法院公正、及时审理案件，依法有效保护各方当事人的合法权利。

鉴定结论是鉴定人凭借专门知识、科学技术、职业技能、从业经验对案件中的专业性问题进行分析、检验、鉴别、判断后提出的意见。鉴定人出庭接受各方的质证，可以使审判人员及当事各方更为深入地了解鉴定过程、鉴定依据及相关鉴定方法，使鉴定工作的分析论证更为直观、透彻，同时也使鉴定结论更具有说服力。如果鉴定工作存在瑕疵、缺陷，甚至鉴定结论存在错误，通过鉴定人出庭接受质证，可以暴露出来，从而得到及时的弥补和纠正。因此，鉴定人出庭作证，一方面有利于查清案件事实，使当事人了解鉴定工作及鉴定结论的依据，使审判人员掌握鉴定结论的真实性、可靠性，另一方面也可以对鉴定人进行监督，提高了鉴定结论的科学性。

由于种种原因，在现实司法实践中，多头鉴定、无序鉴定以及重复鉴定等现象屡屡出现，不仅增加了诉讼成本，造成案件久拖不决，还占用、浪费了诉讼资源。通过鉴定人出庭接受各方的交叉询问，可以使当事各方认清鉴定中的有关问题，满足当事人认识证据的期待，使其更为信服鉴定结论的客观性和庭审过程的公正性，从而容易接受和服从裁判。因此，鉴定人出庭作证，可以节约司法成本，提高司法效率。

二、我国司法鉴定人出庭作证的现状与原因

（一）我国司法鉴定人出庭作证的现状

当前，鉴定人的出庭率非常低，一般只是在重新鉴定后出现相互矛盾的结论时，才要求鉴定人出庭质证。即使鉴定人出庭质证，有时也只是论述自己的方法、观点，没有接受各方的质询，与念一遍鉴定书没有区别。应该说，目前庭审中司法鉴定人出庭质证的数量及质量都亟待提高。

（二）我国司法鉴定人出庭率低、质证质量不高的原因

1. 我国鉴定人出庭作证的相关法律存在缺陷

《决定》与《通则》都对鉴定人出庭作证问题做了明确的回答，使鉴定人出庭作证从此有法可依。但另一方面，《刑事诉讼法》第一百五十条

规定："对未到庭的证人的证言笔录，鉴定人的鉴定结论、勘验笔录和其他作为证据的文书，应当当庭宣读。"《最高人民法院关于执行〈中华人民共和国刑事诉讼法〉若干问题的解释》第一百二十三条规定："被害人、诉讼代理人、证人、鉴定人经人民法院传唤或通知未到庭，不影响开庭审判的，人民法院可以开庭审理。"可见，我国法律中对鉴定人是否出庭作证这一问题有着自相矛盾的规定。一方面规定鉴定人应当出庭宣读鉴定结论并接受质证，另一方面又允许未到庭的鉴定人的鉴定结论在当庭宣读后可以成为定案的依据；一方面要求鉴定人必须出庭，另一方面又宽容地对待不出庭现象。法律自身的矛盾、漏洞，使鉴定人不出庭由"不影响开庭"的"个别情况"发展到几乎所有的案件鉴定人都可以不出庭，以鉴定结论宣读替代了鉴定人出庭的义务。

2. 对鉴定人规避出庭作证义务的制裁措施不完善

《决定》规定，鉴定人经人民法院依法通知，拒绝出庭作证的，由司法行政机关视情节给予相应的行政处罚。而司法行政机关所作出的行政处罚也只有责令其暂停执业或撤销登记，由于缺乏强制制裁措施，现阶段法官对不出庭或虽出庭但拒不陈述鉴定意见和拒绝回答控辩双方询问的鉴定人无可奈何。因为强制鉴定人出庭质证的措施不够，更使得鉴定人敢于漠视法律义务而不出庭作证。

3. 鉴定人出庭作证的权利保障措施缺失

我国法律法规中缺乏对鉴定人出庭作证的经济补偿、人身安全等配套的制度性问题的规定。仅强调出庭作证是鉴定人的法定义务是不够的，在市场经济大环境下，鉴定人因出庭作证所带来的经济损失应当得到补偿。同时，鉴定人出庭作证也存在一定的风险，其有可能因出庭作证面临威胁，甚至是打击报复。漠视鉴定人的经济补偿权与司法保护权也使相当一部分鉴定人不愿、不敢出庭作证。

4. 鉴定人自身的因素

当前，我国大多数从事鉴定工作的鉴定人是具有较高的业务水平的，但现实中，各省对于鉴定人资质取得标准又不完全一致，这就使得我国鉴定人队伍的素质呈现出良莠不齐的状况。实践中，部分承担鉴定工作的鉴定人的业务素质、能力值得怀疑。出庭接受控辩双方的质证可能会暴露出鉴定工作中的一些漏洞，导致鉴定结论被否决，这是鉴定人不希望看到的。同时，在出庭作证的过程中，不仅鉴定本身的科学性、合法性要接受质证，鉴定人还要具备法庭辩论的一些基本技巧，并具有良好的心理素质和敏捷的反应能力，防止掉入法庭辩论的陷阱，这对鉴定人来说也是一种巨大的挑战，因此，这也成为鉴定人不愿出庭质证的原因之一。

三、完善司法鉴定人出庭作证制度

为保障当事人诉讼权利，实现诉讼公正，从根本上解决鉴定人出庭难的问题，可考虑从以下四个方面入手，完善我国鉴定人出庭作证制度。

（一）法律制度的完善

在立法上应明确，鉴定人应当出庭又无故不出庭，没有接受控辩双方的交叉询问，不对鉴定的过程及鉴定结论的合法性和科学性作当庭陈述的情况下，该鉴定结论不应具有证据能力，法庭应启动补充鉴定或重新鉴定。

（二）明确鉴定人不出庭对鉴定主体的不利后果

首先，法院应当享有采取强制措施的权利，可以考虑对无正当理由拒不出庭的鉴定人由法庭视情节轻重采取罚款、警告、拘传等措施。其次，对因鉴定人无故不出庭导致拖延诉讼，而给当事人造成不当的诉讼成本的，有必要规定鉴定人为此承担一定的责任，以及对当事人所造成的实际损失给予必要的补偿。

（三）建立鉴定人出庭的权利保障措施

只享受权利而不承担义务，或只承担义务而不能享受权利，都不应是法律生活的常态。在规定鉴定人出庭作证义务的同时，应赋予鉴定人相应的权利，并有保障权利得以实现的相应制度。

一方面，鉴定人是根据个人的专业知识作出鉴定，并且其出庭作证的目的是为了保障诉讼的公平性，法院应当考虑鉴定人的个人权益，对其进行一定的经济补偿，鼓励其出庭作证，如鉴定人出庭作证的交通费、误工费、食宿费和其他经济损失应当得到适当的经济补偿。另一方面，诉讼（尤其是刑事诉讼）中败诉的一方因对不利于本方的鉴定结论不满，某些情况下可能发生，在庭上对鉴定人进行威胁、侮辱等人身攻击，庭下对鉴定人甚至其亲属实行恐吓、诽谤、殴打及其他报复手段，为保障鉴定人及其近亲属的人身、财产及其他权利，应建立相应的人身保护制度。

（四）严把鉴定人准入关，重视鉴定人出庭能力培训

司法行政机关是主管鉴定人和鉴定机构登记管理的唯一国家机构，应进一步完善、执行鉴定人执业资格的准入制度，监管鉴定人的执业范围，对鉴定人的专业知识、实践能力、法律知识以及职业道德进行严格审查。

影响鉴定人出庭的因素是多方面的。当前比较缺乏对于鉴定人的相关培训，尤其是对于鉴定人出庭作证工作的培训更是匮乏，因此，司法行政机关应强化组织对鉴定人出庭能力的培训，不仅是对鉴定人的专业能力、专业知识的培训，还要注重对鉴定人的法律知识、法庭质证技巧、心理承受能力、应变能力、表达能力及辩论能力等方面的培训，由此不断加强对鉴定人出庭能力的培养。

【参考文献】

［1］刘家琛. 司法鉴定理论与实务——第三届全国法院司法鉴定学术交流会文集［C］. 北京：人民法院出版社，2002.

［2］杜志淳，霍宪丹. 中国司法鉴定制度研究［M］. 北京：中国法制出版社，2002.

［3］陈瑞华. 论司法鉴定人的出庭作证［J］. 中国司法鉴定，2005（4）.

［4］王睿. 鉴定结论质证问题研究［J］. 湖南公安高等专科学校学报，2008（4）.

［5］刘昀，邓志愿. 刍议鉴定人出庭作证制度［J］. 沧桑，2008（5）.

［6］陈瑞华. 刑事诉讼的前沿问题［M］. 北京：中国人民大学出版社，2000.

（本文原载于《政法学刊》2010 年第 1 期）

单位提供证据的种类与定位

徐进静　范智欣

我国《民事诉讼法》第七十条规定："凡是知道案件情况的单位和个人，都有义务出庭作证。有关单位的负责人应当支持证人作证。证人确有困难不能出庭的，经人民法院许可，可以提交书面证言。不能正确表达意志的人，不能作证。"有学者据此认为我国民事诉讼中的证人包括单位。由于单位提供证据的规定是在1991年修改民事诉讼法时新加入的内容，因此也引发了理论界和实务界对单位证人资格的争议。笔者并不认为该规定意在赋予单位以证人资格，但基于理论界对此存在的不同理解，确有必要对单位本身及其作证行为的性质予以明确的界定。

一、关于"单位"的语义释明

何为"单位"？这是本文必须首先解决的问题。民事诉讼法本身并没有对"单位"的概念进行界定，我国其他法律也没有对其作出明确的解释。因此，本文只能从两个方面追寻"单位"的含义：其一，从其他法律对"单位"的相关规定中寻找界定"单位"含义的依据——我国《刑法》第三十一条对单位犯罪的规定表述为："公司、企业、事业单位、机关、团体实施的危害社会的行为，法律规定为单位犯罪的，应当负刑事责任。"由此可见，在刑法的意义上，作为犯罪主体的"单位"包括公司、企业、事业单位、机关和团体。其二，从"单位"称谓的形成过程看，我国的"单位"是"在特定的历史条件下，根据一系列具体的社会制度安排所形成的一种极具中国特色的'制度化组织'"。在特定的历史条件下，当人们的就业场所包含了国家政策和制度的因素时，这些社会基层组织就变成了我们所说的"单位"。民事诉讼法和其他法律之规定的"单位"可以说是人们的习惯用法在立法上的延伸。然而，从立法技术上讲，"单位"并不是一个严格的法律术语，其在法的实施过程中容易产生歧义，因而往往在法的实施前或实施过程中需要进一步明确其具体的含义。

尽管我国社会的发展已使“单位”产生之时的社会条件逐渐消失，但“单位”作为人们就业场所的代称已经根深蒂固，因而从本源上讲，法的实施过程中应将“单位”理解为一个广泛的概念，涵盖所有以组织体形式存在的就业场所。以此为基础来研究民事诉讼法所规定的“单位”提供证据义务时，笔者认为可以借鉴民事实体法关于法人和非法人组织的规定，将“单位”的外延理解为各类法人和非法人组织。

二、关于单位证人资格的争议与分析

由于不同的历史传统和法律文化，不同国家的法律对“证人”的概念有不同的界定。英美法系国家习惯于从广义上界定证人：所谓证人，就是“经过宣誓对案件有关实施作证的人”[1]145。大陆法系国家则对“证人”采取狭义的理解，证人的范围较英美法系国家要窄，即证人是指当事人之外知晓案件情况而向司法机关陈述的第三人。两大法系在证人概念上的区别仅在于是否将当事人纳入证人的范围。在证人资格的问题上，美国证据规则关于普通证人资格的基本条件的态度是：证人必须对案件事实具有亲历性，必须能以口头形式重述其知晓的案件事实并回答质疑，对普通证人所具备的一定智力条件和品德因素不作要求[2]666-681。而民事诉讼法没有规定证人的概念，理论上一般认为，“证人是指知晓案件事实并应当事人的要求和法院的传唤到法庭作证的人”[3]144。因而任何公民都具有出庭作证的权利能力，但是在具体的案件中，只有具备一定条件，即符合证人适格性要求的人才能作为证人。对于证人的适格性，学理一般认为须同时具备两个条件：一是必须知晓案件事实；二是具有意志能力，即能够正确表达自己意志的能力。然而，在以证人的适格性理论来解释民事诉讼法关于单位提供证据义务时，却出现了以下两种不同的观点：

一是肯定说，认为单位具有证人资格，是出庭作证的适格主体。支持此种学说的主要是从事司法实务工作的法律工作者。他们认为，民事诉讼法增加单位作为证人是弥补了实践中法院运用单位提供的证据材料没有立法依据的缺陷。主要理由是：“在审判实践中，尤其是对经济纠纷案件的审理，大量的案件事实是依靠有关单位证明的，如工商机关出具的有关企业已经歇业、撤销的证明；外汇管理机关提供的有关外汇利率浮动的证明；银行等金融机构提供的当事人资金流动情况的证明；以及所在单位证明所属职员的基本情况，等等。”[4]135-136《民事诉讼法》第七十条的规定有利于法院扩大证据材料的来源，探求案件的真实情况。

二是否定说，认为单位不具有证人资格。支持否定说的学者提出了以下几方面的理由：其一，证人能力是一种身份权，单位、机关不能享有。[5]223其二，证人是以其眼、耳、鼻、舌亲自感知案件，单位（法人和非法人组织）只是法律拟制的“人”，没有感触器官，无法感知案件、存储信息、复制再现现场情况，单位由于欠缺亲历性而不能作为证人。其三，民事诉讼法规定证人必须接受庭审询问，证人证言必须经过质证后才能作为认定案件事实的依据，但是单位不能言语，无法接受询问也不能进行质证。其四，我国刑法规定的妨碍司法罪中没有将单位列为犯罪的主体。[6]179其五，有学者认为，在法庭质证过程中让单位的法定代表人或负责人出庭并回答询问，没有诉讼证明上的依据，不能分清法定代表人或负责人是代表本人还是代表单位来对案件进行回忆和陈述的。[7]187

鉴于实践中单位出具证据多以证明文书的形式出现，因此笔者认为，研究单位提供证据的问题不能局限于解释现行法律条文，还应该做更深层次的探索。从证据理论角度来看，笔者同意单位不具备证人资格的观点，并在支持现有“否定说”学者的研究基础上，增补了以下两点理由：

首先，从证人概念的传统定义以及证人资格理论来看，单位不具备成为证人的条件。笔者认为，证人的适格性应当包含以下几方面的要求：

（1）对案件事实具有亲历性。民事诉讼中，证人必须是以其亲身经历的案件事实向司法机关做陈述的自然人。单位只是自然人的组织体，不具有自然人天然的感知外界事物的自然属性，不能真正“了解”到案件事实，它对案件事实的所谓“了解”只能通过其成员的自然感知而获得，因而其不能作为证人。有学者提出将单位列为民事诉讼的证人是对传统证人概念的突破和创新，但笔者不同意这样的观点。单位作为民事诉讼的证人不但颠覆了传统理论对证人的界定——迄今为止，没有事实能够证明这种颠覆是合理的、先进的，而且各国立法都没有赋予单位（甚至任何组织）以证人资格的立法例，这种没有理论基础的创新是不科学的。

（2）证人必须能够正确表达意志并且能够认识作证的法律后果并承担相应的法律责任。虽然民法通则承认单位（法人和非法人组织）具有以其独立财产承担民事责任的能力，但是必须注意到《民法通则》第四十三条规定：“企业法人对它的法定代表人和其他工作人员的经营活动，承担民事责任。"可见，企业法人是为其法定代表人及其他工作人员的职务行为承担法律责任——由于自然人与法人之间存在某种特定的关系而将法律责任直接归属于法人，并不是法人为“自己”的行为承担法律责任。由此说明，法人并没有“亲身”为一定民事法律行为负责的能力，其承担的法律责任实际上并非“自己”行为的结果，同理，法人也不能为“自己”出具“证言”的行为承担法律责任。民法通则规定非法人组织或以其独立经费承担法律责任或由其设立者承担也同样证明了这一点。

其次，将单位作为证人有违直接言词原则。直接言词原则作为一条诉讼原则具有多方面的含义。仅就证人制度而言，它要求证人只有亲自在法庭上以口头陈述的方式所作的证言才能作为证据使用。因为感知、记忆和表述是证言形成所不可分割的阶段，所以对证人感知、记忆、表述能力的审查，便是判断证言真实性的一个不可缺少的环节。而这一点，只有在证人亲自出庭作证的情况下才有可能实现。当承认单位的证人资格时，出庭作证的也只能是单位组织中经手或主管相关事务的自然人，仍然必须要靠自然人进行陈述。如果据此来承认单位的证人资格，实际上是将单位提供证据等同于单位成员作为证人出庭作证，恰恰是抹杀了单位与自然人的本质区别。

三、单位提供证明文书的资格及证据归类

虽然在理论和立法上应当否定单位作为证人的资格，但在司法实践中，需要单位提供有关的证明文书却是无法回避的问题———客观上，相当一部分的民事案件需要有关单位提供具有证明作用的证明文书。如前所述，单位向法庭提出的证明文书不应当归属于证人证言的类别，那么，就有必要就单位提供证据的资格以及其证据的种类重新进行探讨。笔者认为，单位具有提供书证的资格，单位出具的证明文书应归属于书证的范围。主要基于以下几个理由：

首先，在提供证据的主体资格问题上，两大法系对书证的提供主体一般不作限制。根据《牛津法律大辞典》对文件证据（documentary evidence）的解释，它是指“文件形式的证据，诸如官方纪录、档案、法律和其他公共文件、证书……”可见书证的提供主体不仅可以是自然人，还可以是社会组织。在大陆法系国家，书证通常被认为是以其记载的内容和表达的思想来证明案件事实的文书或物件，而对其提供的主体亦没有限

制。我国民事诉讼法对书证的提供主体也没有限制，学理则一般认为，书证可以分为公文书证与私文书证，而公文书证只能是特定“单位”制作的，当然也可能是由“单位”提供的。概言之，单位具有向法院提供书证的资格。

其次，在证据的归类上，从书证的定义看，“书证是指以文字、符号、图画等记载的内容和表达的思想来证明案件事实的书面文件和其他物品”[7]72。书证具有直接证明性、稳定性、物质性和思想性的特征。成为书证必须具备实质和形式两方面的要件。就实质要件而言，书证中记载的思想、内容必须与待证案件事实存在关联性并能够借以证明案件事实。实践中，所谓“单位作证”，主要形式就是出具“证明书”提交给法院，“证明书”记载了单位根据其人事或业务等管理资料作出的对案件事实有关情况的说明，这些信息符合了关联性的要求。就形式要件而言，书证必须以一定的物质材料为其思想内容的载体。单位出具的“证明书”以纸张为载体，承载着一定的思想内容，是书证最普遍和最典型的形式。可见，单位提供的证明文书既可以满足书证的实质要件，又可以满足书证的形式要件。综上所述，将单位提供的证明文书归为书证更为适合。

此外，将单位提供证据归于书证可以避免单位作为证人“出庭作证”的尴尬。如前所述，单位作为证人出庭作证的实践困惑之一是难以保证质证的实现，因为根据我国《民事诉讼法》第一百二十五条的规定，当事人质证的询问对象是证人、鉴定人、勘验人，这意味着当事人有权向证人发问并要求证人回答，而单位如果作为证人，其本身就无法实施“回答”行为。因此，将单位提供的证明文书归于书证类别，不会产生质证方面的尴尬。

四、单位提供的证明文书的划分与认定

如前所述，民事诉讼法在证据一章中所规定的“单位”之外延应理解为法人和非法人组织。根据民法通则的规定，法人可以分为企业法人、机关法人、事业单位法人和社会团体法人。笔者认为，对不同性质的“单位”提供的书证在民事诉讼上应当有不同的规则予以规范，为此，有必要采用公文书与私文书的划分方式对“单位”提供证明文书的具体问题进行探讨。

首先需要明确是，对于“单位”提供的证明文书，以公、私文书的方

式划分的标准是什么。笔者认为，应从制作主体、权限和制作方式三个方面综合考虑。第一，从主体上看，公文书应当是由具有一定社会公信力的国家机关或社会组织所作出的。国家机关在参与民事活动时成为机关法人，而依据当代普遍认同的授权立法思想，国家权力的强大源自人民对个体权利的让与，其正当性建立在代表公共意志、提供公共服务和维护公共利益上，其行为具有被普遍接受性。基于此，国家机关的民事行为也具有了相当的社会公信力，故其行为称公行为，所出具的证明文书称为公文书。我国事业单位法人和社会团体法人往往是国家机关的下属机构或具有一定行政性质的组织，两者在行使相当公权力和代表一定社会公信力时也可以被视为公文书的提供主体。企业法人和非法人组织向法院出具的证明文书则不宜作为公文书对待。企业法人是以营利为目的的社会组织，营利性牵涉的经济利益往往使公众对其行为的可信性产生怀疑，因而企业法人缺少作为提供公文书主体的条件。非法人团体有营利性与非营利性之分，但即使是非营利性的非法人团体也因为没有完全独立承担民事责任的能力而使其公信力无法与国家机关等相提并论。第二，从制作单位的权限上看，公文书必须是制作单位在其法定的行使国家权力范围内所为。由国家机关提供的证明文书如果超出了其法定的权限范围也不能认为是公文书，对于事业单位法人和社会团体法人更是如此，证明文书在其行使国家权力的范围内作出是其作为公文书提出主体必须满足的条件。另一方面，在实践中经常会出现单位以证明文书的形式转述单位员工对某一案件事实的回忆、陈述，此类证明文书由于不是在单位行使国家权力的范围内作出的，因而在审理中不能被认定为公文书，它们只能被视为单位对具体个人行为的复述，在证据理论上属于传闻证据，应予以排除。当然，如果有需要，应当由感知事实的员工作为证人出庭作证。第三，从制作方式看，公文书必须是依一定法定方式制作的文书。只有在形式上严格按照法定程序制作的证明文书才能代表单位的立场，才能被作为公文书采纳。一般认为，公文书以外的书证即是私文书，因此在单位作为提供书证主体的情况下，不满足以上三个条件的证明文书即应属于私文书。

对单位证明文书的类别划分问题进行探讨的目的，在于阐明单位所提供的不同书证对法官认定案件事实的不同影响。公、私文书体现了不同的社会公信力，这既是区分公、私文书的原则，同时也决定了对两种文书应当采取不同的证据规则，而适用证据规则的不同也正是区分公、私文书的意义所在。

证据的认定，是指审判人员在当事人提出证据的基础上行使审判权力，以法律规定和知识经验，对证据是否具有证据能力，有无证明力及其大小予以审核和确定的活动。[7]321 认定书证包含四个方面的内容：一是客观性，即对书证内容事实是否真实的认定；二是关联性，即对书证内容与待证案件事实是否存在客观联系的认定；三是合法性，即书证的收集应以合法的方式进行；四是证明力，即书证的内容对待证案件事实有无证明作用及作用大小的认定。笔者认为，在审判人员认定单位出具的证明文书的过程中，对证据的客观性、关联性和合法性主要应依据审判人员知识经验和法律对程序的相关规定进行判断，而单位提供的证明文书在证明力上应不存在区别。笔者认为应从证据的采信标准角度来看待这个问题。证据的采信标准是指在司法、执法等活动中采用有关人员提出的证据所依据的准则[8]78，包括真实性标准和充分性标准。对于真实性标准，主要从证据来源的可靠性和证据内容的可信度两个方面进行考察。在单位提供证明文书的情况下，公、私文书的不同性质在提供的书证的真实性的认定上有所体现。公文书的真实性考察只需由审判人员查明在证明文书上署名者是否与制作者同一即可。因为在公文书的署名者、制作者同一的情况下，可以认为该文书在形式上是真实的。更进一步地看，从公文书形式上的真实可以推定该文书在实质内容上也是真实的，除非对方当事人以反证证明其为假。单位提供的公文书的这种效果是其公信力的表现，国家权力贯穿于公文书的制作过程，因而其内容上的真实可以由形式真实推定得出。单位提供的私文书的真实性的确认则包括两方面内容：确认文书的署名者与制作者是否同一；是否可以通过其他的证据来证明其内容事实的真实性。对于私文书来说，其形式上的真实不能进行如公文书那样的推定，私文书缺乏公权力保证其文书内容事实的真实。至于证据的充分性标准，是指某个证据或证据组合是否足以证明案件事实的存在与否，如果能够证明，就认为该证据或证据组合具有较高的证明价值，也即具有较高的证明力。笔者认为，评判证据的充分性应属于“自由心证”范畴，主要依赖审判人员的个人素质，没有必要在法律条文上作过多的限制。综上所述，在评价单位提供的不同性质书证的证明力时，应当综合其真实性和充分性两个标准，不应简单地认为公文书的证明力必然大于私文书的证明力。

【参考文献】

[1] 白绿铉. 美国民事诉讼法 [M]. 北京: 经济日报出版社, 1996.

[2] 何家弘, 张卫平. 外国证据法选译(下卷)[M]. 北京: 人民法院出版社, 2000.

[3] 江伟. 民事诉讼法 [M]. 北京: 高等教育出版社, 2000.

[4] 唐德华. 新民事诉讼法条文释义 [M]. 北京: 人民法院出版社, 1991.

[5] 王锡三. 民事诉讼法研究 [M]. 重庆: 重庆大学出版社, 1996.

[6] 田平安. 民事诉讼证据初论 [M]. 北京: 中国检察出版社, 2002.

[7] 卞建林. 证据法学 [M]. 北京: 中国政法大学出版社, 2002.

[8] 何家弘. 证据调查 [M]. 北京: 中国人民大学出版社, 2005.

(本文原载于《政法学刊》2006 年第 5 期)

群体性事件的防控

群体性事件的社会学思考

沈惠章

所谓“群体性事件”，从社会学角度来看，是指由社会原因引起的，有众多人参加的，并且严重破坏正常社会秩序，必须及时采取紧急措施予以处置的重大社会性事件。我国正处于社会转型时期，社会诸多方面正在发生重大变化，特别是新世纪新阶段，人、财、物流动频繁，社会转型导致新旧规范、社会机制、价值观念等方面出现了冲突和矛盾，使社会张力表面化，社会的稳定性降低，由利益矛盾、利益分化、利益冲突和利益重组所引发的群体性事件日渐增多，且表现方式日趋激烈，组织化程度不断提高，处置难度也进一步加大。这已经成为影响社会稳定和发展的一个重要问题，应当引起重视。

一、“群体性事件”概念的社会学思考

“群体性事件”，确切地说，应是“群体性治安事件”的简称。所谓“群体性”，是相对于“个体性”而言的。为区别于因个别人挑起的、突然发生的暴力性事件，我们将有许多人参与的、由社会原因引起的、对社会治安秩序产生一定影响的事件，称之为“群体性治安事件”。但是，近些年来，许多报刊发表的文章倾向于将这类事件称为“群体性事件”。公安机关在有关文件和刊物中，也习惯于将其称为“群体性事件”，而不大使用“群体性治安事件”的名称。根据公安部有关文件的规定，群体性事件主要包括以下十种形式：①人数较多的非法集会、游行、示威；②集会、游行、示威和集体上访活动中出现的严重扰乱社会秩序或者危害公共安全的行为；③严重影响社会稳定的罢工、罢课、罢市；④非法组织和邪教等组织的较大规模聚集活动；⑤聚众包围、冲击党和国家机关、司法机关、军事机关、重要警卫目标、广播电台、电视台、通讯枢纽、外国驻华使

馆、领馆以及其他要害部门或者单位；⑥聚众堵塞公共交通枢纽、交通干线、破坏公共交通秩序或者非法占据公共场所；⑦在大型体育比赛及文娱、商贸、庆典等活动中，出现的聚众滋事或者骚乱；⑧聚众哄抢国家仓库、重点工程物资以及其他公私财产；⑨较大规模的聚众械斗；⑩严重危害公共安全、破坏社会秩序的其他群体性行为。由以上内容可以看出，公安部有关文件规定的“群体性事件”，是指聚众共同实施的违反国家法律、法规、规章，扰乱社会秩序，危害公共安全，侵犯公民人身安全和公私财产安全的行为。显然，这是从法律角度所下的定义。

从社会学角度来看，群体性事件的根本特点是超越或违背了既包括已经制度化的成文的法律、制度、纪律，也包括内化在人们心中的价值标准、道德规范等社会规范。群体性事件是社会张力加大和社会稳定性降低的突出表现。如何正确认识群体性事件，如何对社会矛盾加以调适和消融，采取切实可行的办法来预防和减少群体性事件，维护社会稳定，是我们当前必须认真思考的问题。

从形成的基本要素来看，群体性事件是当前以至今后很长一段时间内的一个突出的社会问题。参与事件的群体，一是具有共同关心的问题。共同关心的问题的形成，大致有以下三种不同情况：第一种情况是长期不能解决的共同性矛盾反复出现，使某些人反复遭受到同样的“危害”和不便，并且不断强化，从而在思想上逐步取得了共识，形成了某种共同的愿望和要求。第二种情况是群体利益突然受到危害，荣誉受到贬损，生命财产遭受侵犯等，有时会立即引起人们的强烈反应，引发群体性事件。第三种情况是谣言的连续传播，不断激化，可以使一些人在一定时间内深信不疑，引起他们的疑虑、恐惧和愤怒，酿成对抗，进而造成群体性事件。二是具有相同或者类似的思想情感。他们爱憎一致，并且经过反复感染强化，群情激昂，难以抑制。这种情感一旦外化，就会则形成一股强大的洪流。共同思想情感的产生，除群体中共同的生产、生活方式反映外，还有长期的思想教育，如爱国主义教育，宗教、习俗的传统教育，同乡、同族、同地区和宗族观念的影响等，都会形成强烈的内聚心理和排斥外来势力的思想情感。三是“领袖”、骨干人物的参加，为之出主意，定计谋，组织力量，进行宣传鼓动等。没有“领袖”、骨干人物的积极活动，即使群体情绪再如何激昂，也形不成“气候”，所谓“群龙无首”，就是这个意思。“领袖”人物，又常常分为“前台”和“后台”两种。当前群体性事件发生数量逐年增多，表现方式也越趋激烈，选择时机性日趋明显，处置难度大，而且容易反复。

二、群体性事件特征的社会学思考

群体性事件是指由社会群体性矛盾引发的，不受既定社会规范约束，具有一定的规模，造成一定的社会影响，干扰社会正常秩序的事件。群体性事件的表现形式多种多样，如集体上访、集体怠工、罢工、非法集会、聚众、游行、示威、骚乱、暴乱、大众恐慌等。群体性事件具有以下五个方面的特征。

（一）自发的群众性行为

一般来说群体性事件是一种自发的群众性行为，其产生没有特定的个人与组织负责发动与协调，缺乏明确的计划、目标和领导。绝大多数参与者不是受到明确的指令，而是受到他人的影响自愿加入群体性事件中的。群体性事件的自发性、偶然性与无组织性导致卷入群体性事件的人互不相识，具有匿名性，成员之间各自独立，互不清楚姓名、身份，有人甚至故意掩饰自己。

（二）超越或违背了社会规范

群体性事件的根本特点是超越或违背了社会规范。这里的社会规范既包括已经制度化的、成文的法律、制度、纪律，也包括内化在人们心中的价值标准、道德规范等。

（三）多种因素相互交织，共同发挥作用

新旧体制的转型期，引发群体性事件的原因是复杂而深刻的，而且往往是多种因素相互交织共同发挥作用。从诱发原因看，群体性事件大部分是由于不同群体、不同阶层、不同利益主体的利益差别和利益矛盾所引起的。从事件的发展过程看，群体性事件具有多层次、多侧面、多阶段的特点。从行为人的心态和动机看，由于行为人的身份复杂，文化素养各有差异，故其心态和动机也各不相同。一些合理的和不合理的，合法的和不合法的，正当要求和违法行为交织在一起，增加了群体性事件的处理难度。

（四）内容多变，形式多样

由于引发矛盾的因素的多层次性，群体性矛盾呈现出内容多变、形式多样的特点。群体性事件往往由于引发原因的变化、行为性质的变化、行为方式的变化以及控制手段的变化而变化。群体性矛盾如果处理不及时、不妥当，就可能转化升级，由局部问题发展到整体问题，由经济问题转化为政治问题。因而，我们要注重群体性矛盾的多变性，针对不同领域、不同层次出现的矛盾，采取不同的方法予以妥善解决。

（五）情绪上相互感染

在群体性事件中，人与人之间通过暗示和模仿，情绪相互感染，参与人员的非理性因素逐渐增长，以至于达到狂热的程度。当情绪凝聚到一定程度时，必然要寻找发泄的渠道。在特定社会环境的刺激下，人们的情绪会疯狂地宣泄出来，导致行为失控。群体性事件的参与者为表达共同的利益要求，聚集在一定的场所，对事态作出一致的反应，显示出群体认同的力量。由于“人多势众”，事件参与者普遍带有“集体无责任”和“法不责众”心理。在这种情绪支配下，人们会冲破现行社会规范的约束，作出一些违反规范的事情。

三、群体性事件原因的社会学思考

群体性事件的发生是由多方面的原因引起的，其中既有社会环境、政策规定等宏观方面的原因，也有个体心理、群体心理等微观方面的原因。群体性事件的产生是社会变迁过程中多种因素综合作用的结果，是各种社会矛盾的综合反映，是各种利益冲突的集中体现。

（一）社会转型期社会张力的增大引发群体性事件

所谓社会张力，是指社会系统在运行和变迁过程中由于结构失调或人们的无序互动导致的紧张状态以及由此产生的社会冲动力量。社会张力根源于社会建构过程中资源分配的不平等以及人们行为的差异、矛盾与冲突。它是在从传统社会向现代社会转变的过程中，由于传统规范的丧失，信仰和文化价值取向多元化，社会中心控制功能减弱，社会边缘对中心的冲击加大，社会流动和变迁加快，所导致的社会系统结构性失调。在这种情况下，人们的行为就会背离原有的社会秩序，形成非程序性社会互动，社会系统处于紧张状态，社会张力逐渐增多并表面化。随着时间的推移和社会张力的积累，就会酿成群体性事件。

当前中国正处于由传统社会向现代社会过渡的转型时期。这一转型主要表现为由农业社会向工业社会转化、由乡村社会向城镇社会转化、由封闭半封闭社会向开放社会转化、由同质单一性社会向异质多样性社会转化。以经济体制转轨为基础的社会转型，体现为旧的利益格局的打破和新的利益格局的形成。在社会生产力和人们生活水平得到整体性提高的同时，社会贫富差距也会不断扩大，社会成员之间的矛盾和冲突也会不断加深，社会规范处于重建的过程中，人们的价值取向也趋于多元化，新旧价值体系之间的冲突导致社会失范、心理失衡、行为失控，社会秩序遭到破坏，各种社会矛盾和冲突不断产生，社会张力不断增大。在社会张力不断增大的情况下，如果社会控制不力，极易引发群体性事件。

（二）社会转型期人们需求增长与需求满足滞后之间的矛盾激发群体性事件

美国学者认为社会挫折感是“需求的形成”与“需求的满足”之间的差距所导致的，人们的利益需求得不到满足是群体性事件爆发的一个重要原因。在经济社会中，人们关心自己的经济利益，重视个人需求的满足。获取经济利益、满足个人需求已经成为人们行为的原动力。人的需求是不断增长、不断上升的，而满足需求的社会资源却是相对有限的，一旦人们的需求不能得到满足，就会出现需求增长与满足相对滞后的矛盾，这种矛盾在激化的时候往往会通过群体性事件表现出来。在社会转型过程中，由于经济的迅速发展，人们对物质生活和精神生活的需求越来越高。实际上，人们需求的满足同个人素质以及所处的社会环境和占有的社会资源相关，也总是和社会环境、社会机遇联系在一起的。因为社会条件、社会机遇的不同以及个人素质等方面的差异，人们的需求不一定都得到满足，个人与个人、群体与群体之间需求的满足程度也有差异。这种需求不断增长与满足相对滞后之间的矛盾往往成为群体性事件发生的诱因。

（三）社会转型期管理控制弱化导致群体性事件

社会转型时期，体制转轨与社会结构转型交错进行。体制改革导致相应的社会结构调整，新旧体制的更替和摩擦使各种社会矛盾复杂化、尖锐化，社会出现结构性失衡。旧的规范、价值观念和行为模式被否定或遭到破坏，逐渐失去对社会成员的约束力；新的规范、价值观念和行为模式尚未形成或未被普遍接受，还不具备对社会成员的有效约束力。社会成员的行为缺乏明确的规范约束，就会出现社会规范权威失落、社会规范真空或规范冲突的状况。新旧规范杂然并存，法制不健全，道德滑坡，行政控制能力减弱，社会整合与控制机制出现明显的滞后和弱化等问题，导致社会控制出现了过渡性失调。一方面，社会分化和社会变迁使得社会整合力量削弱，社会整合能力下降；另一方面，由于新的整合机制一时难以形成，社会控制机制运转不灵，便导致大量社会失范现象产生。当各种矛盾、冲突发展到一定程度时，若不能得到及时有效的调节和控制，就必然产生冲破社会规范、破坏正常社会秩序的过激行为，引发群体性事件。

（四）社会转型期个人现代化受挫诱发群体性事件

社会转型不仅仅包括社会结构的现代化，也包括个人的现代化。在社会转型过程中，社会结构不断加速分化，使原有的社会规范不断受到冲击而逐渐瓦解，而新的规范体系尚未完全建构，出现了一定范围、一定程度的规范真空，致使人们在现代化的过程中无所适从、迷失方向，导致个人现代化受挫或失败。一方面，社会结构、社会制度、社会文化加速转型，迅速完成向现代化的变迁，另一方面是人的现代化却相对滞后，两者之间的矛盾让人产生一种无法适应社会和融入社会的挫折感。这种挫折感累积到一定程度，在特定的社会环境下便容易诱发群体性事件。我国现代化属于外生型现代化，社会转型是在外力的作用和影响下进行的，因而社会的变迁先于人的观念和行为的变迁，个人的现代化滞后于社会的现代化。从社会心理学的角度来看，如果人们无法适应社会发展带来的新变化，无法接受新事物，无法与变化了的社会环境相协调时，就会产生挫折感，甚至产生恐惧感和破坏欲。如果社会没有提供合理、畅通的消解渠道，这种挫折感就会以不理智的行为方式表现出来。

（五）社会转型期分配不公引起群体性事件

我国处于社会急剧变迁的转型时期，新的社会公平机制还没有建立起来，社会不公现象大量存在。转型期的社会不公主要表现在分配领域。改革开放以来，我国经济迅速发展，但经济发展不平衡，分配上的地区差异、行业差异很大。沿海一些城市率先完成了经济体制的转型，迅速拉开了同内地的差距。而在同一地区，不同的人、不同的群体由于占有社会资源的不同或者对于社会转型过程中的机遇把握不同，获取的经济利益不同，需求满足的程度也不同。个人之间、群体之间、不同的社会阶层之间的利益差距加大。一部分人、一部分地区依靠诚实劳动先富起来，但是也有一部分人通过各种不正当的手段获得了社会财富，社会分配不公现象严重。分配不公导致不满情绪产生，当这种不满情绪郁积到一定程度时就会爆发群体性事件。此外，政治参与制度和民主制度方面的不完善也是诱发群体性事件的一个重要原因。

四、群体性事件功能的社会学思考

要正确处理群体性事件，首先必须全面认识群体性事件的社会功能。冲突理论认为，群体内部和群体之间既有和谐和一致，也有矛盾和冲突。群体之间的矛盾与冲突，具有消极破坏作用，但在一定条件下，也具有增强群体适应性，促进群体整合的积极功能。因此，群体性事件具有两重性，既有不利于社会稳定和社会发展的负功能，也有促进社会整合和社会进步的正功能。所以，对群体性事件我们既不能麻木不仁或漠然处之，也不能惊慌失措，而应以积极的态度予以解决，只有这样才能保持社会的长期稳定，为改革开放和现代化建设创造良好的条件。群体性事件是社会生活中因群体利益受损，社会矛盾激化，在一定时间和一定范围内发生的聚众共同实施的违反社会规范、扰乱社会秩序的行为，是社会关系中出现的一种不协调、不和谐的现象，是影响社会稳定的消极因素，在本质上是与社会稳定相对立的。群体性事件在一定时间、一定范围内会打破社会活动的组织性和社会关系的协调性，使社会生活处于波动之中，在一定程度上破坏了社会稳定。但是，社会稳定有一个范围和程度上的界限。如果社会离轨现象只发生在局部范围内，没有危及整个国家政权和根本社会制度，这只能看作是对正常社会秩序的一种扰动，并不意味社会已经失去了稳定。

当前我国发生的群体性事件，绝大多数属于人民内部矛盾，是由人民内部矛盾激化而产生的，并不是要推翻国家政权和现行社会制度，只是社会动态平衡中产生的一些扰动或波动。只要积极化解社会矛盾，完全可以把它控制在一定范围内并加以解决，不会导致整个社会的混乱。我们必须妥善处理好群体性事件，如果处理不当，会使矛盾进一步激化，如果超过社会稳定的阈值，就可能引起社会动乱，危及整个社会的稳定。从这一意义上说，群体性事件本身是一种反社会行为，具有很强的破坏性，可能造成社会动荡、人心涣散等不良后果。同时因群体性事件相互感染的特征，可能会使非理性的冲动情绪在不同的群体间传递，严重时可能导致多起群体性事件聚集在一起，造成强烈的社会震荡，甚至动摇政权的合法性基础。

不过，群体性事件也有积极功能。首先，它能释放出长期积聚的社会能量，能使部分心理失衡的群众得到心理上的平衡，这对保持社会的长期稳定是有积极作用的。其次，它具有社会警示作用。它向社会发出警告或信号，表明社会问题已经产生，社会矛盾已经尖锐化，社会张力已经表面化。担负社会管理和调控职能的政府接到这些警告或信号后，如果能以积极的态度应对，及时改进工作和调整政策，制定相应的对策，就能化解社会矛盾，减少社会风险。这对社会稳定和发展具有积极的作用。

因此我们需要规范社会中介组织建设，构建社会中介机制和传导沟通机制，使之发挥理顺关系、处理矛盾、保障社会安全运行的积极作用。同时，完善人民调解制度，强化信访工作，开辟多种形式的协商对话，加强舆论监督，建立减压机制。我们还应认识到，建立社会安全阀系统，必须调适社会张力。社会张力的增大以及表面化，是引发社会冲突的导火索。因此，要对社会张力进行合理有效的调适和控制。当然，社会张力的调适并不意味着要消除社会张力。社会张力既可以是影响社会稳定的破坏力量，也可以是建构社会秩序的推进力量。某些社会张力对社会发展和秩序建构具有积极功能，压制和消除它反而会使社会陷入混乱无序的状态。因此，调控社会张力，就是一方面要最大限度地调节、疏导乃至消除社会张力所具有的破坏性的力量，一方面又要发挥社会张力所蕴含的建设性的力量。

五、群体性事件预防的社会学思考

（一）加强文化整合，预防群体性事件

在我国社会的转型过程中，传统文化和现代文化、本土文化与外来文化并存，文化的冲突带来了文化认同上的困难。因此有必要加强多元文化的整合，形成新的文化规范和价值规范，使社会成员能够在文化规范内化的基础上调适自身的行为。社会认同是指人们忠于共同的社会共同体，分

享其利益，彼此具有共同的归属感、亲近感和信任感。也就是说，大家都感到自己是同一共同体或大家庭的成员，彼此相助，同舟共济。社会认同是社会秩序的合法性基础，它可以减少因劳动分工和互动程序制度化而产生的压抑感、挫折感，减少社会张力，增强社会团结，提高社会的凝聚力，增加社会成员之间的信任度，减少社会摩擦和冲突。社会认同对于维护社会秩序、防范群体性事件具有重要的作用。依据我国的国情和社会发展的实际，应加强有中国特色的社会主义主流文化建设，注重在全社会形成共同理想和精神支柱，倡导社会公平、社会互助和社会和谐，建立协作型的人际关系，进而缓解和消除公众之间因摩擦、矛盾和隔阂所引起的离散和不稳定现象，增强社会的凝聚力、向心力和整合力。

（二）更加关注公正，预防群体性事件

在协调利益关系上，社会的公正、公平状况是反映社会发展的重要指标。社会张力的积累、群体性事件的产生，在很多情况下是由于社会不公正、不公平造成的。我们要维护社会秩序，促进社会发展，必须建立公正、公平的社会竞争机制。竞争是对社会稀有资源夺取的过程，社会充满竞争，社会转型期竞争的力度加大，竞争更加激烈。竞争能够推动社会的进步，能够带来经济的繁荣，但是竞争也可能带来社会风险。由于我国处于社会转型期，社会规范处于一个重建的过程中，所以还缺乏完整的法律法规来规范人们的竞争行为，这就使得我国社会转型过程中的不公平现象非常严重。创造一个公平的社会竞争环境对于预防和控制群体性事件有着非常重要的意义。然而，创造一个公平的竞争环境并不是一蹴而就的事情，它需要多方面制度的完善和配套改革的深化，是一个长期的过程。社会保障制度是社会制度系统中的“安全子系统”，它的重要功能是化解社会矛盾，缓解社会张力，消除社会不稳定因素。我国现阶段可以通过建立和完善社会保障制度来减轻或消除社会中的不公平现象，弥补社会个体和群体在竞争中的非自致性损失，努力解决机会不均、分配不公等问题，构筑基本的社会安全网，释放社会风险，缓解社会矛盾。但是社会保障制度的建立和完善只是治标不治本的应急措施，从社会发展的角度来看，最重要的是要建立公平的社会机制，在不断完善社会保障制度的过程中努力使竞争环境趋于公平、公正，以减少群体性事件发生的风险。

【参考文献】

[1] L. A. 科塞. 社会冲突的功能 [M]. 孙立平译. 北京：华夏出版社，1989.

[2] 刘祖云. 从传统到现代——当代中国社会转型研究 [M]. 武汉：湖北人民出版社，2000.

[3] 牟君发，宋浩波. 中国城市犯罪问题研究 [M]. 北京：中国人民公安大学出版社，1998.

[4] 沈惠章. 社会治安综合治理战略研究 [J]. 山西警官高等专科学校学报，2000（4）.

（文本原载于《政法学刊》2006 年第 4 期）

关于群体性事件的法律思考

罗瑞林

自党的十六届四中全会提出建设社会主义和谐社会这一理念以来，“和谐社会”成为当今中国的发展方向和主旋律。但是，客观的事实是现实社会中不和谐的因素还有很多，群体性事件便是其中之一。认清群体性事件的本质并设计出有效的处置与解决方案，是当今公安学界面临的重大课题。本文在对群体性事件进行系统性分析的基础上，将从法律规制的角度针对群体性事件的法律调整机制提出自己的观点，以求教于公安学界同仁。

一、群体性事件的界定及其发展趋势

群体性事件伴随着改革开放的深入开展，已日益频繁、多样地介入我们的日常生活。但是，由于群体性事件本身还处于孕育发展阶段，所以理论界对其的研究还相当不成熟，还没有形成较为一致的见解。在综合多位学者的研究成果的基础上，笔者将群体性事件定义如下：群体性事件，是指人民内部矛盾引发的，参与者在五人以上并形成了一定的集群，为实现特定目的或为维护一定利益或为宣泄某种不满情绪，而采取的集体上访、静坐请愿、围堵党政机关、聚众闹事、哄抢公私财物、阻塞交通等群体行为方式，对政府管理和社会秩序造成或可能造成一定影响的违法、违规事件。可以说，群体性事件是以社会矛盾为基础，以某个社会热点为动因，以群体参与为特征，以极端行为为表现形式的一类事件。[1] 通过对群体性事件的分析，我们不难发现其具有以下几个方面的特点：

（1）群体性事件以广大民众自发地组成一定的临时性集群为前提。当然，需要指出的是，群体性事件的集群性特征并不仅仅指参与人数众多，还指参与者内在地形成了共同的群体意识。此外，必须强调的是，群体性事件对应的集群应当是临时性的。如果业已成为组织严密、成员相对固定的犯罪团伙、恐怖组织等固定团体，则不宜再将其行为作为群体性事件看待。因为，针对此种情形下的集群行为，国家的相关法律法规一般从主体的角度进行了专门的规制。

（2）群体性事件是由人民内部矛盾引发的，而最为根本的矛盾则是社会资源的有限性与人民日益增长的物质需求之间的矛盾。我国正处于百年不遇的社会转型期，利益空前多元、分化，加之人们的权利意识广为提高，各种利益冲突和社会矛盾表面化，群体性事件便是其中典型代表。具体地，从诱发原因看，群体性事件大部分是由于不同群体、不同阶层、不同利益主体的利益差别和利益矛盾而引发的。[2]至于一些被敌对势力利用、操纵的群体性行为，笔者认为将之排除在群体性事件之外为宜，因为其所谋求解决的已不是人民内部矛盾引发的纠纷而是特定的政治利益，具有性质不同的社会危害性，处置方式方法应有所不同。

（3）群体性事件具有一定的失范性。根据我国宪法的规定，公民享有结社、游行、示威等广泛的权利与自由。简而言之，我国公民具有从事特定群体性行为的权利，并不是所有的群体性事件都是没有规范性依据的。因此，笔者认为对群体性事件的研究应以当前问题最为复杂、社会危害性最为严重的失范性群体性事件为对象，将其他合法合理的群体性事件排除在外。具体地说，笔者认为群体性事件的失范性表现为对法律、法规、规章、其他规范性文件、公序良俗以及社会习惯的违反。

（4）非理性倾向和情绪化色彩严重。依照勒温的群体动力学理论，群体不是个体的简单总和，而是超越了总和。且群体对个体能发生巨大的影响，使个体在群体中产生不同于处在单独环境中的行为反应。[3]20正如“囚徒困境”理论向我们演示的那样，作为理性个体的行为人在融入互动的团体行为模式中时，往往会表现出集体的不理性。

（5）群体性事件或是具有一定的社会危害性，或是具有危害社会的可能性。正如群体性事件本身的多样性那样，其对社会所造成的危害或威胁也是多样的。但总的来说，群体性事件的危害或威胁主要表现为对社会公共秩序、经济秩序以及政府行政管理秩序的侵害或影响。当然，群体性事件的危害性并不一概地表现为对现实的侵害，很多情况下仅表现出一种危害的可能性。但是考虑到这种危害可能性一旦成为现实便难以有效遏制，因此，只要这种危害可能性具有一定程度的紧迫性，便应当予以全面规制。

（6）群体性事件一般以实现某种共同的目的或维护一定的利益或宣泄某种不满情绪为诱因。正所谓“无风不起浪”，形形色色的群体性事件也有着林林总总的诱发因素。其中相当一部分有着一定的合理性。以信访为例，据国家信访局统计，群众来访和群体性事件中85%以上都是群众有理或部分有理，同情者众，真正属于无理取闹或纯属坏人煽动利用的极少。[1]

（7）群体性事件的参与者主要为一般民众，并不具有公职人员身份，至少在群体性事件中没有凭借或利用公职人员身份。如果集群行为的主要参与者具有公职人员身份，并凭借或利用了其公职人员的身份，那么这种集群行为便不再是以参与人数众多为主体特征的群体性事件了，而是有了国家公权力直接或间接的介入，进而具有了浓重的政治色彩，应当与群体性事件有所区别。此外，需要指出的是，群体性事件的参与者并不以中国公民为限，有些情况下外国人亦可成为群体性事件的参与者。

以行为的危害性及处理方法的不同为标准，可以将群体性事件分为三大类：

（1）触犯刑法的群体性事件。更准确地讲，应当表述为首要分子与积极参与者触犯刑法的群体性事件。因为，对所有的参与者不分主次一概适用刑法既不现实又难以付诸实施，也不利于问题的解决，甚至有可能激化矛盾。并且，只处罚首要分子与积极参与者也是我国刑法在规制群体性犯罪行为时贯穿始终的理念。此外，需要指出的是，这里的刑法应作广义的理解，既包括刑法典，又包括单行刑法与附属刑法。

（2）（狭义）群体性治安事件。我国有的学者将群体性事件统称为（广义）群体性治安事件，这是从群体性事件不管性质如何先期一般都有警力介入的角度看问题的结果。笔者并不反对这种视角，但坚信同时亦存在一种狭义的群体性治安事件——触犯了《治安管理处罚法》、《公安机关处置群体性治安事件规定》等行政管理类行政法规、规章的群体性事件。

（3）违反公序良俗、习惯性社会规范的群体性事件。需要指出的是，按照现代法治国家的法律理念，对于广大民众来说，法无明文规定即自由。因此，对于违反公序良俗、习惯性社会规范的群体性事件，在认定与处理方面应当与前两类有所不同。具体地表现在以下两个方面：①该类群体性事件的处理应当以具有严重的社会危害性或危害可能性为前提；②对该类群体性事件，主要应当由相关部门以协商、调解等方式予以解决。

据公安部统计，群体性事件的数量已从1994年的10 000多起上升到

2004年的74 000多起，增加了6倍多；参与人数从1994年的730 000万人次上升到2004年的3 760 000万人次，增加了4倍多。具体而言，群体性事件具有这样一种发展趋势：事件规模不断扩大，发生频率不断上升，对抗性强度不断增强，组织程度日益明显，暴力倾向日益加剧，危害性日益严重，处理难度日趋增大。可以说，正确地分析研究群体性事件，并有效地予以处理，是我国现今亟须解决的一个不容忽视的重大难题。

二、群体性事件的发生机理与原因

通过对众多群体性事件的分析与研究，我们不难发现，一般群体性事件都要经过潜伏期、显露期与爆发期三个阶段。正所谓“冰冻三尺非一日之寒”，几乎每一起群体性事件的发生都是各种矛盾不断积累、恶化的结果。而从发生学的角度来看，群体性事件的促发因素可以划分为外在的诱发因素与内在的深层原因。

所谓外在的诱发因素，就是直接引起各种利益纠纷和社会矛盾，并最终导致群体性事件发生的各种事件、行为和状态等相关因素的总称。据2004年的统计显示，劳资关系、农村征地、下岗职工分流安置、城市拆迁、企业改制重组、移民安置补偿等问题，是酿成“群体性事件”的直接原因。此外，官僚作风、不同种族或宗教派系间的历史纠葛、自然灾害以及社会动荡等因素也是较为典型的群体性事件诱发因素。

群体性事件作为一种复杂的社会现象，在表层的诱发因素的背后必然隐藏着内在的深层原因。而这种深层次的原因，一般突出地表现在经济、社会和制度三个方面。

1. 经济原因

我国正处在转型时期，由利益格局重新调整而产生的经济利益矛盾是群体性事件的主要诱因，其中，经济性事件占全部的70%～80%。[4]推行改革开放经济政策以来，我国的经济体制改革取得了巨大成就，但也不可避免地出现了一些失误。例如，对个体经营户和外资企业的管理工作没有及时跟上，改革后未能建立层层监督和制约网络，对如何在市场竞争机制的基础上建立系统控制方面还缺乏经验；改革后企业、事业单位缺乏严格的管理和监督机制，没有有效地建立起规范的一般劳动合同与集体劳动合同制度，没有建立起公正有序的公共资源配置模式与劳动成果多元分配体系等。这些失误给腐败现象的滋长和不法人员的犯罪活动提供了便利条件，也损害了部分群众的切身利益。[5]28

2. 社会原因

社会的转型是群体性事件发生的宏观社会背景。美国学者塞缪尔·P·亨廷顿曾指出：“现代化蕴涵着稳定，而现代化过程却滋生着动乱。”事实上，不仅社会的现代化过程会产生动乱，而且社会动乱的程度与现代化的速度有关，即发展速度愈快，社会动乱程度就愈严重。[1]从某种程度上可以说，正如分娩前总会有阵痛，群体性事件也是一个国家在谋求社会进步和发展的过程中必然要付出的代价。具体地讲，目前我国正经历着的一日千里的现代化进程，使人民内部矛盾在现阶段集中凸显，并进而引发了大量的群体性事件。

3. 制度原因

转型时期，国家控制弱化、社会张力增大，促发了群体性事件的蔓延。由于我国采取了体制转轨和社会结构转型同步进行的方案，再加上逐步推进式的改革模式的推行，新旧体制必然要经历一个阻力重重的协调、更替和摩擦的磨合期，势必使各种社会矛盾复杂化、尖锐化，进而导致社会出现结构性失衡。旧的规范、价值观念和行为模式被否定或遭到破坏，逐渐失去对社会成员的约束力；新的规范、价值观念和行为模式尚未形成或未被普遍接受，还不具备对社会成员的有效约束力。社会成员的行为缺乏明确的规范约束，出现社会规范权威失落、社会规范真空或规范冲突的状况。[2]此种结构失调和人们行为的无序状况，一方面会产生一定的紧张状态以及一定的社会冲动力量，即社会张力；另一方面则会导致广大民众沟通、表达意愿、主张各种利益诉求的渠道不通畅。在这种情况下人们必然会产生自力救济的冲突，群体性事件也就不可避免了。

三、群体性事件的法律规制

美国社会学家刘易斯·科塞认为，在一定程度上，群体性事件可能是这样一种机制：“通过它，社会能在面对新环境时进行调整。一个灵活的社会通过冲突行为而受益，因为这种冲突行为通过规范的改进和创造，保证它们在变化了的条件下延续。”[1]简而言之，群体性事件带给我们的决不仅仅只是负面影响，其在打击腐败、反对官僚主义、消除社会不公、释放社会张力等方面往往也能够起到正态的制度安排所难以起到的监督与修正作用。因此，从某种意义上可以说，群体性事件的存在本身并非问题之所在，真正的症结在于国家是否具有完备的法律体系对之予以积极地引导和规制。群体性事件是现代社会转型时期出现的一种典型的“奈格尔现象”，是与法治有着密切关联的社会变迁综合征。[6]97 在一个成熟的法治国家，社会的主要矛盾无一例外都是通过法律途径得到解决的。而我国现今的法制体系不适应社会发展的需要的现实，在一定程度上推动了群体性事件的发生和发展。

（一）群体性事件的法律规制现状

虽然关于群体性事件我国法律的规定并不完备、成熟，但是关于群体性事件的法律规制框架正在形成。具体地讲，我国现今法律关于群体性事件的规定主要体现在以下四个方面：关于群体性事件的宪法规定，关于群体性事件的刑法规定，关于群体性事件的行政法规、规章规定，关于群体性事件的诉讼法规定。

1. 宪法关于群体性事件的规定

通过对宪法条文的梳理，我们不难发现，我国宪法中涉及群体性事件的条文主要有两种：一种是规定与群体性事件的产生、发展有直接联系的公民基本权利条款，另一种是关于群体性事件违法性确认以及事后处置方面的条款。

第一种条款，主要分布在“公民的基本权利和义务”一章。如我国《宪法》第三十五条规定：“中华人民共和国公民有言论、出版、集会、结社、游行、示威的自由。”第三十六条规定：“中华人民共和国公民有宗教信仰自由。任何国家机关、社会团体和个人不得强制公民信仰宗教或者不信仰宗教，不得歧视信仰宗教的公民和不信仰宗教的公民。国家保护正常的宗教活动。任何人不得利用宗教进行破坏社会秩序、损害公民身体健康、妨碍国家教育制度的活动。宗教团体和宗教事务不受外国势力的支配。”第四十一条规定：“中华人民共和国公民对于任何国家机关和国家工作人员，有提出批评和建议的权利；对于任何国家机关和国家工作人员的违法失职行为，有向有关国家机关提出申诉、控告或者检举的权利，但是不得捏造或者歪曲事实进行诬告陷害。对于公民的申诉、控告或者检举，有关国家机关必须查清事实并负责处理。任何人不得压制和打击报复。由于国家机关和国家工作人员侵犯公民权利而受到损失的人，有依照法律规定取得赔偿的权利。”此外，《宪法》第四十二条关于公民劳动权的规定、第四十五条关于公民获得物质帮助权的规定等，也都为一些特定的群体性事件的发生提供了宪法依据。

而关于第二种宪法条文，其中关于群体性事件违法性确认的条文主要表现为第五十一条、第五十二条关于公民行使权利和自由的边界的规定，而事后处置方面的条文主要表现为该法第六十七条关于全国人民代表大会常务委员会决定全国或者个别省、自治区、直辖市进入紧急状态的权力的规定，以及该法第八十九条关于国务院决定省、自治区、直辖市范围内部分地区进入紧急状态的权力的规定。

此外，需要说明的是，我国的《集会游行示威法》以及《集会游行示威法实施条例》作为单行的宪法法律、法规，对因集会、游行和示威而引发的群体性事件进行了较为细致而全面的规定。

通过分析不难发现，与群体性事件有关的宪法规定主要有以下几个方面的特点：①主要是关于群体性事件得以发生的根源和关于群体性事件违法性确认以及事后处置方面的规定，在集会、游行与示威以外的领域缺乏对群体性事件本身予以规范的条文。②这些规定是一种间接的规定。宪法条文本身具有原则性与概括性的规范属性，要求其对极为复杂多样的群体性事件作出具体的直接规定，也不现实。③相关规定多是立足于公民个人，缺乏从整体的角度对群体性事件予以规范的规定。特别是在“公民的基本权利和义务”一章，缺乏群体性权利方面的规定。

2. 刑法关于群体性事件的规定

我国刑法关于群体性事件的条文规定，主要可以分为两种：一种是关于群体性事件的直接规定，另一种是关于群体性事件的间接规定。其中，关于群体性事件的直接规定主要集中在第六章“妨害社会管理秩序罪”的第一节“扰乱公共秩序罪”中，较为典型的有第二百九十条聚众扰乱社会秩序罪和聚众冲击国家机关罪，第二百九十一条聚众扰乱公共场所秩序、交通秩序罪，第二百九十二条聚众斗殴罪，第二百九十五条非法集会、游行、示威罪，以及第三百零一条聚众淫乱罪等。此外，第七章“危害国防利益罪”中的聚众冲击军事禁区罪也是关于群体性事件的直接规定。而关于群体性事件的间接规定，并不是从群体性事件本身着手，而是从群体性事件的参与者的角度予以规制。简而言之，在某些情形下刑法对于特定的群体性事件也许没有明确的规定，但如果刑法相关条文对事件的参与者的行为有所规定，那么刑法便间接地通过对事件参与者的行为的规制实现了对群体性事件本身的规范。而关于群体性事件的间接规定则较为分散，可以说除个别因其自身的特殊性而不可能以集群行为的方式予以实施的犯罪外，其他的罪名一般都可视为群体性事件的间接规定。

通过分析不难发现，与群体性事件有关的刑法规定主要有以下几个方面的特点：①刑法关于群体性事件的惩治对象一般以首要分子与积极参加者为限。直接规制群体性事件的刑法条文，一般都明确地将犯罪主体限定为首要分子与其他积极参加者。而在间接规制的场合，以间接的方式被予以规制的群体性事件的参与者，一般也都是群体性事件的首要分子与积极参加者。②关于群体性事件的直接规定过于集中在刑法第六章“扰乱公共秩序罪”一节，在群体性事件日趋多样的今天，此种规制模式已不能满足对群体性事件予以有效控制的要求。群体性事件表现形式的多样性，必然客观地表现为侵犯客体的多样性。虽然公共秩序依然是当今群体性犯罪所侵害的主要客体，但其并不能涵盖受侵害客体的全部。

3. 行政法规、规章关于群体性事件的规定

我国与群体性事件相关的行政法规、规章主要有：《治安管理处罚法》、《公安机关处置群体性治安事件规定》、《信访条例》、《警察法》和《群众性文体活动条例》等。

《治安管理处罚法》对群体性事件予以规制的条文，主要是第二条“扰乱公共秩序，妨害公共安全，侵犯人身权利、财产权利，妨害社会管理，具有社会危害性，依照《中华人民共和国刑法》的规定构成犯罪的，依法追究刑事责任；尚不够刑事处罚的，由公安机关依照本法给予治安管理处罚”。可见，凡是扰乱社会秩序，妨害公共安全，侵犯人身权利、财产权利而又不足以适用刑法予以惩治的群体性事件均应适用《治安管理处罚法》并予以规制。特别是第三章“违反治安管理的行为和处罚”，有很多条文都与群体性事件有所关涉。而其中第一节“扰乱公共秩序的行为和处罚”中的第二十三条，则对前述五类群体性事件有明确的具体规定。

《公安机关处置群体性治安事件规定》首次对群体性事件的内涵和外延进行了明确的界定，并罗列了十种典型的群体性治安事件。该规定是我国第一个直接以群体性治安事件为名的规范性文件，其意义不但在于对相关的群体性治安事件作出了具体规定，而且为群体性事件单行立法提供了范例和经验。

《信访条例》赋予了广大公民、法人和其他组织向各级行政机关反映情况，提出意见、建议和要求的信访权。从某种意义上可以说，信访是广大民众在自己的权益受到不法侵害，而又没有其他救济途径或是其他救济方法启动成本过高的情况下，一种必然而又不失理性的选择。《信访条例》

在规定信访权的同时，也针对信访权实施的具体方式方法有所规定，如第十一条、第十二条、第十四条。此外，对于各种违法的群体性事件，《信访条例》也规定了相应的规制措施，如第二十二条、第二十五条、第四十一条等。

此外，《警察法》中关于公安机关及警务人员相关职权的规定，亦可成为公安机关处置群体性治安事件时的权力依据。《群众性文体活动条例》虽然以规范群众性文体活动为主要职能，但是其中某些条文亦可作为对某些失范并转化为群体性事件的群众性文体活动的规制依据。

通过分析不难发现，与群体性事件有关的行政法规、规章规定主要有以下几个方面的特点：①相关规定过于模糊、概括，为主管机关和执法人员留下了太大的自由裁量空间。之所以会出现这种状况，可以说与公安机关等执法部门注重效率的工作机制有着莫大的干系。笔者并不反对对此种高效执法的理念予以重视和强调，但是也不能一味地追求效率而置作为执法对象而存在的个人或群体的合法权益于不顾。②这些规定多是事后处置类的规定，缺乏预防性规定。考虑到群体性事件一旦爆发便会导致一些难以挽回的损害性后果，笔者认为相关规定的重心应当放在积极的预防上，而绝不仅仅只是消极的善后。

4. 诉讼法关于群体性事件的规定

从发生学的角度来看，群体性事件在全面爆发前多表现为各种各样的矛盾、摩擦与纠纷。从某种意义上可以说，群体性事件是各种社会矛盾缺乏有效的诉求渠道，或是现有的诉求渠道失灵的直接产物。那么，我国现今的法律体系是否为各种社会矛盾的解决提供了有效的诉求渠道呢？通过对以处置各种社会矛盾提供制度化的诉求渠道为主要功能的《刑事诉讼法》、《行政诉讼法》和《民事诉讼法》三大诉讼法予以分析，便不难找出答案。

通过对《刑事诉讼法》的分析我们不难发现，该法将相关诉讼程序的参与主体限定于自然人和法人两类，而缺乏自然人集体参与的程序规定。简而言之，《刑事诉讼法》没有从解决群体性矛盾的角度规定任何刑事救济程序。纵观《刑事诉讼法》条文，与群体性事件联系最为紧密的当属第一百七十条关于“被害人有证据证明对被告人侵犯自己人身、财产权利的行为应当依法追究刑事责任，而公安机关或者人民检察院不予追究被告人刑事责任的案件”的被害人有权提起自诉的规定了。客观地讲，该规定对于有效地解决因刑事犯罪不能得到国家公权力的公正处理而引发的群体性事件提供了一条有效的刑事诉求途径。但是，由于启动该程序被害人要承担一定的证明责任，这在很大程度上消解了该规定的诉求力。

依据我国《行政诉讼法》的规定及相关司法解释，某些群体性矛盾可以用共同诉讼的方式解决。共同诉讼模式包括三种：必要共同诉讼、普通共同诉讼和集团诉讼。其中，普通共同诉讼，是诉讼标的是同样的具体行政行为，由法院决定合并审理，一方或者双方当事人为两人以上的行政诉讼模式。必要共同诉讼，是当事人一方或双方为两人以上，诉讼标的是同一具体行政行为的行政诉讼模式。集团诉讼，是由人数众多的原告推选诉讼代表人参加，且法院的判决效力及于全体利益关系人的行政诉讼。可以说，《行政诉讼法》的共同诉讼模式为特定的群体性矛盾的解决提供了较为有效的诉讼渠道。

《民事诉讼法》及相关的司法解释，是制定共同诉讼制度的依据。民事诉讼领域的共同诉讼模式也有三种：普通共同诉讼、必要共同诉讼和代表人诉讼。其中，民事诉讼中的普通共同诉讼和必要共同诉讼与行政诉讼中的普通共同诉讼和必要共同诉讼基本相同。而代表人诉讼制度则与行政诉讼中的集团诉讼相类似，是在吸收了共同诉讼与诉讼代理两大制度的相关理论的基础上构建起来的一种民事诉讼制度。具体地说，代表人诉讼是指为了便于诉讼，由人数众多的一方当事人推选出代表人代表其利益进行诉讼行为的民事诉讼制度。以人数是否确定为标准，代表人诉讼又可分为人数确定的代表人诉讼和人数不确定的代表人诉讼。《民事诉讼法》关于群体性事件的规定，也为民事领域的群体性事件的解决提供了一条有效的诉求途径。

通过分析不难发现，与群体性事件有关的诉讼法规定主要有以下几个方面的特点：①缺乏关于群体性事件的直接性规定。三大诉讼法无一例外，都没有关于群体性事件的直接规定。尤其值得注意的是，我国公安学界及法学界已经养成了依据行政手段来处理群体性事件的惯性思维，而没有建立起依据法律并通过制度化的诉讼程序来解决问题的理念。其实，有相当数量的群体性事件，是能够也更宜于通过诉讼的途径解决的。②有限的相关规定也不能涵盖所有的群体性事件种类。虽然《行政诉讼法》与《民事诉讼法》中有关于共同诉讼的规定，为众多群体性事件通过诉讼途径予以解决提供了法律上的依据，但二者又都对程序的启动设了一定的限制条件，使大量的群体性事件无法借助共同诉讼的模式予以解决。

（二）群体性事件法律规制模式改进之探讨

通过法律的途径来有效而公正地处理群体性事件，已成为不可逆转的世界潮流。我国也应当顺应潮流，充分借鉴外国关于处理群体性事件的规制经验，完善我国的相关立法，为制度性地规制群体性事件提供法律保障。笔者在综合考察我国相关的立法经验的基础上，提出几点立法建议。

1. 为处置群体性事件专门立法

针对我国目前在处置群体性事件方面主管部门不统一、部门立法不协调的现状，应制定一部以行政法为主体并关涉宪法、刑法、诉讼法等法域的关于群体性事件的统一法规。英国的《公共秩序法》，便是此种方案的典型代表。笔者认为，该种立法模式的统一性应当具体地体现在以下两个方面：一方面，应当以法律明文确立主管群体性事件的机关或部门。综观西方发达国家，警方基本都有专门处置群体性事件的部门，例如法国的共和国安全连（CRS）、英国的警察支援小组（PSUS），以及加拿大的防暴队等。我国群体性治安事件的一线处置警力往往都是临时从分（县）局抽调的民警，警种构成复杂，有些根本没有处置治安事件的经验，不会做群众工作。[4] 只有有了专门的主管机关和部门，才可从根本上改变这种群体性事件管理混乱及相关处置缺乏专业性的现状。另一方面，在完善相关诉讼程序的基础上应当衔接好宪法、刑法与行政法规、规章关于群体性事件的规定，只有这样才能构建起规制群体性事件的法律体系，进而有效、严密地规范和控制群体性事件。

2. 主管机关部门及工作人员处置群体性事件时的职权需明确化、具体化

我国现行的法律体系中没有关于处置群体性事件的专门性规定，致使处置工作无法可依。这一方面使主管机关、部门及其执法人员，基于处置不当要承担责任的考虑，而往往不敢有所作为，在很大程度上束缚了自己的手脚。另一方面，这种无法可依的状况也会直接导致滥用职权、处理手段简单粗暴等情形的发生。众所周知，有相当数量的群体性事件是因公安机关及警务人员处置不当而被二次激发出来的。具体地说，笔者认为关于主管机关、部门及其工作人员在处置群体性事件时的职权的明确化、具体化的立法方案，应当从两个方面着手：首先，应当确立比例原则。简而言之，在处置群体性事件时，公安机关及警务人员所采取的措施及其强度应当与群体性事件本身的危害性及暴力程度相适应。其次，应当细化公安机

关及警务人员在处置群体性事件时的行为规范，最大程度地限缩其自由裁量的空间。只有在公安机关及警务人员采取的处置措施有明确的法律依据时，才能“以法服人”，最大限度地消除相关群众的抵制情绪，避免一些无谓的冲突。

3. 顺应世界潮流，完善我国的《集会游行示威法》

从某种意义上讲，我国的《集会游行示威法》是较为“完备”的，特别是在审批的程序上。然而我国的《集会游行示威法》对广大公民的集会、游行、示威的基本权利进行了太多的消极限制，缺乏积极的引导性规范。这种规制模式所导致的一个直接后果便是，人们合法地行使自己的政治权利的机会被剥夺了，进而不得不以群体性事件这种方式来表达自己的意愿。赋予公民集会、游行、示威的权利，是现代法治理念对一个法治国家的基本要求，也是其赖以存续与发展的民众制约机制。任何社会都不能避免矛盾的存在，而矛盾本身总要寻求一定的途径来化解。与其让矛盾以破坏性、危害性更为严重的群体性事件的方式来解决，不如引导其以更易于控制、表现也更为文明的集会、游行和示威的方式来宣泄。因此，笔者认为，我国的《集会游行示威法》的立法重心应当放在引导和促进上，而不是消极限制上。

4. 增加和完善群体性事件事前预防方面的法律规定

我国应当完善有关主管机关、部门在处置群体性事件时的职权方面的立法，明确其对于群体性事件的风险评估义务，并建立起相应的预案制度、安全阀制度、矛盾排查制度和预警机制等。通过立法引导的方式，引导相关主管机关、部门关于群体性事件的执法理念，由以事后补救为主转向以事前预防为主。此外，考虑到众多的群体性事件在正式爆发前大多诉诸信访，笔者认为，只有完善我国的《信访条例》并在时机成熟的时候制定《信访法》，有效地保障广大民众的信访权利，为其维护自身的合法权益提供一条最后的诉求渠道，才能从根本上实现对群体性事件的制度性预防。

【参考文献】

［1］刘晓梅．建设和谐社会进程中群体性事件的法社会学思考［J］．中国人民公安大学学报（社会科学版），2005（3）.

［2］向德平，陈琦．社会转型时期群体性事件研究［J］．社会科学研

究，2003（4）.

［3］关培兰. 简明行为科学辞典［Z］. 武汉：武汉大学出版社，1989.

［4］范明. 中外“群体性事件”问题比较研究［J］. 中国人民公安大学学报，2003（1）.

［5］徐乃龙. 群体性事件的预防与处置［M］. 北京：中国人民公安大学出版社，2002.

［6］陈晋胜. 群体性事件研究报告［M］. 北京：群众出版社，2004.

（文本原载于《政法学刊》2006 年第 4 期）

群体性事件预警指标体系研究

吴　竹

我们研究的群体性事件预警，就其预报的确定性程度而言，仅仅处于超前确定性认识的初级阶段，即预警主体并不能够完全确信危机事件一定会爆发并精确地预测危机爆发的具体时间、地点、规模及可能后果等，但是为了能尽早防范而又必须进行预报、预告和警示的实践活动。

群体性事件预警是在通过对社会系统运行中的不良因子或负面因素监测和评估的基础上，就社会运行接近爆发群体性事件危机的临界值的程度所作出的早期预报，其实质是对社会安全运行的稳定性程度的评判，其作用和目的是识警防患，为超前预控、正确决策提供科学依据。

一、群体性事件预警指标体系的作用

群体性事件的发生，实质上是社会运行中的负面因素，在累积到一定量之后所产生的对社会稳定系统的冲击或扰动现象，是社会风险存在的反映。它说明社会稳定系统中存在矛盾，反映社会运行中出现了某种故障、阻碍或不和谐因素。在世界各国，无论是何种国体和政体，群体性事件都是一种危害社会稳定的社会问题。我国处于社会转型期，也是群体性事件的多发期，对群体性事件进行预警预控，对维护社会稳定具有特别重要的现实意义。但是要做到对群体性事件的发生进行预警预控，必须首先建立对群体性事件进行监测和预警的指标体系，然后才能建立能够让这些指标体系运行的预警预控管理系统。群体性事件预警指标是研究群体性事件发生发展各要素现状、趋势和发现各种社会问题的一种量化手段。通过预警指标的建立，我们可以将具有代表性、指针性的有可能触发群体性事件爆发的典型因素，纳入预警监测监控范围，并根据其波动幅度、频率的变化分析研究，通过建立数学模型以确定其权值，判定群体性事件发生的规模、概率，预测其发生发展的趋势，以实现预警预控的管理目的。

二、群体性事件预警指标体系构建依据及原则

30 多年前，西方一些经济学家、社会学家和政治学家已经设计出一系列社会风险指标体系。美国的 F. 汉厄于 20 世纪 60 年代末提出第一个综合反映政治、经济和社会风险的评价指数系统，即“富兰德指数”。而从 20 世纪 90 年代开始，我国社会学者朱庆芳的“社会发展综合评价指标体系”（1990），宋林飞的“社会风险指标体系”（1995），阎耀军的“社会预警指标体系”（2005），以及刘伯祥的“治安环境动态评价指标体系”（2005）等也逐渐在社会风险预警评价中得到应用。在综合以上若干社会风险和预警指标体系的基础上，基于对社会稳定系统结构性的研究，在征询专家及近百位具有群体性事件预防和处置经验的公安局长意见的基础上，我们提出了群体性事件预警指标体系。

选择群体性事件预警指标要注意的一般原则：①反映群体性事件的典型特征。②具有代表性的关键指标。③指标的内涵具有相对独立性，避免指标相互重叠和重复预警。④指标的变化具有较好的相关性，避免预警结果的相互抵销。⑤可以获得可靠、连续的官方统计数据，避免随机波动，保证预警的可行性。⑥具有可比性，能够反映群体性事件发生发展状态。⑦系统性和开放性统一。注意指标敏感性（弹性）与迟滞性（惰性）的平衡。⑧容易理解和接受。注意选择学者常用、大众关心的指标。⑨数量适中，方便检测、采集及评价。

三、群体性事件预警指标体系的构建

既然群体性事件是由于社会矛盾而诱发的对社会稳定系统的扰动，那么按照社会稳定系统的逻辑结构，我们对应上述理论模型，结合群体性事件与社会的关联面，设计了由 6 个子系统下辖的 12 个分系统的 67 个具体指标构成的“群体性事件预警指标体系”，这个指标体系的基本框架如表 1 所示。

表1　群体性事件预警指标体系

一级指标	二级指标	三级指标	指标说明
生存保障指标（25%）A_1	个人保障指标（60%）B_1	（1）人均年储蓄率 C_{11}	居民的生活水平是社会稳定的基础。比率越低社会越稳定
		（2）城镇居民人均可支配收入增长率 C_{12}	
		（3）农村人口年人均收入增长率 C_{13}	
		（4）恩格尔系数 C_{14}	
		（5）居民生活费上升超过收入增长比率 C_{15}	
		（6）最低生活保障线下人口比重 C_{16}	
		（7）城镇失业率 C_{17}	
	社会保障指标（40%）B_2	（8）社会保障总支出占 GDP 比重 C_{21}	
		（9）社会保障综合给付率（含低保）C_{22}	
		（10）最低工资资金到位率 C_{23}	
		（11）离退休职工平均养老金增长率 C_{24}	
		（12）养老保险覆盖率 C_{25}	
		（13）失业保险覆盖率 C_{26}	
		（14）医疗保险覆盖率 C_{27}	
经济支撑指标（20%）A_2	经济增长指标（60%）B_3	（15）国内生产总值增长率 C_{31}	经济在整个社会发展过程中起决定性作用。本指标主要考察社会在经济基础方面的运行情况
		（16）人均国内生产总值增长率 C_{32}	
		（17）财政收入增长率 C_{33}	
		（18）人均财政收入增长率 C_{34}	
		（19）全社会固定资产投资额增长率 C_{35}	
		（20）农业增加值增长率 C_{36}	
	协调发展指标（40%）B_4	（21）GDP 增长与人口增长的比率 C_{37}	
		（22）绿色 GDP 占传统 GDP 的比率 C_{38}	
		（23）科技进步对经济增长的贡献率 C_{39}	
		（24）农业 GDP 增长率与工业 GDP 增长率比值 C_{40}	
		（25）第三产业增加值占 GDP 比重 C_{41}	
		（26）全社会零售物价总指数 C_{42}	
		（27）居民消费品价格增减指数 C_{43}	

（续上表）

一级指标	二级指标	三级指标	指标说明
社会分配指标（18%）A_3	空间差距指标（40%）B_5	（28）东、中、西部地区人均收入差距变动比值 C_{51}	分配问题是社会运行中最为敏感和棘手的问题。本指标主要考察社会分配结构的合理性
		（29）最高收入行业与最低收入行业人均收入差距比值 C_{52}	
		（30）城镇居民可支配收入和农村居民纯收入差距比值 C_{53}	
		（31）农村基尼系数和城镇基尼系数比值 C_{54}	
	阶层差距指标（60%）B_6	（32）10%最富有家庭收入与10%最贫困家庭收入比值 C_{61}	
		（33）10%最高收入者与10%最低收入者收入比值 C_{62}	
		（34）最低工资群体与平均工资群体工资比值 C_{63}	
		（35）全国居民基尼系数 C_{64}	
		（36）全国贫困人口占农业总人口比重 C_{65}	
社会控制指标（14%）A_4	硬性控制指标（65%）B_7	（37）政府财政收入占 GDP 比重 C_{71}	主要考察和反映社会稳定运行的调控机制和调控能力方面的情况
		（38）每万人警力配备人数比率 C_{72}	
		（39）国家公务员职务犯罪率 C_{73}	
		（40）重大贪污腐败案件发案率 C_{74}	
		（41）重大刑事案件立案率 C_{75}	
		（42）重大经济案件立案率 C_{76}	
		（43）重大事故发生率 C_{77}	
		（44）劳动合同纠纷受理件数增长率 C_{78}	
		（45）上访（含信访）率 C_{79}	
	软性控制指标（35%）B_8	（46）离婚率 C_{81}	
		（47）宗教活动的活跃程度 C_{82}	
		（48）对党政主要领导人的认同度 C_{83}	
		（49）对社会公共道德的评价值 C_{84}	
		（50）媒体舆论导向负面效应评价值 C_{85}	

（续上表）

一级指标	二级指标	三级指标	指标说明
社会心理指标（13%）A_5	民众满意指标（45%）B_9	（51）对社会发展前景的信心 C_{91}	主要考察和反映社会稳定运行的社会心理层面的状况
		（52）对政府职能部门行政效率的评价 C_{92}	
		（53）对政府各级官员秉公办事的满意度 C_{93}	
		（54）对干群关系的满意度 C_{94}	
		（55）对经济收入的满意度 C_{95}	
		（56）对社会秩序的满意度 C_{96}	
	民众容忍指标（55%）B_{10}	（57）对腐败现象的可容忍程度 C_{101}	
		（58）对司法不公正的可容忍程度 C_{102}	
		（59）对收入差距的可容忍程度 C_{103}	
		（60）对物价上涨的可容忍程度 C_{104}	
外部环境指标（10%）A_6	境外扰动指标（50%）B_{11}	（61）世界经济衰退影响度 C_{111}	考察和反映境外和自然环境系统对社会内部稳定的干扰作用
		（62）经济摩擦和制裁影响度 C_{112}	
		（63）国际性金融危机影响度 C_{113}	
		（64）武装干涉和恐怖主义袭击影响度 C_{114}	
	灾害扰动指标（50%）B_{12}	（65）灾害造成的生命损失率 C_{121}	
		（66）严重灾害造成受灾面积比重 C_{122}	
		（67）严重灾害造成受灾财产比重 C_{123}	

上述指标体系的框架共分为三个层次，即由三级指标构成：

第一级指标由“生存保障指标”、“经济支撑指标”、“社会分配指标”、“社会控制指标”、“社会心理指标”和“外部环境指标”构成。它们是测量群体性突发事件发生可能性的六大要素集团。

第二级指标是上述六大要素集团中每一个要素集团内部构造的分解，构成要素集团的 12 个模块子系统。

第三级指标是具体指标，亦称为元指标或原始指标，由 67 项指标组成。我们在此只提出一些参考性意见，其数量、范围及权值的最后确定，尚需按照特定的方法和程序另做专门研究。

根据目前较为一致的研究确定，整个群体性事件预警指标体系 6 个子系统所占的权重分别为 25％ 、20％ 、18％ 、14％ 、13％ 和 10％。各风险领域里分指标所占的权重在表 1 中都有明确表示。这样，我们就可以得到群体性事件预警程度的计算公式：$QRD = \sum I_n W_n = I_1 \times W_1 + I_2 \times W_2 + \cdots + I_{67} \times W_{67}$。其中 QRD 表示群体性事件发生概率，I 代表指标，W 代表指标在整个群体性事件预警指标体系中的权重（可采用 AHP 模型获得），n 是指标及其权重的序号。指标体系中各指标均使用五级计分法，即根据指标值的大小分设 5 个值：10、20、30、40 和 50。指标值的大小与群体性事件发生概率呈正比关系。这样，我们便可以通过上述群体性事件预警程度的计算公式测量出社会的风险程度，并用相应的预警信号予以标识，如表 2 所示。

表 2　群体性事件预警加权综合评估

QRD	0 ~ 10	10 ~ 20	20 ~ 30	30 ~ 40	40 ~ 50
警级 信号灯	无警 绿灯	轻警 蓝灯	中警 黄灯	重警 橙灯	巨警 红灯

四、群体性事件预警机制的运行评估

本文通过建立评估模型和对运用效果的评估，尝试解决预警的关键问题。

（一）群体性事件预警指标评估模型的建立

本文采用层次分析法与德尔菲法相结合来进行权重分析，据此获得低层指标的权重。

层次分析确定权重方法的基本步骤包括：①分析系统中各元素之间的关系，建立系统的递阶层次结构；②就同一层次的各元素对上一层次的某一准则的重要性两两比较，构造两两比较判断矩阵；③根据判断矩阵计算被比较元素对于该准则的相对权重；④计算各层次元素对系统目标的合成权重。

运用层次分析法首先可以把群体性事件问题层次化，分解为不同的组成因素，并按各因素之间的隶属关系和相互关系程度分组，形成一个不相交的层次。上一层次的元素对相邻的下一层次的全部或部分元素起着支配作用，从而形成一个自上而下的逐层支配关系。一般把总目标作为最高层，把决定总目标的各方面作为中间层，把供决策的具体指标作为最低层，并具体化为目标层、准则层和方案层（指标层）。

在构建群体性事件预警层次分析模型中，采用德尔菲法：

$$\gamma_{ij}=\nu_{ij}/\sum_{ij=1}^{n}\nu_{ij}\ (j=1,\ 2,\ \cdots,\ n)$$

如10个专家打分：2人打优秀（V_1）、5人打良好（V_2）、1人打平均（V_3）、2人打较低（V_4）、0人打较差（V_5），则模糊隶属度分别为 $V_1=0.2$、$V_2=0.5$、$V_3=0.1$、$V_4=0.2$、$V_5=0$，则该指标的模糊判断矩阵为 $R=[0.2,\ 0.5,\ 0.1,\ 0.2,\ 0]$。

层次分析模型的定量分析是以专家组定性判断为基础的，通常专家们对两因素相对重要程度的比较判断是比较准确的。为了把两两比较的不同重要程度加以量化，我们采用萨缔建立的一种标度，也是目前 AHP 最流行的标度，即标度值在1~9范围内变动的比率标度，并形成量化等级表（见表3）。再根据对专家定性判断的量化处理，运用一定的数学算法和计算机程序，对判断的量化数据进行定量运算分析，得出同一层次不同指标间的相对重要性权重，然后对不同判断目标的指标权重进行总排序，得出不同风险因素的重要性判断。

表3　萨缔标度表

标　度	含　义
1	两因素相比，具有同等重要性
3	两因素相比，一个因素比另一个因素稍微重要
5	两因素相比，一个因素比另一个因素明显重要
7	两因素相比，一个因素比另一个因素强烈重要
9	两因素相比，一个因素比另一个因素极重要
2或4 6或8	上述两个相邻判断的中值
倒数	因素 i 和因素 j 相比标度互为倒数，即 $b_{ij}=1/b_{ij}$

依据上述方法，我们采用以下步骤进行群体性事件层次分析模型计算：

(1) 各指标相对重要性量化。

关于对层次分析模型准则层、方案层各指标相对重要程度的比较判断，我们仍采用德尔菲法，对上述专家进行多轮征询，依据萨缔标度及专家意见确定层次分析模型准则层、方案层各指标相对重要程度。在处理专家打分的分值中，对专家的偏好进行了综合，过滤极端分值，具体方法是采用去掉一个最高分、一个最低分后的平均分值作为该项指标的得分值。例如：某风险指标在第 i 项上的专家评分值分别为 X_1，X_2，…，X_j，…，X_n 则该项风险指标在第 i 项上的最终得分值为：

$$X_i = \sum_{i=1}^{n-2} X_i / n - 2$$

X_j 是第 j 个专家在第 i 项风险指标上的评分值，去掉一个最高分和一个最低分。

(2) 建立判断矩阵。

如果用 a_{ij} 表示元素 a_i 与 a_j 相对于上一层次元素的重要性的比例标度，那么我们可以建立判断矩阵如下：

$$A = (a_{ij})_{nn} = \begin{bmatrix} a_1/a_1 & a_1/a_2 \cdots a_1/a_n \\ a_2/a_1 & a_2/a_2 \cdots a_2/a_n \\ \vdots & \vdots \quad\quad \vdots \\ a_n/a_1 & a_n/a_2 \cdots a_n/a_n \end{bmatrix}_{n\times n}$$

其中，$a_{ij}>0$，$a_i = 1/a_{ij}$，且 $a_j = 1$。根据萨缔标度及专家审核意见构建判断矩阵。

(3) 确定权重。

在已经确定了 n 个元素 a_1，a_2，…，a_n 于准则层的判断矩阵 A 以后，就可以相应地求出这 n 个元素 a_1，a_2，…，a_n 的相对权重 W_1，W_2，…，W_n，如果用权重向量 W 来表示综合权重，则有：$W = (W_1, W_2, \cdots, W_n)^T$

由判断矩阵 A 求解相对权重 W_l，W_2，…，W_n 的方法主要有和法、根法、特征根法、最小平方法几种。目前最常用的方法，同时也是应用效果最好的方法为特征根法，它通过求解判断矩阵 A 的特征根问题：

$$AW = \lambda_{max} W$$

从中求出权重向量。其中 λ_{max} 是 A 的最大特征根，W 是相应的特征向量。矩阵 A 的特征根、特征向量是由矩阵代数计算而来的，即 $p \mid \lambda \cdot I - A \mid = 0$ 的所得的 λ 值为特征根，其中最大根等于 n，即 $n = \lambda_{max} W$，经过归一化之后，就可以作为权重变量。

（4）判断矩阵的一致性检验。

在以 1 ~9 标度下建立的判断矩阵如果满足：

$$\begin{cases} a_{ij} = 1 & i = j \\ a_{ij} = 1/a_{ij} & i \neq j \end{cases}$$

a_{ij} 是 A 矩阵的元素，则称为判断矩阵是一致的，否则是不一致的。由矩阵理论可知，判断矩阵满足一致性条件时有唯一非零特征根 $\lambda_{max} = n$。但 1 ~9 标度中某些标度的倒数是循环小数，在数值计算时经过舍入，破坏了 $a_{ij} = 1/a_{ji}$ 的条件，会导致 $\lambda_{max} \neq n$，因此，必须做些检验。AHP 中应用随机一致性比率 CR 来检验是否具有满意的一致性，其公式为：

$$CR = CI/RI < 0.1$$

CI 为判断矩阵偏离一致性指标，且 $CI = (\lambda_{max} - n) / (n - 1)$，其中 RI 是标值，1 ~9 判断矩阵的一致性指标见表 4。

表 4　判断矩阵的一致性指标

标　度	1	2	3	4	5	6	7	8	9
RI	0.00	0.00	0.58	0.90	1.12	1.24	1.32	1.41	1.45

若 CR <0.1，可以接受判断矩阵一致性，否则认为矩阵非一致。如果矩阵非一致就要检查原因，调整判断矩阵标度，重新计算，直到检验通过

为止。

按一致性检验方法，检验上述判断矩阵，均符合 $CR<0.1$，则满足判断矩阵一致性要求。

在利用上述模型获得整个群体性事件预警指标体系中的权重 W 后，建立下列群体性事件预警程度的计算公式：

$$QRD=\sum I_n W_n = I_1\times W_1 + I_2\times W_2 + \cdots + I_{67}\times W_{67}$$

其中 QRD 表示群体性事件发生概率，I 代表指标，n 为预警指标个数。由此计算群体性事件发生概率。

（二）预警评估

对预警指标体系每个层次因素的相对重要性用数值形式给出判断，并写成矩阵形式。判断矩阵中的数据可通过调查访问法、专家咨询法进行。设计如表 5 所示的问卷调查表。要求被访者按这些指标所属的层次进行组内比较，没有直接关系的不同层次元素不进行比较。

表 5　预警指标体系问卷调查表

B_1—C_n	极不重要	中间值	不重要	中间值	同等重要	中间值	重要	中间值	极其重要
被访者填写	1	2	3	4	5	6	7	8	9
模型转换值	1/9	1/7	1/5	1/3	1	3	5	7	9
1. 指标甲比指标乙	□	□	□	□	□	□	□	□	☑
2. 指标丙比指标丁	□	□	☑	□	□	□	□	□	□

第 1 项 ☑，表示“指标甲”与“指标乙”相比处于极其重要的地位；

第 2 项 ☑，表示“指标丙”与“指标丁”相比处于不重要的地位。

记一级指标为 A，二级指标为 B_i（$i=1,2,\cdots,12$），三级指标为 C_j（$j=1,2,\cdots,67$），其中一、二级指标权重已按常规设置，只要利用上述计算三级指标权重即可，如表 1 所示。

如以个人保障指数（60%）B_1 为准则，人均年储蓄率 C_{11}、城镇居民人均可支配收入增长率 C_{12}、农村人口年人均收入增长率 C_{13}、恩格尔系数 C_{14}、居民生活费上升超过收入增长比率 C_{15}、最低生活保障线下人口比重 C_{16}、城镇失业率 C_{17} 两两比较数据经过转换后的数据如表 6 所示。其余类似。

表 6　群体性事件预警指标设置表

B_1	人均年储蓄率 C_{11}	城镇居民人均可支配收入增长率 C_{12}	农村人口年人均收入增长率 C_{13}	恩格尔系数 C_{14}	居民生活费上升超过收入增长比率 C_{15}	最低生活保障线下人口比重 C_{16}	城镇失业率 C_{17}
人均年储蓄率 C_{11}	1	1/2	1/3	5	1/5	5	3
城镇居民人均可支配收入增长率 C_{12}	2	1	1/3	7	6	5	5
农村人口年人均收入增长率 C_{13}	3	3	1	4	5	3	2
恩格尔系数 C_{14}	1/5	1/7	1/4	1	1/7	1	1/5
居民生活费上升超过收入增长比率 C_{15}	5	1/6	1/5	7	1	7	5
最低生活保障线下人口比重 C_{16}	1/5	1/5	1/3	1	1/7	1	1/3
城镇失业率 C_{17}	1/3	1/5	1/2	5	1/5	3	1

这样经过计算可得三级 67 个指标的权重值，利用群体性事件预警程度的公式计算群体性事件发生概率，根据表 2 群体性事件预警加权综合评估信息，并显示警级和信号灯颜色，提醒采取有效行动，控制好那些已经出现的群体性事件苗头，以达到科学预警的目的。

【参考文献】

［1］杨和德. 群体性事件研究［M］. 北京：中国人民公安大学出版社，2002.

［2］胡关禄，林维业. 新时期群体性事件研究［M］. 北京：中国人

民公安大学出版社，2006.

[3] 宋林飞. 中国社会风险预警系统的设计与运行 [J]. 东南大学学报（哲学社会科学版），1999（1）.

[4] 阎耀军. 现代实证性社会预警的探索 [J]. 社会，2005（4）.

[5] 李莹. 试析群体性事件的预防机制 [J]. 社科纵横，2006（2）.

（本文原载于《政治学刊》2007 年第 3 期）

公安机关在处置群体性事件时的地位与作用

林维业　刘汉民　易劲鸿

随着改革开放的不断深入和社会的发展，群体性事件整体上呈上升的趋势。群体性事件直接影响社会的稳定与和谐，因此不能不成为国家和社会极其关注和必须解决的重大问题。作为维护社会治安和秩序的公安机关，在处置群体性事件时应该处于什么地位，发挥什么作用，在实践中还存在着一些模糊的认识，甚至是片面或者错误的认识。这必须引起我们认真思索。

一、消除公安机关在处置群体性事件时地位与作用的认识误区

要充分认识公安机关在处置群体性事件时的地位与作用，首先必须消除公安机关在处置群体性事件时地位与作用的认识误区，只有消除认识误区，公安机关在处置群体性事件时才能避免“越权”和“不到位”的现象，从而真正发挥自己应有的作用。从目前情况看，公安机关在处置群体性事件时的地位与作用方面存在的认识误区主要有以下几点。

（一）主导地位与大包大揽的认识误区

一些地方党委和政府认为，群体性事件是社会治安事件，因此，处置群体性事件是公安机关的应尽职责，公安机关在处置群体性事件时应该处于主导地位。所以，无论出现什么性质的群体性事件，他们都不加分析，也不考虑公安机关能不能解决，都要公安机关出面处置。公安机关在提出自己的不同看法后，他们就认为公安机关推诿责任，缺乏大局意识。有些地方党委和政府领导甚至说，公安机关不去处置群体性事件，还要公安机关干什么！如果公安机关未能处置好群体性事件，还会被指责为“无能”。

一些职能部门或其他单位因自身的原因而引发了群体性事件，本来应

该由自己去处置，别人是无法为他们自己的责任而承担责任的。但是他们不是积极地想办法解决问题，而是消极地把责任推给公安机关，认为只有公安机关动用警力才能解决问题。

公安机关内部也由于一些同志不了解群体性事件的性质，认为只要是群体性事件，公安机关就有责任去处理；如果公安机关不去处理，就是失职；处理不了，就是能力不强。

上述观点综合起来，实际上就是认为公安机关在处置群体性事件时应当处于主导的地位并具有大包大揽的作用。这是一个严重的认识误区。

在处置群体性事件的过程中，公安机关不可能处于主导地位并具有大包大揽的作用。这是因为，首先，群体性事件的性质大都属于人民内部矛盾，而且不少群体性事件中的群众都是为了解决自己正当的诉求而聚集到一起的，只能采取说服教育的方法去处置，而不能单纯使用警力来解决。如果单纯使用警力，不但不能解决问题，反而会激化矛盾。其次，各种群体性事件的发生都有着不同的原因。从广东近几年发生的群体性事件来看，既有因征地引发的群体性事件，也有因非法集资引发的群体性事件；既有因劳资纠纷引发的群体性事件，也有因民间纠纷引发的群体性事件；既有因宗派关系引发的群体性事件，也有因干群矛盾引发的群体性事件。不同原因引发的群体性事件必须采取不同的方法去解决。公安机关并非引发群体性事件的导火索，因此其不可能了解每一起群体性事件的原因。不了解群体性事件的原因，就不可能对症下药进行处置。不可能对症下药进行处置，也就不能从根本上解决问题。再次，群体性事件涉及面广，社会影响大，很多问题只能靠当地党委和政府统筹解决，光靠公安机关是无法解决的。近年来广东发生的群体性事件 70% 以上都是因劳资纠纷引起的，要从根本上解决因劳资纠纷引发的群体性事件，必须有党委和政府的领导、协调，如果单靠公安机关处理，即便其使尽浑身解数也是无济于事的。实践证明，凡是由公安机关大包大揽处置的群体性事件都没有收到预期的效果。一些地方不管出现什么群体性事件都把警察推向第一线，导致公安机关“越权”，给警察带来了不应有的风险，表面上看来一时平息了事态，然而却留下了更深的隐患：不但增加了人民群众对人民警察的不信任感，损害了人民警察的形象，同时也影响了党和政府的威信，损害了党和政府的形象。相反，凡是由党和政府统一指挥、协调处置的群体性事件都解决得比较令人满意。

综上所述，公安机关在处置群体性事件时处于主导地位并具有大包大揽的作用的认识是严重脱离客观实际情况的错误认识。公安机关在处置群体性事件时既不能处于主导地位，也不具备大包大揽的职责，更不具备大包大揽的能力。如果让公安机关在处置群体性事件时包打天下，不但不能处置好群体性事件，反而会给公安机关、党和政府带来不利的影响。因此应该坚决抛弃公安机关在处置群体性事件时占主导地位起大包大揽作用的这一错误认识。

（二）无所作为的认识误区

一些同志认为如果公安机关在处置群体性事件时不能包打天下，公安机关就无法发挥自己的作用。也有一些同志认为有关文件规定在处置群体性事件中慎用警力、慎用警械、慎用强制措施，捆绑了公安机关的手脚，使公安机关处于被动的状态。而如果公安机关处于被动的状态，其作用就很难发挥出来。总之，这些同志认为公安机关在这种诸多限制的情况下处置群体性事件是无所作为的。这种认识是极其片面和错误的。公安机关在处置群体性事件时不大包大揽，并不等于公安机关在处置群体性事件中不负责任。公安部 1994 年颁发的《公安机关处置群体性事件规定》为公安机关规定了具体的职责：一是及时掌握事件动态，迅速向党和政府、上级公安机关报告；二是根据事件的性质、起因、规模、危害的程度和事态的发展，提出相应的处置方案，报告党委和上级机关决策；三是根据党委、政府和上级公安机关的统一部署，适时适度出动警力，协助有关部门做好疏导化解工作；四是必要时采取相应的强制措施平息事态，恢复正常秩序。不难看出，公安机关在处置群体性事件时虽然不是主导者，但还是需要他们协助党和政府及其他部门做大量的工作。公安机关做好了上述工作，无疑为党和政府及有关部门处置群体性事件打下了坚实的基础。因此，公安机关在处置群体性事件时并非不大包大揽就无所作为，而仍然是处置群体性事件的重要力量，因而是大有可为的。至于文件规定慎用警力、慎用警械、慎用强制措施，这是从政治大局的角度来考虑的。这样做，不但能避免矛盾激发，也能避免授人以柄，防止事态的恶化，达到能更好地处置群体性事件的目的。这样做，不但不会捆绑住公安机关的手脚，使公安机关处于被动的状态，反而更能体现公安机关的智慧和能力，展现出公安机关的凝聚力和战斗力，使公安机关更有可为。由此可见，公安机关在处置群体性事件时不大包大揽，并严格按照法律和政策处置，同样大有可为。

二、公安机关在处置群体性事件时的地位

中共中央办公厅2004年33号文《关于积极预防和妥善处置群体性事件的工作意见》强调，预防和处置群体性事件应该遵循属地管理、分级负责和谁主管、谁负责的原则。群体性事件原则上由发生地的县市区党委、政府负责处置，必要时上级党委、政府直接负责处置。引发事件的问题由有关单位及其主管部门负责解决。责任落实到单位、落实到个人，不得把本级应该解决的问题推给上级，不得把本单位、本部门应该解决的问题推向社会。

这是因为：首先，人民内部矛盾需要党委、政府解决；其次，事件起因各有不同，解铃还须系铃人；最后，只有从源头上解决问题，才能彻底解决问题。公安机关不是解决问题的主体，而是辅助力量。其要为党委、政府妥善处置，当好参谋，在处置过程中用公安人员的专业眼光、情报渠道和处置功能，动态评估，向党委、政府提出建设性意见或可行性方案，供党委、政府参考，而不是被动等待党委、政府的指令。公安机关还要排除两种倾向：大包大揽，简单粗暴；推诿扯皮，不尽职责。

2005年12月19日，公安部副部长白景富同志在全国公安机关电视电话会议上指出，“处置群体性事件一定要依靠党委、政府的领导，与有关部门密切配合，通力合作，公安机关主要是维持好治安秩序，严防发生打砸抢烧等严重的违法犯罪活动。公安机关应正确定位，处置群体性事件主体是党政，各个部门配合，公安机关自己不要错位，也不要越位，不要把整个事情完全揽下来，包打天下”。

上述法规和领导的讲话意思相当明确，即党和政府在处置群体性事件中处于领导和主体地位，公安机关处于主力军的位置。换句话说，公安机关在处置群体性事件中虽是党委和政府的辅助力量，但是其主力军地位与作用是其他任何机关都替代不了的。公安机关是处置群体性事件的主力军，这种地位的形成是由公安机关的性质和群体性事件的特征所决定的。

首先，公安机关的性质决定了公安机关在处置群体性事件时的主力军地位。鲜明的政治性是我国公安机关区别于西方国家警察机构的根本所在。公安机关是党领导下的人民民主专政的重要工具，是武装性质的国家治安力量和刑事司法力量，肩负着打击敌人、保护人民、惩治犯罪、服务群众、维护国家安全和社会稳定的重要使命，是政治坚定、忠于职守、勇

于奉献的队伍，是党和人民完全信赖的有坚强战斗力的主要力量。坚持党对公安工作的绝对领导、积极争取党委的支持是公安机关担负起巩固共产党执政地位、维护国家长治久安、保障人民安居乐业三大政治使命的前提条件。群体性事件是事关社会稳定大局的问题，事关人民群众的利益，事关国家政权的稳固。公安机关的人民民主专政工具的性质决定了公安机关在处置群体性事件时必须服从党和政府的领导，积极协助党和政府处置群体性事件，在处置群体性事件时居于主力军地位。如果公安机关在处置群体性事件时与其他部门处于同等地位，公安机关所特有的性质就丧失了。

其次，群体性事件的特征决定了公安机关在处置群体性事件时的主力军地位。群体性事件从主流来看，是治安问题，是各种社会消极因素的综合反映，具有长期性、复杂性、反复性的特点，其必须依靠全党、全社会的共同努力，实行综合治理。[1]同时，群体性事件也是社会问题，是人民内部矛盾的产物。我们要把握“两个绝大多数”：群体性事件中绝大多数诉求是有原因的，是合理的；绝大多数参与人员属于人民群众的范畴，不是犯罪分子，不是敌人。公安部第二十次全国公安会议对群体性事件产生的原因做了精辟的分析：一是在改革不断深化、利益格局不断调整的情况下，产生一些人民内部矛盾是难以完全避免的，其中多数与群众的切身利益相关，还有一些是历史遗留问题和新的问题叠加在一起，处理起来比较复杂。二是由人民内部矛盾引发的群体性事件，总的来说属于人民内部矛盾的性质，但一些群众要求的合理性又同反映形式的违法性交织在一起，同时还存在违法犯罪分子和敌对分子插手的问题，处置时不像打击敌对分子和刑事犯罪分子那样法律和政策界限都比较清晰，打击与处理都比较容易。

群体性事件还是一个政治问题：群体性事件具有极大的可变性和危害性。公安部副部长白景富在2005年12月19日全国公安机关电视电话会议上指出，“由于人民内部矛盾引发的群体性事件已经成为影响社会稳定的突出问题，境内外敌对势力千方百计地插手、利用、激化，企图以此作为策划实施街头政治、颜色革命的重要突破口。依法妥善处置群体性事件，已经成为公安机关必须面对的经常性的重要工作，已经成为公安机关必须关注的重要的政治斗争，必须引起各级公安机关领导同志的高度重视，必须列入各级公安机关重要的工作议程”。显见，群体性事件是非常复杂的，因此处置群体性事件的方式也必然是非常复杂的。正是群体性事件的复杂性决定了在党和政府的领导下必须有一个对它进行有效的控制和能够统

一、规范、高效运转的决策机构和执行机构。这一机构能够对有关事件的信息进行收集、分析、汇总、处理；能够及时向党委和政府提供咨询、建议；能够在事件发生后对事件进行应急处置。毫无疑问，这一机构只能是公安机关。公安机关具有其他机关所不具备的广泛的情报信息网络、高效的快速反应机制以及迅速出动的应急机动力量，完全能够在党委和政府的领导与指挥下，发挥法律法规的威慑力，及时地处置群体性事件，有效地控制局面，维护社会治安秩序，最大限度地保护人民群众的利益，惩治违法犯罪行为。因此，群体性事件的特征决定了公安机关在群体性事件处置过程中的主力军地位。

群体性事件处置过程中的主力军地位又决定了公安机关是党委、政府的“信息员”，相关部门的“参谋员”，处置工作的“消防员”，处理和化解矛盾的“协调员”，广大人民群众的“服务员”等角色。因此，公安机关在处置群体性事件时既是参谋部，又是战斗队；既是宣传队，又是工作队。

三、公安机关在处置群体性事件时应有的作用

公安机关是人民民主专政的工具，是政府负责社会治安秩序的职能部门，因此有着维护社会治安秩序和社会稳定，保护人民生命财产安全，打击犯罪等重要职责。毫无疑问，公安机关在处置群体性事件时有着责无旁贷和不可替代的重要作用。

（一）预防作用

任何群体性事件都不是偶然的和突发的，都有其酝酿、发生、发展的过程。正因如此，只要掌握准确的信息情报，并根据信息情报采取果断有效的措施，解决群众正当的、合法的诉求，控制企图挑起事端的违法犯罪人员和敌对分子，就完全可以将群体性事件消除在萌芽状态。而公安机关完全具备这一能力，因为大批公安民警在社会的第一线工作，他们广泛接触社会各界人士，对社会上各方面的情况都有着较为深入的了解。因此，只要他们有意识地了解、发现群体性事件的苗头，就完全可以掌握较为全面而准确的信息，然后将信息分析、综合，并向有关党委和政府部门提出具体的参考建议。党委和政府部门只要根据公安机关的建议作出决策，并及时处理解决，群体性事件就可以避免。同时，公安机关的治安管理部门

还应建立群众矛盾排查和化解机制，及时发现群众中的矛盾，能自己处理化解的就自己处理化解，自己不能处理化解的移送有关部门及时处理化解，这样也可以有效地预防群体性事件的发生。另外，按照《中华人民共和国集会游行示威法》和《中华人民共和国集会游行示威法实施条例》的规定，公安机关是集会游行示威的批准机关，公安机关可以根据集会游行示威组织者申请的情况，符合法律规定的予以批准，这样既维护了人民群众的利益，也维护了法律的尊严，同时也可以预防群体性事件的发生。对于不符合法律规定的，公安机关可以从法律的角度说明理由，一旦从法律的角度说明了理由，一般来说，集会游行示威的组织者是不会坚持自己的不合法行为的，因为他们也害怕承担法律责任。即使他们当中有人要坚持自己的不合法行为，公安机关也能从申请中了解和掌握他们的情况，可以采取有效措施加以防范。由此可见，公安机关在预防群体性事件中的作用是非常明显的，而且是其他任何部门都无法取代的。

（二）参谋作用

在群体性事件处置过程中，党委和政府始终处于主导地位，作为政府职能部门的公安机关无疑处于从属地位。作为处于从属地位的公安机关也无疑具有参谋的作用。当群体性事件发生后，党政领导不可能迅速地了解群体性事件发生的原因和发展趋势、危害程度。此时，公安机关应该迅速掌握群体性事件的信息情报，查清群体性事件发生的原因，分析危害程度及发展趋势，并根据警力情况，尽快制订处置的具体方案上报党委和政府领导决策。公安机关的这种参谋作用是由其职责和其所具有的能力决定的，这是其他机关和部门无法替代的。从广东省已有效处置的群体性事件来看，都是由于地市和县级公安机关认真迅速地掌握信息情报，并根据信息情报分析有关群体性事件的特征、危害程度、可能的发展趋势及警力的部署，快速制订了处置群体性事件的预案提交当地党和政府决策，当地党和政府根据公安机关提供的预案，采取相关措施，协调各方面的关系，因此很快就有效地处置了群体性事件。

（三）劝说疏导作用

群众参与群体性事件有着各种各样的原因，有些确实是为了反映和表达自己的诉求而参加的，有些是看热闹瞎起哄的，有些是被蒙蔽而参加的。这些参与群体性事件的群众从动机上看有的是善意的，有的是盲目的。而对于这些具有善意性和盲目性的参与者来说，只要说明了道理，他们往往就会脱离群体队伍。而这些人脱离了群体队伍，无疑也就在一定程度上瓦解了群体性事件。从处置群体性事件的实践来看，公安机关具有这种劝说疏导的能力，而且公安机关为了应对复杂的治安形势，培养了一批具有专门法律知识和很强表达能力的谈判专家。这些专家了解群众的诉求、熟悉法律知识、精通语言表达技巧，他们善于劝说和疏导群众，往往能够化解矛盾。广东省很多群体性事件的处置，都是由于公安机关的领导和专家深入现场，从情理、事理和法律以及老百姓切身利益的角度劝说群众，使群众明白了道理，清楚了自己行为的错误性，心服口服地离开了现场，从而化解了群体性事件。

（四）维护现场秩序，控制事态发展作用

维护社会治安是公安机关的重要职责。群体性事件一旦发生，大量的群众聚集到一起，难免不发生治安事件，尤其是如果有别有用心的人利用这个机会挑起事端，还会使事态朝着恶性的方向发展。因此，当群体性事件发生时，公安机关应当出动适当的警力，履行维护社会治安的职责，维护群众的生命财产安全，保护国家财产不受损失，同时控制别有用心的人，防止他们挑起事端。例如某单位内部因劳资纠纷、合同纠纷和工程款纠纷引发的群体性斗殴事件。公安机关接到报案后迅速赶到现场，将双方隔离，并收缴了斗殴器械。同时，立即将受伤人员送到附近医院救治，又及时说服群众放弃了在高速公路上堵车的违法行为。公安机关就这样维护了现场的秩序，并有效地控制了事态的发展。公安机关这种维护现场秩序，控制事态发展的作用是任何机关都替代不了的。这首先是因为公安机关具有法律赋予维护社会治安秩序的职责，其次公安机关处理治安事件有着丰富的经验，具有维护现场秩序，控制事态发展的能力。另外，公安机关派出适当的民警到发生群体性事件的现场，无疑能够对个别别有用心、企图挑起事端的人产生一种震慑的力量，使他们不敢轻举妄动。

（五）采取措施平息事态的作用

有些群体性事件在敌对势力或者不法分子的煽动下朝着恶性方向发展，他们组织群众围攻党政机关、打砸抢烧、阻碍交通等。如果任其发展，势必会带来严重的社会危害。面对这种情况，为了维护国家、集体财产和人民群众财产的安全，维护正常的工作、交通和治安秩序，公安机关

在党委和政府的指挥下，可以果断采取措施，命令群众撤离现场，并使用非杀伤性武器驱散闹事者，从而平息事态。例如，某镇发生的一起100多名群众参与的群体性事件。镇公安分局接到报案后，指派民警立即前往处置。在处置过程中，由于聚集的人越来越多，相互出现一些摩擦，少数不法分子趁机围攻执勤民警，先后有民警和群众在混乱中受伤，受伤的群众和民警被及时送往医院救治。鉴于事态比较严重，局领导立即会同当地党政领导前往现场指挥处置，并增派警力迅速赶到现场。现场指挥官借助高音喇叭多次向在场人群喊话，规劝他们配合公安机关，迅速离开。但少数滋事者不听劝阻，仍然向民警扔石头、砖块。为迅速平息事态，恢复现场秩序，确保人民群众生命财产的安全，特警在不得已的情况下，投掷了催泪弹，迅速控制了局面，而且没有造成进一步的人员伤亡。同时，警方采取行动，抓获了为首的滋事分子并带回公安机关审查。经过一个多小时的努力，事件得以平息。可以看出，这种复杂而混乱的事态，如果没有公安机关采取果断的措施，是不可能快速平息的。如果事态不平息，正常的社会秩序就会遭到极大的破坏，人民群众的利益就会遭到更大的伤害。由此可见，公安机关这种采取措施平息事态的作用也是其他任何机关都无法替代的。

（六）收集和固定证据，处理和打击违法犯罪的作用

在群体性事件中，一些人违反了《中华人民共和国治安处罚法》的规定，一些别有用心的敌对分子和乘机打砸抢的人触犯了《中华人民共和国刑法》，其行为已经涉嫌犯罪。如果不教育这些违法行为和打击犯罪行为，一方面群体性事件很难解决，另一方面会严重损害法律的尊严。但是教育违法人员和打击犯罪行为必须要有证据，没有证据同样损害法律的尊严。而在群体性事件这种混乱的场面中要收集违法犯罪证据确实有一定的难度。在这种情况下，公安机关民警可以充分发挥专业技术的优势，通过秘密摄影、录像收集并固定证据，然后根据法律和证据在适当的时候对违法犯罪人员进行处理，该治安拘留的就治安拘留，该刑事拘留的就刑事拘留，该移送人民检察院起诉的就移送起诉，真正做到依法处理违法人员，依法打击犯罪分子，从而充分显示法律的尊严，并起到教育广大公民的作用，使公民从中吸取教训，以后不参与群体性事件。显然，公安机关在处置群体性事件中处理和打击违法犯罪的作用也是其他任何机关都无法替代的。

（七）保护党政领导人身安全作用

在群体性事件处置过程中，不少党政主要领导为了及时解决问题，往往亲临现场。一些群体性事件中别有用心的人或者敌对势力为了发泄私愤或者挑起更大的事端，有可能借故伤害党政领导的身体。针对这一可能出现的情况，公安机关要派出警力做好安全防范工作，密切关注可疑人物，确保党政领导的人身安全。毫无疑问，公安机关这种保护党政领导人身安全的作用同样也是其他任何机关都无法取代的。

总之，只要我们消除了公安机关在处置群体性事件时的地位与作用的认识误区，正确认识公安机关在处置群体性事件时应有的不可替代的地位和作用，就会在党和政府的领导下，充分发挥公安机关在处置群体性事件时的作用，从而为预防和正确处置群体性事件，保障社会稳定，维护广大人民群众的利益，以及构建和谐社会主义社会不断作出新的贡献。

【参考文献】

［1］汪涛，关家涛．对公安机关处置群体性治安事件规定的几点质疑［J］．安徽农业大学学报（社会科学版），2001（1）．

［2］陈钟．浅谈公安机关处置群体性治安事件的策略和艺术［J］．公安学刊，2005（1）．

［3］张国亮．关于妥善处置群体性突发事件的理性思考［J］．河北省社会主义学院学报，2005（3）．

［4］刘炳君．农村群体性事件成因的法社会学求证［J］．政法论丛，2005（4）．

（本文原载于《政法学刊》2008 年第 3 期）